ちくま学芸文庫

世界宗教史 I

ミルチア・エリアーデ
中村恭子 訳

筑摩書房

〈目次〉

第二章　もっとも長い革命　農耕の発見――中・新石器時代

第三章　メソポタミアの宗教

第四章 古代エジプトの宗教思想と政治的危機

第五章 巨石・神殿・祭祀センター——ヨーロッパ、地中海地域、インダス川流域

第六章　ヒッタイト人とカナン人の宗教

第七章 「イスラエルが幼き頃……」

世界宗教史

HISTOIRE DES CROYANCES ET DES IDÉES RELIGIEUSES

1

石器時代からエレウシスの密儀まで（上）

監修　荒木美智雄

クリスティネルに

凡例

一 本書は、Mircea Eliade, *Histoire des croyances et des idées religieuses*. I. — de l'âge de la pierre aux mystères d'Éleusis. Payot, Paris, 1976 の前半部分の全訳である。
一 翻訳にあたっては、前掲書を底本とし、英訳本 Mircea Eliade, *A History of Religious Ideas*. vol. 1. From the Stone Age to the Eleusinian Mysteries. The University of Chicago Press, Chicago, 1978 を参照した。
一 本文、原注、文献解題に明白な誤りや誤植が認められた場合には、訂正して訳した。
一 訳注は〔 〕の中にいれ、割注の形をとった。
一 本文中の《 》による引用、強調は「 」で示し、イタリックで印刷されている語句の訳語・訳文には傍点を付した。( ) はそのまま用いた。
一 訳文には、原則として欧文を使わないことにしたが、訳文理解に欠かせぬ場合には原語を入れ、原語併記、カタカナ、ルビなどの方法を用いた。
一 原著に引用されている文献の翻訳は、既訳を利用した場合は出典を明示したが、地の文との差異、不都合が生じる場合は仏語版から訳出した。

序文

宗教学者にとっては、聖なるもののすべての顕われが重要である。すべての儀礼、すべての神話、すべての信仰あるいは神の図像は聖なるものの経験を反映しており、それゆえに存在・意味・真実の概念を含んでいる。私が他の機会に述べたように、「世界にそれ自身において実在するものがあるという確信がなければ、人間の精神がいかに機能しうるかは想像しがたいし、人間の意識が衝動や経験に意味を付与せずに現われうると想像することも不可能である。実在し、意味ある世界の認識は、聖なるものの発見と密接に関連している。聖なるものの経験をとおして、人間の精神は、それ自身を実在する、力強い、豊饒な、しかも意味あるものとして顕わすものと、そしてそのような資質を欠くもの、すなわち事物の混沌とした危険な変動、それらの予想しがたい無意味な出現と消失とのあいだの相違を認識してきたのである」（『宗教の歴史と意味』「序文」、仏・英語版一九六九年）。要するに、「聖なるもの」は人間の意識の構造の一要素であって、意識の歴史の一段階ではない。文化の最古の諸層においては、人間として生きることは、それ自身において宗教的行為である。というのは、食糧収集も性生活も勤労も、象徴的な価値をもっているからである。言いかえれば、人間であること、というよりはむしろ人間になることは「宗教的」であることを意味する（前掲書）。

聖なるものの弁証法とその形態学については、『宗教学概論』（仏語版一九四九年、英語版一九五八年）からオーストラリアの宗教に専念した小著（『オーストラリアの宗教――序説』仏語版一九七二年、英語版一九七三年）にいたる、私の既刊著書において論述してきた。本書はそれらの著書とは異なった視座から考察され、達成された。一方では私は、聖なるものの顕われを年代記的順序において分析し（しかし、宗教概念の「時代」と、それを証明する最古の資料の年代とを混同しないことが重要である！）、他方では、資料による裏づけが可能である範囲内で、世界の多様な宗教伝統の深刻な危機と、とりわけ創造的な瞬間とを強調した。つまり、人類の宗教思想と信仰の歴史への重要な貢献を解明しようとしたのである。

聖なるもののすべての顕われが宗教学者にとっては重要である。しかし、たとえばアヌ神の構造や『エヌマ・エリシュ』が伝える神統譜と宇宙創造神話が、あるいは『ギルガメシュ叙事詩』が、ラマシュトゥに対する厄除儀礼やヌスク神の神話などよりいっそう効果的にメソポタミア人の宗教的創造性と独自性をあらわしているということも、またあきらかなことである。ときには、ある宗教的創造の重要性が後代の評価によって顕わになることがある。エレウシスの密儀やオルフェウス教の最古の表現についてはよく知られていないが、それにもかかわらず、それらが二千年以上にわたってヨーロッパの一流の知識人を魅了してきたことはきわめて意義深い宗教的事実であり、その重大性はいまだ充分に理解されていない。たしかに、エレウシス密儀のイニシエーションとオルフェウス教の秘儀は後代の作者たちによって称揚されて、グノーシス思想の神話化とギリシア‐オリエントの重層信仰《シンクレティズム》を反映しているのである。しかし、エレウシス密儀とオルフェウス教のこのような概念こそが、中世の錬金術やイタリアのルネッサンス、十八世紀の「オカルト信仰」の伝統、さらにはロマン主義に影響を与えたものであり、また、リルケからT・S・エリオットやピエール・エマヌエルにいたる近代ヨーロッパの詩人たちに霊感を与えたのが、アレクサンドリアの学者、神秘家、神学者たちのエレウシス密儀であり、オルフェウス教なのである。

いうまでもなく、世界宗教思想史への偉大な貢献ということを定義づけるために選ばれた基準の妥当性については議論の余地がある。しかし、多くの宗教の展開がこの基準を確証しているのである。というのは、宗教的伝統がみずからの再生に成功するのは、深淵な危機とその帰結として生ずる創造によるからである。その証左として、ブラーフマナ供犠の宗教的価値喪失によってもたらされた緊張と絶望が一連のすぐれた創造（ウパニシャッド、ヨーガ技法の成典化、ゴータマ・ブッダの教え、神秘主義的信仰など）を生みだし、そのおのおのが同一の危機の、相異なる大胆な解決となっているインドの場合をあげれば充分である。（本書2巻、九、一七、一八、一九章参照）。

長年のあいだ、私は数日中に読みおえることができるような短く簡明な著書を構想してきた。というのは、一気に通読すれば、何にもましてもろもろの宗教現象の基本的統一性と、同時にそれらの宗教的表現の汲みつくしえない新しさがあきらかになるからである。そのような著書の読者は、旧石器時代やメソポタミア、エジプトの思想と信仰を考察した数時間後に、ヴェーダの賛歌やブラーフマナ、ウパニシャッドに親しむことになるだろう。また、ザラスシュトラやゴータマ・ブッダ、道教、ヘレニズムの密儀宗教、キリスト教の発生、グノーシス思想、錬金術、聖杯伝説について考察した翌日に、シャンカラやタントリズム、ミラレパ、それにイスラーム、フィオーレのヨアキム、あるいはパラケルススを発見することになろう。あるいはまた、ケツァルコアトルとビラコチァ、十二人のアールワールとグレゴリオス・パラマス、最古のカバラ派、アヴィセンナ〔イブン・スィーナー〕、あるいは栄西を発見したあとで、すぐにドイツ啓蒙主義者やロマン主義者たちやヘーゲル、マックス・ミュラー、フロイト、ユング、ボンヘッファーに出会うことであろう。

残念なことに、その短く簡明な著書はまだ書かれていない。さしあたり、私は三巻からなる著作を発表することにしたが、やがて、それを四百ページほどの一巻本に縮小したいと思っている。私がこのような妥協を選んだのは、とりわけ次の二つの理由からである。そのひとつは、重要であるのに充分に知られていない文献を相当数引用することが適切であると考えたことであり、もうひとつは、かなり充実した批判的文献解題を学生に提供したいと考えたことである。そこで、本文への脚注は最小限にとどめ、本文ではまったく触れられなかったか、あるいはあまりに簡略にとりあつかわれた問題の文献解題や議論を、本文とは別にして巻末に収めた。したがって、本書は特殊な問題点についての資料や現在の研究状況の要約を議論することによって中断されることなく、一気に通読することが可能である。概説書や啓蒙書は、たいてい各章末に文献リストを備えている。この『世界宗教史』の構造は、それより複雑な批判的装備を必要とした。そこで、私は各章を、通し番号と見出しを付した節に分けた。したがって、研究者は本文を読み進むにつれて、各巻の後半で文献解題と研究の現状の要約をたやすく参照することができる。各節ごとに、重要な近刊書の批判的解題をまとめようとしたが、その場合に方法論的立場が私のそれと異なる著作を省くことはしなかった。まれな例外はあるが、私はスカンディナヴィアやスラヴ、バルカン系諸言語で刊行された業績はとりあげなかった。読みやすくするために、アジア諸言語の固有名詞や用語のローマ字表記は単純化した。

＊＊＊

いくつかの章をのぞけば、本書は一九三三年から三八年までブカレスト大学で、四六年と四八年にパリ大学高等文化学院で、そして五六年からはシカゴ大学で私が行なってきた宗教学の講義内容を再現するものである。その「専門分野」が何であろうとも、隣接諸学の領域において達成される進歩に遅れないように全力を傾け、学生にそれらの学問が提起する諸問題を知らせることをためらわない宗教学者の部類に私は属している。簡単にいえば、私はいかなる歴史的研究も、普遍的な歴史にある程度精通していることを前提していると考えるのである。それゆえに、もっとも厳密な意味での「専門化」も、普遍的歴史の視座に自分の研究を位置づけることを免除するものではない。私はまた、ダンテやシェークスピアの研究が、そしてドストエフスキーやプルーストの研究でさえもが、カーリダーサや能楽や『西遊記』の知識によって啓発されると考える人々の確信を分ちもつものである。これは、むなしい、そして結局は不毛の擬百科全書主義ではない。それは、ただただ人間精神の歴史の、深遠で分割不能な統一性を見失わないためなのである。

　人類の精神史の、この統一性の自覚は最近の発見であって、まだ充分に理解されているとはいえない。このことが宗教学の将来に重要な意味をもっていることは、第三巻の最終章であきらかにされるであろう。また、この最終章では、還元主義の——マルクスやニーチェからフロイトまでの——大家たちがもたらした危機と人類学や宗教学、現象学、新しい解釈学の貢献を議論する過程で、読者は近代西洋世界の唯一の、しかし重要な宗教的創造を評価することができるであろう。私は非聖化の究極的段階のことを考えているのである。この過程は宗教学者にとっては大きな関心事である。というのは、それは「聖なるもの」の完全な偽装——より正確に言えば、「俗なるもの」との一体化を説明しているからである。

＊
＊＊

五十年にわたる研究の過程で、私は恩師、同僚、学生たちから多くを学んだ。その生死を問わず、私はそれらすべての人々に対してもっとも真摯な感謝の念を抱いている。また、第一巻のテクストを読んでくださったミシェル・フロマントゥー、ジャン゠リュク・ベノズィグリオ、ジャン゠リュク・ピドゥー゠パイヨの諸氏にも同じく謝意を表したい。この著書は、一九五〇年以来の私のすべての著作と同様に、妻の存在と、その愛情と献身がなければ完成されることはなかったであろう。私たちにとってたいせつな学問である宗教学への私の、おそらく最後の貢献になるであろう著書の第一頁に、喜びと感謝をこめて彼女の名前を記すものである。

一九七五年九月

シカゴ大学にて
ミルチア・エリアーデ

第一章　時の始めに……古人類の呪術-宗教的営み

1　方向づけ　道具を作るための道具　火の「飼い馴らし」

「ヒト化」の問題は、宗教現象を理解するためには重要であるが、ここで論じるつもりはない。ヒトの直立姿勢は霊長類の状態をすでに超えた印であることを想い起こせば充分であろう。人はめざめている時しか、直立の姿勢を保つことはできない。その直立姿勢のおかげで、空間はヒト以前の存在には無縁な構造――「上」‐「下」を貫く中心軸から水平にひろがる四方向――に組織された。言いかえれば、空間は人体の周囲に、前後、左右、上下にひろがるものとして組織されるのである。方向づけ《オリエンタツィオ》のさまざまな方法は、この根源的経験――無限の、未知の、脅威的なものに見えるひろがりのただなかに「投げこまれた」と感じること――から生じた。なぜなら、人間は、方向づけを失うことによってもたらされる混乱状態に生き長らえることはできないからである。「中心」の周囲に位置づけられたこの空間体験は、領土、集落、住居の、範例的な分割と配置の重要性と、その宇宙論的シンボリズムの重要性を説明する（12節参照）[1]。

同様に、道具の使用は、人間と他の霊長類との生存様式の決定的相異をあきらかにするものである。古人類は、道具を用いるばかりでなく、それを作ることができる。実際、あるサルの種属は、「道具」であるかのように物を使い、それを作る場合もあることが知られている。しかし、古人類は「道具を作るための道具」をも作っている。そのうえ、彼らの道具の使用法はきわめて複雑で、将来の利用に備えて手もとに保存しておくのである。つまり、サルの場合と異なり、人間の道具の使用は、特定の状況や瞬間に限定されない。またその道具が、人体の器官の延長として機能するのではないということも指摘しておかねばならない。今日知られている最古の石器は、人体の構造からはうかがえない機能、すなわち、切る機能(歯で喰いちぎったり、爪でひっかくのとはまったく異なる行為)をはたすために細工されている。[2] 技術の進歩が非常に緩慢なものであったとしても、精神の進歩がそれに歩調を揃えているということにはならない。過去二世紀間の科学技術のめざましい発展が、西洋人の精神にそれに比べられる発展をもたらさなかったことはよく知られている事実である。そのうえ、かつて言われたように、「あらゆる技術革新は集団の死の危険をはらんでいた」(アンドレ・ヴァラニャック)。古人類は技術的停滞のゆえに生き残ったのである。

火の「飼い馴らし」、すなわち、火をおこし、保ち、運ぶことができるということは、古人類を先行する動物学的存在から決定的に区別するものであった。火の使用を立証する最古の「資料」は、中国の周口店にみられるが(紀元前六十万年頃)、おそらくそれよりはるか以前から、数か所で、火の「飼い馴らし」は始まっていたのであろう。

これら周知の事実を繰り返したのは、読者が以下の分析を読むときに、先史時代の人間がすでに知恵と想像力に恵まれた存在として行動していたことを、忘れないでほしいと願うからである。無意識の行為——夢、幻想、幻覚、誇大妄想など——について言えば、古人類のそれは、強さや豊かさをのぞいては、現代人のそれと差異がないと推定されている。しかし、この強さと豊かさという言葉は、そのもっとも強烈な、劇的な意味で理解されねばならない。なぜなら、人間は「時の始めに」なされた決定、すなわち、生きるために殺すという決定の最終的所産であるからである。つまり、ヒトは食肉類になって、その「祖先」を超えることに成功したのである。およそ二百万年のあいだ、古人類は狩猟によって生活した。女や子供が採集する果実、草木の根、貝類などは、人間の生存を保証するには不充分であった。狩猟は性別による分業を定めて、「ヒト化」をこのようにして促進した。というのは、食肉獣においても、また全動物界においても、そのような分業は存在していないからである。

しかし、獲物をたえず探しまわり、殺すことは、狩猟者と殺された動物とのあいだに、ついに独自の関係の体系を創りだした。この問題については、これからも繰り返し論じることにしよう。ここでは、狩猟者とその獲物とのあいだの「神秘的連帯性」は殺害行為そのものによってあきらかにされ、そこで流される血は、あらゆる点で人間の血にひとしい、ということを想い起こすにとどめよう。要するに、獲物との「神秘的連帯性」は、人間社会と動物界とのあいだの親族関係を示すものである。捕らえた獲物を殺すこと、あるいは後の時代では家畜を殺すことは、殺されるものがいれかわる「供犠」に相当する。(3) これらすべての観念は、「ヒト化」の過程の最終段階で形成されたことを明確にしておかねばならない。それらは旧石器時代の文明の消滅後、数千年ののちにも――変化し、再評価され、偽装されはしたが――いまだに生きているのである。

2　先史資料の「不透明性」

古人類が「完全な人間」と考えられるのならば、彼らはいくつかの信仰を抱き、儀礼を営んでいたということになる。なぜなら、さきに述べたように、聖なるものの経験は意識構造の一要素を成すからである。言いかえれば、先史時代人が「宗教的」であったか、それとも「非宗教的」であったかという問いが問われるのならば、その仮説を支持する証拠を示さなければならないのは「非宗教性」論者のほうなのである。おそらくは、古人類の「非宗教性」説は、霊長類との類似が発見されたばかりの進化論全盛時代に支配的になったのであろう。しかし、それは誤解である。というのは、問題は古人類の解剖・骨学的構造（霊長類のそれとたしかに類似している）なのではなくて、彼らの営為である。それらは、「人間的」としか定義できない精神活動を示しているからである。

しかし、今日、古人類が「宗教」をもっていたという事実に賛同を得たとしても、その内容がどのようなものであったかを決定することは、実際、不可能ではないとしても、困難である。しかしながら、研究者たちは諦めはしなかった。というのは、古人類の生活についての「証拠づける資料」がいくらか残されており、いつの日かそれらの宗教的意味が解読されることが期待されているからである。言いかえれば、これらの「資料」がある「言語」を構成しうることが期待されているのである。それは、フロイトの才能のおかげで、それまで不条理であるとか無意味であるとかみなされていた、夢、白日夢、幻覚などの無意識の創造物が、人間を知るためにきわめて貴重な「言語」の存在をあきらかにしたのとまったく同様である。

事実、これらの「資料」はかなり多数存在しているが、「不透明」であって、それほど多様ではない。それらは人骨、とりわけ頭骨、石器、顔料（もっとも豊富にみられるのが赤色土《ベンガラ》、赤鉄鉱である）、各種の副葬品などである。旧石器時代後期にいたって、はじめて洞窟の線刻画、彩色画、彩色石、骨製・石製の小像などがみられる。墓、芸術作品などのいくつかの事例において、のちにわれわれが検討する範囲内ではあるが、すくなくとも「宗教的」志向性がたしかに認められる。しかし、オーリニャック期（前三万年頃）以前の「資料」の大半を占める道具類は、実用的価値以上のものをあらわしてはいない。

しかし、道具がある種の神聖性を帯びることもなく、多くの神話のエピソードを生みだすこともなかったとは考えがたい。最初の技術的発見——石の、攻撃と防衛の武器への変容、火の支配——は、人類の生存と発展を保証したばかりか、神話 - 宗教的価値世界を生みだし、創造的想像力をよび起こし、育《はぐく》んだ。それを知るには、いまなお狩猟・漁撈《ぎょろう》段階にとどまっている未開人の、宗教生活と神話における道具の役割を検討すれば充分なのである。武器——木製、石製、金属製を問わず——の呪術 - 宗教的価値は、ヨーロッパの農民のあいだになお生き残っているのであって、それは彼らの民話のなかだけではない。われわれは、ここで、石、岩、小石の力の顕われ《クラトファニー》や、聖なるものの顕われ《ヒエロファニー》を考察しようとは思わない。それらの例については、拙著『宗教学概論』の第一章を参照してほしい。

とりわけ、無数の信仰、神話、伝説を生みだしたのは、投射武器のおかげでかちえた「距離の支配」である。天の穹窿《きゆうりゆう》を突き破り、天への上昇を可能にする槍、雲を突き抜けて飛び、悪魔を射抜き、天に達する鎖を作る矢などを語る神話を考えてみよう。古人類が加工した石が、今日、われわれに伝達できなくなっているものすべてをよりよく評価するためには、道具、とくに武器にまつわる信仰や神話の一端を述べなければならない。これらの先史時代資料の「意味の不透明性」は、これにかぎったことではない。あらゆる資料は、現代のものであっても、それが意味体系のうちに位置づけられて、首尾よく解読されないかぎり、「精神的に不透明」である。先史時代、現代を問わず、道具はその技術的志向性しかあらわすことができないので、その製作者や所有者がそれについて考え、感じ、思い描き、望んだことすべてが、われわれにはわからずじまいになる。しかし、われわれは、すくなくとも、先史時代の道具の非物質的価値を「想像する」ことを試みなければならない。さもなければ、この意味の不透明性は、われわれに文化史のまったく誤った理解を押しつけることになるかもしれないのである。たとえば、われわれはある信仰の発生を、それが資料によってはじめて立証される年代と混同する危険がある。(4) 金属器時代のいくつかの伝承が、採鉱、冶金、武器製造に関する「技術の秘密《メチエ》」を伝えるといっても、それを先例のない発明だと考えるのは早計であろう。というのは、これらの伝承は、すくなくとも部分的には、石器時代の遺産を継承しているからである。

　およそ二百万年のあいだ、古人類は主として狩猟、漁撈、採集によって生きてきた。しかし、旧石器時代の狩猟者の宗教的世界に関する最古の考古学的指標は、フランコ・カンタブリア〔フランスと北スペイン〕の洞窟画（前三万年頃）にまでさかのぼるにすぎない。さらに、現存する狩猟民族の信仰や宗教的行動を検討すると、われわれは、古人類における類似信仰の有無の証明が、ほとんど不可能に近いことを悟るのである[5]。未開人狩猟者は、動物を人間と同類だが、超自然的力を授けられている存在だと考える。彼らは、人間が動物に変わることができ、動物が人間に変わることができる、死霊が動物に入りこむことができ、特定の人と動物のあいだに神秘的関係が存在する（これは最近まで守護霊信仰とよばれたものである）と信じている。狩猟民族の宗教に認められる超自然的存在には多様な種類があり、たとえば獣形の随伴神や「守護霊」、獲物と狩猟者の双方を守護する至高神・動物主のタイプの神々、藪の霊、さまざまな種類の動物の霊などが区別される。

　そのうえ、いくつかの宗教的行動は狩猟文明に特有なものである。たとえば、動物を殺すことが儀礼を構成している。それは、狩猟者が食糧として必要なものだけを殺し、食糧を浪費しないように動物主が見守るという信仰をあらわしている。また、骨、とくに頭骨は儀礼において重要な価値をもっている（おそらく、骨は動物の「霊魂」もしくは「生命」を収蔵し、動物主は頭骨から新たな肉を生育させる、と信じられているからであろう）。頭骨や長骨を樹上や高所にさらしておくのはこのためである。ある民族では、殺された動物の霊はその「霊界」

に送られる（アイヌ人や、ギリヤーク人の「熊祭り」参照）。また、殺された各動物の肉片を至高神に供えたり（ピグミー族、フィリピンのネグリト族など）、頭骨あるいは長骨を供える（サモイェード族など）習慣も存在する。スーダンの一部の人々のあいだでは、若者が最初の獲物を倒すと、洞窟の壁にその血を塗りつけるのである。

これらの信仰や儀礼は、われわれの利用できる考古学的資料のなかに、どこまで跡づけられるであろうか。せいぜい頭骨と長骨を供えることぐらいであろう。過小評価されてはならないことは、狩猟民族の宗教思想の豊かさと複雑さであり、それが古人類のあいだに存在したか否かは、ほとんど立証不可能だということである。しばしば繰り返されることであるが、信仰や思想は化石にはなりえないのである。それゆえに、一部の学者は、古人類の信仰や思想を狩猟文明との比較を援用することによって再構成するかわりに、それについて沈黙することを選びとった。しかし、この極端な方法論上の立場には危険がないわけではない。人間の精神史の巨大な部分を白紙のままにしておくということは、その間、人間の精神活動が技術の保持と伝達にかぎられていたという考えを助長する危険を冒しているのである。そのような見解は、誤りであるばかりでなく、人間理解をそこなうものである。作る人間《ホモ・ファーベル》は同時に遊ぶ人間《ホモ・ルーデンス》、賢い人間《ホモ・サピエンス》、宗教的人間《ホモ・レリギオースス》であった。彼らの宗教的信仰と実践は再構成できないとしても、われわれはすくなくとも、間接的なものでしかなくても、それらの解明に役立ついくつかの類似例を示さねばならない。

3　埋葬の象徴的意味

最古の、そして最多の「資料」は、いうまでもなく骨である。ムスティエ期（およそ前七万年から前五万年）以降になって、われわれは埋葬について確実に語ることができる。しかし、はるかそれ以前にさかのぼる時代の遺跡、たとえば周口店（およそ前四十万年から前三十万年と推定される層）から頭骨と下顎骨が発見され、それらの存在が問題を提起することになった。埋葬とは考えられないので、これらの頭骨の保存はなんらかの宗教的理由によるものであると説明されえた。ブルイユ神父とヴィルヘルム・シュミットは、オーストラリア原住民や他の未開民族に認められる、死んだ親族の頭骨を保存し、部族が移動する際にそれらを持ち歩く風習をひき合いに出した。(6) この仮説はもっともらしいが、大多数の学者には容認されなかった。同じ事実を、儀礼的であれ世俗的であれ、食人習俗の証拠とする解釈も出された。A・C・ブランクは、チルチェオ山〔ローマの南東地中海沿岸〕の洞窟で発見されたネアンデルタール人の頭骨損傷を、まさにこの方式で説明した。その人は一撃で殺され、右眼窩《がんか》を割られた。そして後頭骨の孔は拡大され、そこから脳が引き出されて、儀礼的に食べられたのであろうと。しかし、この説明も異議なく受けいれられたわけではなかった。(7)

死後の存続の信仰は、最古の時代から、血の儀礼的代替物としての、それゆえにまさに生命の「象徴」としての、赤色土《ベンガラ》の使用によって証明されると思われる。死体に赤色土をかける慣習は、周口店からヨーロッパの西岸まで、アフリカは喜望峰まで、オーストラリア、タスマニア、アメリカ大陸ではティエラ・デル・フエゴにいたるまで、時空をこえて世界中にひろく分布している。埋葬の宗教的意味をめぐって、活発な議論がかわされてきた。死者の埋葬には、疑いもなく、正当な意味づけがなされるべきであるが、それはどのようなものであろうか。まず第一に、「死体を茂みにただ単純に投棄することや解体すること、死体を鳥の餌にすること、死体を放置したまま住居から急いで逃げることは、死後存続の観念の欠如を意味するものではない(8)」ということを忘れてはならない。死後存続の信仰は、なおさら埋葬によって確証されるのである。さもなければ、死体を埋めるために傾けられる努力は理解しがたいであろう。この死後の生はまったく「霊的なもの」、すなわち魂の死後の存続として考えられるが、これは、夢に死者が現われることによって強められた信仰であろう。しかし、死者が帰ってくるかもしれないことへの用心として解釈することも充分にできるような埋葬例もある。その場合、死体はおそらく折り曲げられ、縛られていた。他方では、屈葬が「生ける屍」への恐怖(一部の民族のあいだにみられる恐怖)をあらわすどころか、逆に「再生」の願望を意味しているということを、否定するものは何もない。というのは、意図的に胎児の姿勢をとらせた埋葬の例は、多数知られているからである。

呪術・宗教的意味づけをされた最適例として、ウズベク共和国テシク・タシュ遺跡(山羊の角の副葬品に囲まれた子供)、コレーズ県ラ・シャペル・オー・サン〔フランス中部〕遺跡(死体が置かれた穴の中に数個の火打ち石の道具と赤色土の断片がいくつも発見された[9]、ドルドーニュ県ラ・フェラシー〔フランス中南部〕遺跡（火打ち石の道具が出土したいくつかの墳墓）をあげよう。それに、カルメル山〔イスラエル北西部〕の洞窟の十基の墓を含む墓地も追加しなければならない。墓中の食物の供物や埋蔵品の真実性と意味は、いまなお議論されている。もっともよく知られている例は、マス・ダズィル〔南フランス、アリエージュ県〕出土の女性の頭骨で、トナカイの下顎骨と枝状角の上に置かれ、義眼がはめこまれているものである[10]。

旧石器時代後期には、土葬の慣行は一般化したと思われる。赤色土をふりかけられた死体が、相当数の装身具（貝殻、ペンダント、ネックレス）とともに墓穴に埋葬されている。墓のそばに見いだされる動物の頭骨や骨は、死者への供物でなければ、儀礼的な食事の残存物であろう。ルロワ-グーランは、「副葬品」、すなわち故人の所持品には、「大いに検討すべき点がある」と主張する（『先史時代の宗教と芸術』、六二頁）。これは重要な問題である。なぜなら、そのような遺物の存在は、個としての死後存続の信仰ばかりでなく、死者が他界で独自の行動を続けるということについての確信をも示しているからである。同様の観念は、数多く証明されている。しかも、それが文化のさまざまな層においてなされているのである。いずれにしても、ルロワ-グーランはリグリア州〔イタリア西北部〕のオーリニャック人の墓の真実性を認めたが、そこからは「指揮棒」とよばれる四本の不思議な物体をともなって、完全な遺骸が出土した（前掲書、六三頁）。したがって、すくなくともいくつかの墓が、死後において、特別な活動が継続されることに対する信仰をあらわしていることは疑う余地もない[11]。

要するに、埋葬は死後の生命存続の信仰（赤色土の使用によってすでに示されている）を確証し、さらに、いくつかの附随的事実をあきらかにしていると結論することができる。その事実とは、東向きの埋葬は、太陽の運行と霊魂の運命を連帯させようとする意図、ひいては「再生」、すなわち他界での死後の存続に対する願望をあらわしていること、また特別な行為の死後における継続の信仰、あるいは死者の個人的な副葬品の捧げ物や、儀礼的祭宴の残存物で示されているいくつかの葬送儀礼である。

しかし、一見、非常に単純な儀式に含意されている宗教的シンボリズムの豊かさと深さを理解するためには、現代のアルカイックな民族が営む埋葬を検討すればよいであろう。ライヘル-ドルマトフは、コロンビアのサンタマルタのシェラネヴァダに住む、チブチァ語を話すインディアンのコギ族のあいだで一九六六年に営まれた少女の埋葬を詳細に記述している(12)。墓所の選定ののちに、シャーマン（*máma*）は一連の儀礼的身振りを行ない、次のように宣言する、「ここは死の里である、ここは死の祭りの館である、ここは子宮である。私は館を開こう。館は閉ざされている。私はそれを開こうとする」。それから彼は、「館は開かれた」と告げ、男たちに墓穴を掘るべき位置を示し、退場する。死んだ少女は白布で包まれており、彼女の父親は経帷子《きょうかたびら》を縫う。そのあいだ、死者の母と祖母はほとんど歌詞のない唄をゆるやかに歌っている。墓の底に緑色の小石、貝殻、巻貝の殻が置かれる。ついで、シャーマンが重すぎるという印象を与えながら、死体を持ち上げようとする。そして、九回目にやっと成功する。死体は頭を東に向けて安置され、「館は閉ざされる」、すなわち墓穴は埋められるのである。続いて、墓のまわりで他の儀礼的所作をしてから、最後に全員が退場する。この儀式は二時間にわたって営まれた。

ライヘル‐ドルマトフが述べているように、考古学者が将来この墓を発掘すれば、頭を東に向けて葬られた遺骨と若干の小石と貝殻を発見するのみであろう。その儀礼と、とりわけそれによって含意されている宗教的観念を、これらの出土品を論拠に復元することはできないのである。[13]そのうえ、現代人であっても、コギ族の宗教を知らない観察者には、その儀式のシンボリズムを理解することは困難である。というのは、ライヘル‐ドルマトフが述べているように、墓地を「死の里」、「死の祭りの館」とよび、墓穴を「館」、「子宮」（右向きに横たわる死体の、胎内での姿勢を説明する）とよび、ついで、供物を「死者の食物」とよぶ「言語表現」や、「館‐子宮」を「開き」、そして「閉じる」儀礼が問題となるからである。葬儀は、儀礼によって墓の周囲に溝をめぐらす最後の浄めの儀式で終わる。

他方で、コギ族は、世界——宇宙母神の子宮——とそれぞれの村、祭りの館、家、墓とを同一のものと見なしている。シャーマンが死体を九回持ち上げるのは、妊娠期間の九か月を逆にさかのぼり、死体を胎児の状態にもどすことを意味する。そして、墓は世界と同一視されるので、葬儀の供物は宇宙的意義を獲得する。さらに、「死者の食物」である供物は、性的意味（コギ族の神話、夢、婚姻の掟において、「食べる」行為は性的行為を象徴する）を含んでおり、その結果、それは母神を多産にする「精液」となるのである。貝殻は性に関連するばかりでなく、実に複雑なシンボリズムを担っており、家族の生存者をあらわす。他方、巻貝は死者の「夫」を象徴するので、それを墓に入れてやらなければ、少女は他界に到着するやいなや「夫を要求し」、同じ部族の若者の死を招くことになるのである。[14]

コギ族の埋葬に含まれている宗教的シンボリズムの分析は、ここで終えることにしよう。しかし、このシンボリズムを考古学の次元のみから研究したのでは、旧石器時代の埋葬のそれと同様に解明できない、ということも強調しなければならない。考古学的資料が伝達することのできる「メッセージ」を限定し、貧しいものにしているのは、その特有の様態なのである。われわれが資料の貧しさ、不透明さに直面したときには、この事実をつねに念頭におかなければならない。

4 骨の堆積をめぐる論争

アルプス山脈とその周辺地域で発見されている洞穴熊の骨の堆積は、最後の間氷期の宗教思想に関する「資料」として、その数がもっとも多く、しかももっとも議論が闘わされているものである。ドラッヘンロッホ洞窟（スイス）で、エミール・ベッヒラーは骨の堆積、とりわけ頭骨と長骨のそれを発見した。それらは岩肌沿いに、岩の自然のくぼみに、また石の一種の囲いの中に、まとめて置かれていた。一九二三年から一九二五年にかけて、ベッヒラーはもうひとつの洞窟、ヴィルデンマンリスロッホ洞窟を調査し、下顎を欠いた熊の頭骨数個と、それらの間に置かれた長骨を発見した。アルプスの諸洞窟で、他の先史学者たちによっても同様の発見が行なわれたが、そのなかでもっとも重要なものは、スティリア地方のドラッヘンヘトリ洞窟とフランコニア地方のペータースヘーレ洞窟であり、K・ヘルマンは洞窟の床上一・二メートルの高さのくぼみに、数個の熊の頭骨を発見した。同様に、一九五〇年にK・エーレンベルクは、ザルツオフェンヘーレ洞窟（オーストリア・アルプス）で、三個の熊の頭骨が岩肌の自然のくぼみに置かれているのを見つけたが、それらは長骨とともに東から西に向けて置かれていた。

これらの堆積物は意図的なものであると思われたので、研究者はその意味の解読にとりかかった。アル・ガースはそれらを、北極圏の部族の一部が至高神に捧げる、年ごとの最初の獲物の供物と比較した。これはまさに、殺された動物の頭骨と長骨を壇上に捧げることであった。神には動物の脳漿と脳髄、すなわち、狩猟者がもっとも珍重する部分が捧げられたのである。この解釈は、ヴィルヘルム・シュミットやW・コパースその他に受けいれられた。これらの民族学者にとって、これこそ、最後の間氷期の洞穴熊の狩猟者が、至高神もしくは動物主の信仰を抱いていたという証拠であった。ほかの著者たちは、この頭骨の堆積を、北半球で行なわれている、もしくは十九世紀まで行なわれてきた熊祭りと比較した。この儀礼では、殺された熊の頭骨と長骨を、動物主が翌年に蘇らせることができるように保存するのである。カール・モイリはそのなかに、彼が狩猟儀礼の最古のものと考えた、特殊な「動物埋葬」の形だけをみていた。このスイスの学者にとっては、その儀礼は狩猟者と獲物とのあいだの直接的関係を示すもので、前者は後者の再生をもたらすためにその骨を埋葬したのである。そこには、いかなる神的存在も含意されていなかった。

これらすべての解釈は、バーゼル出身の学者F・E・コビーに異議を申したてられるところとなった。彼の意見では、頭骨の「堆積」の多くは、偶然の出来事か、熊自身が骨の間を動きまわり、かきまわしたために生じたものである。ルロワ-グーランは、この根底的な批判にまったく賛同の意を表明した。石の「囲い」に収められたり、岩肌沿いにまとめられたり、壁のくぼみに置かれ、長骨に囲まれたりしている頭骨が、地質学的事実や熊自身の行動によって説明されるというのである（前掲書、三一頁以下）。骨の「堆積」が意図するものについてのこの批判は、初期の洞窟発掘が不充分なものだったので、いっそう説得力をもつようにみえる。しかしながら、同じタイプの「堆積」が、多くの洞窟の、しかも床面から一メートルあまりの高さのくぼみに見いだされることは驚くべきことである。ルロワ-グーランは、さらに、「いくつかの場合には人間による手直しがありそうだ」と認めている（三一頁）。

いずれにしても、骨の堆積を至高神への捧げ物とする解釈は、ヴィルヘルム・シュミットとW・コパースの支持者たちでさえ捨てさっている。最近の古人類の供犠研究において、ヨハネス・マリンガーは次のような結論に到達している。(1)旧石器時代前期（トラルバ〔スペイン・マドリード北東〕、周口店、レーリンゲン）には、供犠は証明されていない。(2)旧石器時代中期（ドラッヘンロッホ、ペータースヘーレなど）の資料はさまざまに解釈できるが、その宗教的特徴（すなわち、超自然的存在への供犠）はあきらかではない。(3)旧石器時代後期（ヴィレンドルフ〔オーストリア北東部）、マイエンドルフ、シュテルモール（ドイツ北部）、モンテスパン（フランス南西部）など）にいたって、「多少の確実性をもって」供犠について語ることができる。[15]

予想されることではあるが、研究者は反論の余地のない資料の欠如か、あるいはその真実性を疑うべくもない資料の意味不透明性かの、どちらかに直面しているのである。古人類の「精神活動」は――つまり、現代の「未開人」のそれのように――かすかな痕跡を残している。ほんの一例をあげれば、コピーとルロワ‐グーランが提示する議論は、地質学的事実と洞穴熊の行動が儀礼的堆積の欠如を説明するに充分だという、彼ら自身の結論を無効にするのにも充分用いられうるのである。その儀礼的意図については疑う余地もない骨の堆積の意味の不透明性に関して、現代の極北狩猟民のあいだに類似する例が見いだされる。骨の堆積それ自体は、呪術‐宗教的志向性の表現にほかならない。その行為の特有の意味は、それぞれの社会の成員が伝える情報を通じて理解されるのである。頭骨と長骨が至高神、もしくは動物主への供物をあらわすのかどうか、あるいはそうではなく、骨がまた、肉に覆われることを願って保存されるのかどうかはやがて判明するであろう。この後者の信仰さえもが、さまざまに解釈されうるのである。動物は動物主によって「再生」するのか、骨に宿る「霊」によるのか、あるいは狩猟者が、その骨を（犬に食われることを避けるために）「埋葬」したという事実によって「再生」するのであろうか。

われわれは、呪術‐宗教的志向性をもつと思われる資料の、可能な解釈の多様性をつねに念頭においていなければならない。しかし、他方では、極北狩猟民と古人類との差異がどのようなものであっても、両者は狩猟文明に特有な同一の経済と、おそらく同一の宗教的観念を共有していることを忘れてはならない。したがって、先史時代資料と民族学的事実の比較は、正当な理由をもっているのである。

このような視座から、オーリニャック前期の段階に属する、シレジアで発見された若いヒグマ化石の頭骨の発見を解釈することが提案された。熊の門歯や犬歯は切断されたり、削り落とされているのに、臼歯はまだ申し分のない状態にあった。W・コパースは、この発見をサハリンのギリヤーク人、北海道のアイヌ人の熊祭りに関係づけた。そこでは熊を殺すに先立ち、若熊の犬歯と門歯が祭りの参加者を傷つけないように、鋸のようなもので切りとられる。[16] そして、その祭りのあいだに、子供が縛られた熊に矢の雨を注ぐのであるが、同じ解釈が、矢や石で傷ついて、あきらかに多量の血を吐き出している熊をあらわす、トロワ・フレール洞窟〔フランス南西部〕側壁の線画に与えられた。[17] しかし、そのような場面はさまざまに解釈できるのである。

アルカイックな宗教思想の重要性は、それが後代に「生き残る」力によっても確認される。したがって、動物がその骨から再生できるという信仰は、相当数の文化に認められている。[18] これが肉を食べたあとの、動物の骨を砕くことを禁じる理由である。これは狩猟民や牧畜民の文明に固有の思想であるが、より複雑な宗教や神話のなかにも生き続けた。よく知られているのは、トール神の雄山羊の例である。夕方に喉を切られ、食べられていても、神は翌日には骨から蘇らせたのである。[19] 同様に有名なのは、エゼキエルの見たヴィジョンである（「エゼキエル書」三十七章・一―八節）。預言者は「骨でいっぱいの谷」へ運ばれ、主の命に従い、骨に語りかけた、「枯れた骨よ、主の言葉を聞け。主なる神はこれらの骨に向かってこう言われる。見よ、わたしはおまえたちのなかに霊を吹きこむ。すると、おまえたちは生き返る。……音がした。見よ、カタカタと音をたてて、骨と骨とが近づいた。わたしが見ていると、見よ、それらの骨の上に筋と肉が生じ、皮膚がその上をすっかり覆った」。

5 洞窟壁画――イメージか、シンボルか？

装飾洞窟が探査されることによって、もっとも重要でもっとも数多くの造形資料がもたらされた。旧石器時代芸術のこれらの宝は、ウラル地方と大西洋の間の比較的限定された地域に分布している。移動可能な芸術品は、西部ならびに中央ヨーロッパの大部分と、ドン川にいたるロシアに見いだされている。しかし、壁画芸術はスペイン、フランス、南イタリア(一九六一年に発見されたウラル地方の壁画洞窟をのぞけば)に限定されている。なによりもまずわれわれを驚かせるのは、「芸術的内容のなみなみならぬ統一性である。それらのイメージのあきらかな意味は、紀元前三〇〇〇〇年から九〇〇〇年まで変わることがなかったと思われる。しかも、それはアストリア地方(スペイン北西部)においても、ドン川流域においても同じである」[20]。ルロワ－グーランによれば、それは同一の観念体系、とりわけ「洞窟の宗教」[21]の特徴をなすものの、接触による伝播が問題なのである(『先史時代の宗教と芸術』八四頁)。

壁画は入口からかなり遠い所に見いだされるので、研究者はいずれも洞窟を一種の聖域とみなしている。さらに、これらの洞窟の多くは居住不可能で、その近づきがたさが、それらの聖性的性格《ヌミノーゼ》を強めているのである。装飾された岩壁の前にたどり着くためには、ニオーやトロワ・フレールの洞窟の場合のように、数百メートルも進まねばならない。カブルレ洞窟はまったくの迷路となっており、見学するのに数時間もかかるのである。ラスコーでは、旧石器時代芸術の傑作のひとつを収めた地下の通廊部に達するには、深さ六・三メートルの竪穴を縄梯子で降りなければならない。これらの彩色画や線刻画の作品のもつ志向性は、疑う余地もないと思われる。それらの作品を解釈するために、ほとんどの研究者は民族学における類似例の助けをかりた。いくつかの比較は説得的ではなかった。民族誌的類似例との相似性を強調するために、旧石器時代の資料を「補って完全なものにする」ように執拗な努力がなされた場合にはとくにそうであった。しかし、そのような軽率な説明が危くすることになったのは、それらの著者たちだけであって、彼らが用いようとした方法ではなかった。

矢で全身を射通された熊、ライオン、その他の野獣たちや、あるいはモンテスパン洞窟で発見された、まるく深い穴をあけられたライオンたちと一頭の熊の姿をあらわす粘土像は、「狩猟呪術」の証拠として解釈されている。(22) この仮説は真実らしく思われるが、これらの作品のあるものは、原初の狩猟の再現と解釈することもできるであろう。また同じように、儀礼が「聖域」のもっとも深い場所で、おそらくは狩りに遠出する前や、若者のための「イニシエーション」とよぶこともできるような機会に、営まれた可能性がある。(23) トロワ・フレール洞窟の一場景は、野牛の仮面をかぶり、横笛のような楽器を演奏している踊り手をあらわしていると説明されている。旧石器時代芸術には、獣皮をまとい、しばしば踊る姿勢をとっている人の像をあらわしたものが五十五ほどあることが知られているので、この解釈は説得力があると思われる。(24) それはまた、現存の狩猟民族に特有な儀礼行為にも関係している。

ブルイユ神父は、トロワ・フレール洞窟の「大呪術師」を有名にしたが、これは壁面に刻まれた高さ七十五センチの線刻画である。ブルイユのスケッチはそれが枝状角を戴いた雄鹿の頭に、フクロウの顔と狼の耳と、カモシカのひげを着けていることを示している。腕の先は熊の前肢になり、そして尻には長い馬の尾が生えている。それが人間の姿であることを示すものは、下肢と性器と踊る姿勢のみである。しかし、最近撮影された写真は、ブルイユが念入りに描写した要素のすべては示していない。(25) この線刻画の発見以後、若干の細部（たとえば、第二枝状角）が損なわれたということもありうるが、ブルイユのスケッチのできが悪かったのだと言えないこともない。最近の写真で見るところでは、「大呪術師」はそれほど感銘を与えない。しかしながら、それは「動物主」か、あるいは、それを体現した呪術師と解釈することができるのである。さらに、ルルドの一枚の線刻石板には、鹿皮をまとい、馬の尻尾を着け、雄鹿の角を頭にかぶった人間がはっきりと見られるのである。

それと同じく有名であり、またそれにおとらず論争されたのは、最近ラスコーで発見されたすばらしい作品で、洞窟のきわめて近づきがたい地下通廊部〔井とよばれている場所〕に見られるものである。それは、傷ついた野牛が、地面に横たわる、おそらくは死んでいると思われるひとりの人間に角を差し向けているものである。人間の武器である鉤付き槍のようなものが獣の腹に突きつけられている。人間（その頭の先がくちばしになっている）の近くには、鳥が竿にとまっている。この場面は「狩りの災難」を描いているものと一般に解釈されている。一九五〇年にホルスト・キルヒナーは、そこにシャーマンの交神の場を見ることを提案した。その人間は死んでいるのではなく、犠牲として捧げられた野牛の前でトランス状態になり、そのあいだに彼の魂は他界を旅しているのである。竿頭の鳥はシベリアのシャーマニズムに特有なモチーフであって、シャーマンの守護霊であろう。キルヒナーによれば、「交神」は、シャーマンがエクスタシーのうちに神々のもとにおもむき、神々の祝福、すなわち狩猟の成功を求めるために企てられた。同じ著者は、謎の「指揮棒」は太鼓のばちだと考えている。もしこの解釈が受けいれられるならば、それは旧石器時代の呪術師が、シベリアのシャーマンの太鼓と似かよったものを使っていたということを意味するであろう。[26]

キルヒナーの説明は議論をよんだが、われわれはそれについて判断をくだす資格があるとは考えていない。しかしながら、旧石器時代に、あるタイプの「シャーマニズム」が存在していたということは確実なことだと思われる。一方では、シャーマニズムは今日なお、狩猟・牧畜民族の宗教的観念を支配している。そして他方では、そのようなものとしてのエクスタシー体験は、原初的な現象として人間的条件を構成するものである。人間が夢も白日夢もみず、「忘我状態《トランス》」、すなわち魂の他界への旅と解釈される意識喪失を経験しなかった時代は想像することができない。文化や宗教の相異なる形式とともに修正され、変更されるのは、エクスタシー体験の解釈と評価であった。旧石器時代人の精神世界は、人間と動物のあいだにある「神秘的」次元の関係によって支配されたのであるから、エクスタシーの専門家の機能を推測することは困難なことではない。

動物の骨格と内臓を描いた「X線式」線刻画も、シャーマニズムと関係があるとされている。フランスではマグダレニアン期（マドレーヌ期）（前一三〇〇〇―六〇〇〇年）、ノルウェーでは前六〇〇〇―二〇〇〇年に描かれたこれらの線刻画は、東シベリア、エスキモー、アメリカ（オジブウェ族、プエブロ族など）、インド、マレーシア、ニューギニア、北西オーストラリアにも見いだされる。[27] それは狩猟文化特有の性質をもった芸術であって、そこに染みとおっている宗教的観念はシャーマン的なものである。実際に、自分の超自然的ヴィジョンの力で「自分自身の骨格を見る」[28] ことができるのは、シャーマンだけだからである。言いかえれば、シャーマンは動物の生命の源である骨の要素までも透視することができる。それがあるタイプの「神秘家」にとって根本的体験であることは、とりわけ、今なおチベット仏教において修められているという事実によって立証されている。

6　女性の存在

最終氷河期の女性像の発見は、今なお論争が続けられている諸問題を提起した。それらの分布は、フランス南西部からシベリアのバイカル湖、北イタリアからライン川におよぶ、かなり広大な地域にわたっている。高さ五―二十五センチメートルの小像は、石、骨、象牙に刻まれたものである。それらは、まったく不適切なことであるが「ヴィーナス」とよばれ、そのもっとも有名なものは、レスピューグ〔フランス、オート・ガロンヌ県〕(29)、ヴィレンドルフ（オーストリア）、ローセル（ドルドーニュ県）の「ヴィーナス」である。しかしながら、とりわけ慎重な発掘作業のおかげで、もっとも得るところが多いのは、ウクライナ地方のガガリーノ〔ドン川流域〕とメズィン〔デスナ川流域〕の出土品である。それらは居住地の層から発掘されたので、家の宗教に関係すると思われる。ガガリーノでは、住居壁の近くで、マンモスの骨を刻んだ六体の女性小像が発見された。それらはおおまかに刻まれており、腹部の大きさがひどく誇張され、顔は目鼻を欠いている。メズィンの出土品は非常に様式化されていて、その一部には女性の体型を幾何学的要素に還元していると解釈されるものがある（この型は、ほかにも中央ヨーロッパで認められている）。その他のものは、鳥をあらわしているのであろう。それらの肖像はさまざまな幾何学模様で飾られ、その中には卍《まんじ》も認められる。それらが宗教的機能をもっているかもしれないということを説明するために、ハンチャーは、北アジアのある狩猟民部族が、ズリとよばれる、木製の人間の形をした肖像を作る事実に注意を喚起した。ズリが女性である部族では、これらの「偶像」は、部族民全員がその末裔《まつえい》であると考えられている神話的先祖母をあらわし、先祖母はその部族の家族と住居を守り、大猟から帰ってくると、これらの偶像に小麦粉と脂肪の供物が捧げられる。

それよりもさらに意義深いのは、シベリアのマリタでゲラシモフが行なった発見である。その「村」では長方形の家々が二分され、右半分は男性用（男性使用の品だけが発見された）、左半分は女性用に当てられていて、女性小像は左側だけから出土している。男性居住区でこれに対応するものを鳥が代表しているのであるが、それらのなかには男根だと解釈されているものもある。(30)

これらの小像の宗教的機能を明確にすることはできない。おそらくそれらは、女性の聖性の、したがってまたそれら女神の呪術‐宗教的力の、なんらかの表現であろう。女性特有の存在様態が構成する「神秘」は、未開宗教でも歴史宗教でも、多くの宗教において重要な役割を演じてきた。旧石器時代芸術の全体、すなわち洞窟画、洞窟壁の浮き彫り、小石像、小石板などにおける男性‐女性の両極性の中心的機能をあきらかにしたのは、ルロワ‐グーランの功績である。彼はまた、フランコ・カンタブリア地方からシベリアにいたる地域で、この象徴的言語の統一性を示すことができた。地形学的・統計学的分析を用いることによって、ルロワ‐グーランは図像（体型、顔など）と記号は交換可能だと結論した。たとえば、野牛のイメージは、「傷」や他の幾何学的記号と同じ――「女性的」――価値をもつ。そこで、彼は男女の価値の組み合わせ、たとえば、野牛（女性的）と馬（男性的）があることに注目した。このシンボリズムに照らして「解読される」と、洞窟は秩序づけられ、意味を付与された世界としてあきらかになるのである。

ルロワ‐グーランにとっては、洞窟は聖域であるということ、そして石板や小像は、装飾された洞窟と同じ象徴的構造をもつ、「移動聖域」であるということは疑いようもないことである。しかしながら、同著者が、自分で再構成したと考えている総合の成果は、われわれに旧石器時代の宗教言語を教えてくれない、と認めているのである。彼の方法は、いくつかの洞窟画においてよび起こされている「できごと」を、彼自身が認識することを不可能にしているのである。他の研究者が狩りの災難とかシャーマンの交神の場だとして解釈している、ラスコーのあの有名な「場面」の中にルロワ＝グーランがみるものは、ただ一羽の鳥にすぎない。その鳥は、ある「地形学的分析によって分類された図像群」に属しており、「壁画に隣接して描かれた人物や犀と象徴的に等価な」ものである（前掲書、一四八頁）。男女相異なる性的価値をもつシンボルを対にすること（そして、それはおそらく、その相補性が宗教的に重要であることをあらわしているのであろうが）を除けば、彼が提言することができたのは、「その表象がきわめて複雑で豊かな体系を内包している。それはこれまで想像されてきたよりもはるかに豊かで複雑な体系である」（二五一頁）ということにすぎない。

ルロワ＝グーランの学説は、さまざまな観点から批判された。とくに図像と記号の「読み」が終始一貫していないという点と、彼自身が新しく確立した象徴体系と、洞窟で営まれた儀礼を関連づけていないという事実を非難されたのであった[31]。それがどういうことであろうとも、彼の貢献は重要である。彼は旧石器時代芸術の様式と観念の統一性を証明し、「男性」と「女性」という記号のもとに隠されていた宗教的価値の相補性を解明した。これと類似したシンボリズムが男女二つの性にあてられ、完全に分離された二つの部分からなるマリタの「村」を際だたせていた。男女の性的・宇宙論的原理の相補性をふまえた体系は、現代の「未開」社会のいたるところにみられ、同様にアルカイックな宗教においても認められることになるであろう。この相補性の原理は、世界を組織するためにも、その周期的な創造と再生の神秘を説明するためにも、援用されたであろう。

7 旧石器時代の狩猟者の儀礼、思想、想像力

古生物学の最近の諸発見は、人類や文化の「始まり」をいっそう古い時へと絶えず押しやっているという点で共通している。人類は二、三十年前に考えられていたよりも古くから存在しており、その心理的知的活動は、より複雑であることがあきらかになっている。アレクサンダー・マーシャクは、最近、旧石器時代後期に、月の満ち欠けの観察にもとづいた時間表示の象徴体系が存在したということを証明することができた。著者が、「時間の要素をもつ」と呼ぶ、すなわち、長期にわたって休みなしに蓄積されたこれらの表示は、現代のシベリア住民や北アメリカのインディアン部族においてそうであるように、季節的・周期的儀礼が遠い昔から固定されていたということを考えさせる。この表示「体系」は、オーリニャック前期からマグダレニアン後期まで、二万五千年以上保持された。マーシャクに従うならば、最初の諸文明に現われた文字、算術、そしていわゆる暦法も、旧石器時代に用いられた表示

「体系」に浸透していたシンボリズムと、おそらく関連しているであろう。(32)

文明の発展に関するマーシャクの一般理論がどのように評価されようと、月のサイクルが農耕発見よりも約一万五千年前に、実用的目的のために分析、記憶、使用されたという事実に変わりはない。これによって、アルカイックな神話における月の重要な役割と、そしてとりわけ、月のシンボリズムが女性、水、植物、蛇、豊饒、死、「再生」などの多様な実在を包み込んだ単一の「体系」のうちに統合されたという事実は、いっそう理解されやすくなるのである。(33)

マーシャクは、物体に刻みつけられたり、洞窟の壁面に描かれた稲妻模様を分析して、これらの模様はひとつの連続をあらわし、ひとつの志向性をあらわしているので、「体系」を成していると結論している。その構造は、ペック・ド・ラズ（ドルドーニュ県）で埋葬された骨に刻まれた模様にすでに認められる。すなわち、旧石器時代後期の稲妻模様よりすくなくとも十万年はさかのぼる、アシュール期（前一三万五〇〇〇年頃）の層に属している。さらに、その模様は動物図案の周囲や上に描かれており、ある種の儀礼（マーシャクは「参与という個人的行為」と呼んでいる）を表示している。稲妻模様の意味を明確にすることは容易ではない。しかし、ある時点（たとえば、バーデン州ペータースフェルトの図案）以後は、稲妻模様は「流文」の中に表現され、魚が添えられることになる。この場合、水のシンボリズムが明白である。しかし、この著者によれば、それは単に水の「イメージ」ではない。指やさまざまな道具でつけられた無数の跡は、水のシンボリズム、もしくは神話が役割を演じる「参与という個人的行為」をあらわしているのである。[34]

そのような分析によって、旧石器時代の記号と図像の儀礼的機能が確認されるのである。いまや、これらのイメージやシンボルが、いくつかの「物語」、すなわち、季節にかかわる行事、獲物の習性、性、死、ある種の超自然的存在や、人間（「聖なるものの専門家たち」）の神秘的力に関するできごとにかかわっているということは、明白だと思われる。われわれは旧石器時代の表象を、イメージの象徴的（それゆえに「呪術‐宗教的」）価値と、多様な「物語」と結びついた儀式上のその機能とをあらわすコードとみなすことができる。たしかに、われわれはけっして、これらの「物語」の正確な内容を知ることはないであろう。しかし、さまざまなシンボルをみずからのうちに組みこんでいる「諸体系」は、すくなくとも、旧石器時代人の呪術‐宗教的実践においてそれらがもっている重要性を、われわれが見抜くことを許すのである。そして、これらの「体系」の多くが狩猟社会で共有されているのであるから、それらはなおさら重要なのである。

さきに（4節）述べたように、「未開」狩猟民特有の儀礼と信仰を考察することによって、先史時代の宗教のいくつかの側面を「再構成する」ことは許されているのである。それは、ルロワ‐グーランとラマン・アンプレール以外の研究者すべてが、多かれ少なかれ成功しながら用いた方法である、「民族誌的対比」の問題に尽きるものではない。[35]しかし、先史文化と「未開」文化を分けるあらゆる差異を考慮に入れたとしても、なおある種の基本的形状を描くことはできる。というのは、狩猟、漁撈、採集にもとづくアルカイックな文明の多くは、最近まで、世界の周縁に（ティエラ・デル・フエゴ、アフリカのホッテントット族、ブッシュマン族、北極圏、オーストラリアなど）、あるいは大熱帯森林地帯（バンブーティ・ピグミー族など）に存続してきた。隣接農耕文明の影響にもかかわらず、（すくなくとも若干例については）原初の構造が十九世紀末頃になってもまだ壊されていなかった。旧石器時代後期と同じような段階に「とどまっている」これらの文明は、ある種の「生きた化石」となっている。[36]

いうまでもなく、それは旧石器時代人に、「未開人」の宗教的行為や神話を移しかえるという問題ではない。しかし、すでに述べたように、シャーマン型のエクスタシーは、旧石器時代においても実証されると思われる。これは、一方では、肉体を離れ、宇宙を自在に旅することのできる「霊魂」に対する信仰を意味し、そして他方では、その旅行中に霊魂がある超人間的存在に出会い、助けや恵みを要求できるということの確信を意味するものである。シャーマン型エクスタシーは、また、「憑依《ひょうい》すること」、すなわち人間の肉体に入りこむこと、そして同様に、死霊または動物霊、精霊もしくは神によって「憑依されること」の可能性を意味している。

もう一例をあげると、両性間の分離（6節参照）は、男子のみが参加でき、狩りに遠出する前に行なわれる秘儀の存在を仮定することを可能にする。同種の儀礼は、「男性結社」（Männerbünde）に似た成人男子集団の特権となり、その「秘密」は、イニシエーション儀礼をとおして若者に解きあかされる。モンテスパン洞窟に、そのようなイニシエーションの証拠を見いだしたと考えた学者もいたが、この解釈には異議が唱えられた。しかしながら、イニシエーション儀礼のアルカイックな性質は疑う余地もない。世界の辺境（オーストラリア、南北アメリカ）[37]でみられる数多くの儀礼に類似性があるということは、旧石器時代に、すでに共通な伝統が展開していたということを確証するものである。

モンテスパンの「円舞」について（洞窟の粘土質地表に若者の足によって残されたしるしがどのように解釈されていようとも）、カート・サックスは、そのような儀礼的舞踏が旧石器時代人にもよく知られていたということをまったく疑わない。[38] もちろん、円舞はきわめて広汎に行なわれている（ユーラシア大陸全域、東ヨーロッパ、メラネシア、カリフォルニアのインディアン諸部族などでも）。円舞は、殺された動物の霊魂を鎮めるためであれ、獲物の繁殖を確保するためであれ、狩猟民によって各地で営まれている。[39] いずれにしても、旧石器時代狩猟民の宗教的観念との連続性は明白である。そのうえ、狩猟者グループと獲物とのあいだに存在する「神秘的連帯性」は、成人男子のみに明かされるいくつかの「技術《メチエ》の秘密」があったことを想定させる。ところで、このような「秘密」はイニシエーションを通じて若者に伝達されるのである。

円舞は、現代のアルカイックな文化のうちに先史時代の儀礼と信仰が生き続けていることを、みごとにあきらかにしている。われわれは他の例にも出会うことになるであろう。さしあたり、ホガール（アルジェリア南部）やタッシリ（アルジェリア領サハラの山脈）洞窟壁画は、プール族牧畜民のイニシエーションの神話が、教養あるマリ人からアフリカ学者ジェル[40]メーヌ・ディーテルランに伝えられ、出版されたおかげで「解読」されたことを思い出そう。その点については、H・フォン・ジカルトは、ルウェならびにそれと類似の固有名詞に関する研究論文で、このアフリカの神は、ヨーロッパ‐アフリカ狩猟民の最古の信仰をあらわしているとの結論に達した。[41]そして、その年代についてはこのスウェーデンの学者が紀元前八〇〇〇年以前としている。

要するに、いくつかの神話、とりわけ宇宙創造神話と起源神話（人間、獲物、死などの起源に関する神話）は、旧石器時代人によく知られていたと断言してもよいと考えられる。一例のみをあげれば、宇宙創造神話は、原初の水と、そして人間の姿かあるいは水棲動物の形をとって、宇宙創造に必要な素材を運ぶために、大海の底に下降する創造主を登場させるのである。このような創造神話が広大な地域に浸透していることと、それがアルカイックな構造をもっていることは、先史時代最古期から継承された伝承の存在を指し示すものである。[42]同様に、天への上昇と「呪術的飛翔」（ワシ、タカの猛禽類の羽や羽毛）に関する神話・伝説・儀礼は、オーストラリアや南アメリカから極北地帯までの、すべての大陸にあまねく証拠づけられている。[43]これらの神話は、シャーマニズム特有の夢やエクスタシーの体験と密接な関係をもっているのであって、そのアルカイックな性質は疑う余地もない。

これと同様に広く流布しているのは、他界との、このうえもない交流の回路である虹とその地上の対応物、すなわち橋の神話とシンボルである。また、周囲の空間に秩序をもたらす、「世界の中心」の根本的体験を基礎にして構築される、宇宙論的「体系」の存在を推定することも許されるであろう。一九一四年には、すでにW・ゲルテが、宇宙的な山、大地の臍《へそ》、「世界」を四方に分割する典型的な川、と解釈されてもよいような、先史時代の記号やイメージを多数収集していた[44]。

動物の起源と、それから狩猟者・獲物・動物主の宗教的関係についての神話に関しては、おそらく旧石器時代の図像目録のうちに、暗号化されたコードを用いてたびたび語られているであろう。われわれが火の起源神話をもたない狩猟民社会を想像することは、同様に困難である。これらの神話の大部分は性行為を強調しているのであるから、なおさらそうである。最後に、天空の聖性や、天や大気の現象の聖性の根本的体験がつねに考慮されなければならない。それは、「超越」と荘厳を自発的に顕わにする、数少ない経験のひとつである。さらに、シャーマンのエクスタシーにおける上昇、飛翔のシンボリズム、重力よりの解放としての、高さの想像上の体験は、天空の空間を、神々や精霊や文化英雄たち、すなわち超人間的諸存在の、とりわけて源泉であり住居であるとして神聖視するのに役だっている。しかし、それと同様に重要で意義深いのは、夜と闇、獲物の殺害、家族の死、天地の災害、部族民の熱狂や狂気や、人殺しをひき起こすような残酷といった危機的なできごとの「啓示」である。

言語の呪術-宗教的価値づけは、決定的役割をはたしている。ある種の身ぶりは、すでに聖なる力、もしくは宇宙的「神秘」の顕われを示すことができたであろう。先史時代芸術の、人間の形をした像の身ぶりは、意味ばかりではなく力をも与えられていたであろう。「身ぶりの顕われ《エピファニー》[45]」の宗教的意味は、十九世紀末になっても、まだいくつかの「未開」社会では知られていた。まして、発音上の創意は、呪術-宗教的力の汲みつくすことのできない源泉となったに違いない。分節された言語が生まれる以前でも、人間の声は、情報、命令、欲求を伝達することができるだけではなく、音の破裂や音声を工夫することによって、想像的宇宙全体を在らしめることもできたのである。このことについて、エクスタシーの旅を準備するシャーマンの修行や、ある種のヨーガ瞑想のなかで繰り返し唱える呪言《マントラ》によってもたらされる、超神話的、超詩的、あるいは図像学的な想像上の創造物を考えれば充分である。呪言の反復は、調息（プラーナーヤーマ）のリズムと同時に、「神秘的音節」の視覚化にかかわっているのである。

言語は完成されるにつれて、呪術 - 宗教的手段を増した。発音された言葉は、不可能ではないとしても取り消すのがむずかしい力を発現した。これに似た信仰は、多くの「未開」文化、民衆文化のなかに、いまだに存続している。また、それよりも複雑な社会においても同様に、讃辞、皮肉、憎悪、呪詛の呪文の儀礼的機能のうちに認められる。呪術 - 宗教的な力としての言葉の高揚した体験は、ときには、儀礼的行為によって得られる結果を言語が保証することができるという確信にいたることがある。

結論すれば、人格の諸類型間の差異を考慮に入れることも必要である。ある狩猟者は勇敢な行為、あるいは利口さで、他の狩猟者はエクスタシーにおけるトランスの烈しさで目だっていた。そのような性格上の差異は、宗教的諸経験の評価と解釈における多様性を意味するものである。要するに、旧石器時代の宗教的遺産は、いくつかの共通の基本的な観念をもっていたにせよ、すでに充分に複雑な様相を呈していたのである。

第二章　もっとも長い革命　農耕の発見——中・新石器時代

8　失われた楽園

最終氷河期〔ヴュルム氷期〕の終末は、前八〇〇〇年頃までに、アルプス北側のヨーロッパの気候と風景を、そしてその結果、動植物を、急激に変えることとなった。氷河の後退は動物を北方に移住させた。徐々に、極北の草原地帯《ステップ》は森林に変わった。狩猟民は獲物、とくにトナカイの群れについて行ったが、獲物となる動物が減少すると、彼らは湖岸や海岸に定着して、漁撈によって生きることを余儀なくされた。その後の数千年間に展開した新文明は、中石器時代という名称でよばれている。西ヨーロッパでは、それらは、後期旧石器時代の諸創造よりあきらかに貧しい。これに反して、西南アジア、とくにパレスティナでは、中石器時代はひとつの軸の時代を成している。それは基本的動物の家畜化と、農耕の登場の時代なのである。

トナカイの群れを追って北ヨーロッパに移住した、狩猟民の宗教的行為については知られていることが少ない。ハンブルクに近いシュテルモールの池の泥土の堆積物のなかに、A・ルストは、胸郭や腹に石を詰めこまれて沈められた、十二頭のトナカイの完全な遺骸を見つけた。ルストと他の著者たちは、この事実を神、おそらく動物主に捧げられた初物の供え物だと解釈した。しかし、H・ポールハウゼン[1]は、イヌイット人が湖や河の氷水の中に、肉の貯えを保存するという事実に注意を喚起した。しかしながら、彼自身が認めているように、この経験主義的説明はある堆積物の宗教的志向性を排除するものではない。というのは実際、水中に沈めることによって行なわれる供犠は、北ヨーロッパからインドまで、さまざまな時期に、広く証拠づけられているからである。[2]

シュテルモールの湖は、おそらく、中石器時代狩猟者によって「聖なる場所」と考えられていたであろう。ルストはその地層から、さまざまな出土品《オブジェ》を収集した。それらは、木製の矢、骨製の道具、トナカイの角に削りこまれた斧である。それらは、西ヨーロッパのいくつかの湖沼から発見された青銅器、鉄器時代の出土品の場合と同様に、おそらくは供え物をあらわすものであろう。これらの二つのグループの出土品が、五千年以上も時間的に隔てられているのは事実であるが、このタイプの宗教的慣行が続いていたということは疑う余地もない。通称サン・ソヴールの泉（コンピエーニュの森）の出土品には、新石器時代の火打石（奉納品であることを示すために故意に砕かれている）、ガリア〔ゴール〕人時代、ガロロマン人〔ローマに征服されたガリア人〕時代、中世から現代までのものがある。[3] この最後の場合は、ローマ帝国の文化的影響や、とりわけキリスト教会の度重なる禁令にもかかわらず、その慣行が存続していたことも考慮に入れられねばならない。それ自体の興味に加えて、この事例は典型的価値をもつ。すなわち、それは「聖なる場所」や、いくつかの宗教的慣行の連続性をみごとに説明しているからである。

シュテルモールの中石器時代の地層でも、ルストが、その先端にトナカイの頭骨がとり付けられた松の柱を発見した。マリンガーによれば、この祭祀用の柱は、おそらく儀礼的な食事を示すものであろう。すなわち、トナカイの肉は食べられ、頭は神に供えられたのである。アーレンスブルク‐ホップェンバッハからさほど遠くない、前一〇〇〇〇年と推定されている中石器時代遺跡で、ルストは地底から、粗い刻みが入っている、長さ三・五メートルの柳の幹を引きあげた。頭、長い頸、そして、その発見者によれば腕をあらわす、おおまかに刻みこんだ線が認められる。この「偶像」は池の中に立てられていたが、骨もその他のものも、その周辺から見つからなかった。その構造をあきらかにすることはできないが、おそらくは超自然的存在の像にかかわるものであろう[4]。

トナカイ狩猟者のこのような資料の乏しさに比べ、東スペインの洞窟壁の美術は宗教史家に重要な資料を提供する。後期旧石器時代の自然主義的洞窟壁画は、「スペインのレヴァント地方〔東部〕」において、硬い、形式主義的な幾何学的芸術に変貌した。シエラ・モレナの岩壁は何本かの線と、多様な記号（波形帯模様、円、点、太陽）にまで簡略化された人間の形をした像と、動物の形をした像（とりわけ、鹿と野生山羊のそれ）で覆われている。ヒューゴー・オーヴァーマイアーは、これらの人間の形をした像は、マス・ダズィル〔南フランス、アリエージュ県〕出土の、彩色小石の独特な線画に似ていることを示した[5]。この文明はスペインに生まれているので、岩壁や小石に記された擬人的表象は似かよった意味をもっているに違いない。それらは男根のシンボル、文字の要素、あるいは呪術の記号として説明されてきた。オーストラリアのチュルンガとの比較は、それらより説得力があると思われる。これらの祭具はほとんどの場合に石製で、多様な幾何学模様で飾られているが、祖先の神秘的な身体をあらわすものであることが知られている。チュルンガは洞窟に隠されたり、ある聖なる場所に埋められ、イニシエーションの終わりになってはじめて若者に教示される。アランダ族では、父が息子に次のように語りかける、「ここに汝の身体がある。汝はこの身体より新たに生まれた」。あるいは、「これが汝の身体である。これこそ汝が前世で旅をしていたとき、汝であった祖先なのである。その後、汝は聖なる洞窟に休息するために降りたった[6]」と。

マス・ダズィル出土の彩色小石が、チュルンガと似た機能をもっていることはありそうなことだとしても、それらの製作者がオーストラリア先住民と似た観念を共有していたかどうかは知るよしもない。しかしながら、マス・ダズィルの石の宗教的意義は疑う余地がない。スイスのビルセク洞窟では、百三十三個の彩色小石が発見され、そのほとんどは割れていた。それらは敵か、あるいは、のちに洞窟を占拠したものによって割られたというのがもっともらしく思われる。どちらにしても、追求されていたのは、これらのもののなかに現在する呪術‐宗教的なものの消滅ということであった。スペインの東部地方《レヴァント》の、岩壁画で飾られた洞窟その他の遺跡は、おそらくは神聖な場所をなしていた。人間の形をした像に添えられた太陽やその他の幾何学記号の意味は、神秘のヴェールに覆われたままである[7]。

先史時代の祖先崇拝の起源と展開を確定する手段を、われわれはもたない。民族誌の類似例によって判断するならば、この宗教的複合体は超自然的存在、もしくは動物主の信仰と共存する傾向がある。なぜ神話的祖先という観念が、旧石器時代の宗教体系の一部を成さないかはわからない。それは狩猟民固有の起源——世界の、獲物の、人間の、死の起源——神話と密接に結びついている。さらに、世界中にひろがった、神話論的に豊かな宗教概念もかかわっている。というのは、それはあらゆる宗教、もっとも複雑な宗教（南方仏教は除外して）のなかにさえも存続しているからである。アルカイックな宗教思想が、ある時期に、特殊な状況下に、思いがけずに咲きほころぶこともある。もし、神話的祖先という観念と祖先祭祀が、ヨーロッパの中石器時代に支配的であったということが事実であるとすれば、おそらく、マリンガーが考えるように（〔4節の注(17)を参照〕一八三頁）、この宗教複合体の重要性は、昔、祖先が一種の「狩猟者の楽園」に住んでいた氷河時代の記憶によって説明されるであろう。そして、事実オーストラリア人は、彼らの神話的祖先が黄金時代を過ごしていたとき、獲物に恵まれ、善悪の観念をほとんど知らない地上の楽園に暮らしていたと思っている(8)。オーストラリア人が、法も禁令も一時停止されるいくつかの祝祭のあいだに再現を企てるのは、この「楽園のような」世界なのである。

9　労働、技術、想像の世界

すでに述べたように、近東、とくにパレスティナでは、狩猟と採集にもとづく文明と穀物栽培にもとづく文明との、二つのタイプの文明のあいだの過渡的段階という特徴を保ちながら、中石器時代はひとつの創造的な時代を画している。パレスティナにおいて、後期旧石器時代の狩猟民は、長期間にわたって、洞窟に住んでいたと思われる。しかし、明確に定住の生活を選んだのは、ナトゥーフ文化の担い手たちにほかならなかった。[9] 彼らは野外にも洞窟にも住んだ（エイナン〔アイン・マラハ〕では、炉のある円形小屋からなる集落が発掘された）。ナトゥーフ人は野生穀類の食品としての重要性を発見し、石鎌で刈り入れ、杵の力で臼のなかで穀粒をついた。[10] それは農耕にむかって前進する、偉大な歩みであった。動物の飼育も同様に、中石器時代に始まった（もっとも、新石器時代が始まるまでは一般的にはならなかったが）。羊は前八〇〇〇年頃にザウィ・チェミとシャニダール〔イラク北部洞窟遺跡〕で、山羊は前七〇〇〇年頃にヨルダンのイェリコで、豚は前六五〇〇年頃に、そして犬は、前七五〇〇年頃イギリスのスタン・カーで飼い馴らしが始まった。[11] イネ科植物の栽培の直接の結果は、人口の増加と商業の発展という、それだけでナトゥーフ人の特徴とされる現象となって現われている。

ヨーロッパの中石器時代の、線刻画と彩色画の独特の幾何学的様式主義と違い、ナトゥーフ人の芸術は自然主義的である。動物の小さな彫刻や、人間の、ときとしてエロティックな姿勢の小像が発掘された。[12] 男根の形に刻まれた杵の性的シンボリズムは、その呪術-宗教的意味が疑う余地もないほどに「明白」である。

ナトゥーフ人の二つの埋葬の類型――(a)全遺体の屈位埋葬、(b)頭骨の埋葬――は旧石器時代において知られており、新石器時代にまで続いている。エイナンにおいて発掘された頭骨については、ひとりの人間が生贄として、死者の埋葬の際に捧げられたと推定されたが、その儀礼の意味は無視されている。[13] 頭骨の堆積については、ナトゥーフ人の資料が、バイエルンのオフネットやヴュルテンベルクのヘーレンシュタイン洞窟で発見された堆積と比べられた。これらすべての頭骨は、おそらく首狩り族か、人食い人によって虐殺された人間のものであろう。[14]

いずれの場合も、頭（すなわち脳）は「霊魂」の宿るところと考えられていたので、呪術−宗教的行為が推定される。夢やエクスタシー、ならびに擬似エクスタシーの経験を通じて、人間は長年にわたって、肉体から独立した要素、すなわち、近代言語で「霊魂」、「精神」、「霊」、「生命」、「分身」などのような言葉によってあらわされるものの存在を認めていた。この「霊的」要素（イメージ、ヴィジョン、「降霊」などとして把握されているので、こうよばねばならない）は全身に現在し、いわばある種の「分身」を成す。しかし、脳を「霊魂」や「精霊」の宿るところとしたことは、重大な結果をもたらした。[15]一方では、生贄の脳を食べることによってその霊的要素を同化することができると信じられたし、また他方では、力の源泉である頭骨は崇拝の対象となった。

中石器時代には、農耕に加えて他の発明も相次ぎ、そのうちでもっとも重要なものが、弓、綱、網、鉤針、それと相当長い航海ができる小舟の製作であった。それ以前の他の発明（石器、鹿の骨や角で作られたさまざまの製品、毛皮製の衣服やテントなど）や、新石器時代に製作されるもの（まず第一に土器）がそうであったように、これらすべての発明は神話や神話に類する物語を生みだし、ときには儀礼行為を基礎づけることもあった。これらの発明の経験的価値は明白である。さほどあきらかでないのは、さまざまな様態の素材に馴れ親しむことによって刺激された想像力の活動の重要性である。一片の火打石や原始的な針を使い、獣皮や木の板をつなぎ、鉤針や矢じりを作り、粘土像を造りながら、想像力はさまざまなレヴェルの現実のあいだに思いがけぬ類似を発見する。道具や物体は無数のシンボリズムに満たされ、仕事の世界——長時間、職人の注意を奪う小宇宙——は神秘的で神聖な、豊かに意味づけられた中心となる。

素材と馴れ親しむことによって創造され、たえず豊かにされてきた想像力の世界は、多様な先史時代文化の図形的もしくは幾何学的創作物においては、不充分な仕方でしか理解されない。しかし、それはわれわれ自身の想像力の経験においては、今もなお接近することができるのである。遠い昔に生きた人間の存在をわれわれに「理解」させるのは、想像力の活動の次元におけるこの連続性にほかならない。しかし、近代社会の人間と違って、先史時代人の想像力の活動は神話的次元を与えられていた。後代の宗教的伝統のなかにわれわれがやがてとり上げることになる、相当数の超自然的存在や神話のエピソードは、おそらくは石器時代の「発見」をあらわしているであろう。

10　旧石器時代狩猟民の遺産

中石器時代に実現された進歩は、旧石器時代人の文化的統一性に終止符を打ち、それ以後の文明の主要な特徴となるような多様性と分化への道を拓いた。旧石器時代の狩猟民社会の残りの人々は、周辺地域か、近づきがたい地域——砂漠、大森林、山岳——に侵入しはじめる。しかし、この旧石器文化社会の遠隔化と孤立化の過程は、狩猟民特有の行動や精神性の消滅を意味しはしない。生存の手段としての狩猟は、農耕社会においても存続する。おそらくは、農耕経済に積極的に参加することを拒否した相当数の狩猟者は、村の警護者として雇われ、当初は、定住者を脅かし耕作された畑を荒らす野獣、のちには野盗団から村を守ったであろう。また最初の軍事組織は、おそらく、これらの村の狩猟者・警護者集団から構成されたのであろう。まもなくあきらかにされるように、戦士、征服者、軍人貴族は、範例的な狩猟者のシンボリズムとイデオロギーを継承している。

他方で、農耕民族も遊牧民族も行なった血なまぐさい供犠は、結局、狩猟民による獲物の屠殺を反復している。百万年あるいは二百万年のあいだ、人間(またはすくなくとも男性)の存在様態とからみあっていた行為は、容易に廃止されはしないのである。

農耕経済の勝利のあと、数千年して、原始狩猟民の世界観は、歴史上に再びその影響をおよぼすことになる。事実、インド・ヨーロッパ人やトルコ・モンゴル人の侵略と征服は、この上ない狩猟者、すなわち肉食獣の旗印のもとで行なわれたからである。インド・ヨーロッパ人戦士団(*Männerbünde*)員と中央アジアの遊牧騎馬民は、さながら草原の草食獣や農民の家畜を追いかけ、絞めつけ、むさぼる肉食獣のように、彼らが襲撃した定着住民にたいしてふるまった。インド・ヨーロッパ人やトルコ・モンゴル人の多くの部族は、肉食獣(第一に狼）の名祖《なおや》をもち、自分たちが、動物の姿をした神話的祖先の後裔だと考えていた。インド・ヨーロッパ人の戦士のイニシエーションは、狼への儀礼的変身を含んでいた。範型的戦士は、こうして肉食獣の行動を身につけたのである。

他方で、野獣の追跡と殺害は、領土の征服（*Landnáma*）と建国の神話的モデルとなる[16]。アッシリア人、イラン人、トルコ・モンゴル人のあいだでは、狩猟と戦闘の技術はたいへんよく似ていて、ほとんど見わけがたいほどである。ユーラシア世界のいたるところで、アッシリア人出現から近代のはじめまで、狩猟は領主や軍人貴族のこの上ない教育であり、またお気に入りのスポーツであった。そのうえ、狩猟民の生き方の伝説的威信は、定着耕作民のそれに比べ、今もなお多くの「未開」民族のあいだで保持されている[17]。数十万年にわたる動物界とのある種の神秘的共生は、消しがたい痕跡を残した。しかも、オルギー的エクスタシーは、獲物が生で食べられたときの、最初の古人類の宗教的行動を再現することが可能である。これはギリシアのディオニュソスの崇拝者のあいだでも（本書2巻124節参照）、あるいは二十世紀初頭のモロッコのアイサーワ派〔イスラム教の一派〕のあいだにも、なお起こっていたのである。

11 食用植物の栽培　起源神話

一九六〇年以来、集落は農耕の発見に先行するということがあきらかになった。ゴードン・チャイルドが「新石器時代革命」とよんだ過程は、前九〇〇〇年と七〇〇〇年のあいだに徐々に進行した。ごく最近までの通念とは反対に、穀物栽培と動物の家畜化が、土器の製作に先立つことも判明した。いわゆる農耕、すなわち穀物栽培は、西南アジアと中央アメリカで発達した。塊茎、あるいは根茎の野菜としての再生産に依存する「植物栽培」は、アメリカや東南アジアの高温多湿の平野に起源をもつと思われる。

植物栽培の開始年代、およびその穀物栽培との関係は、まだよくわからないことが多い。民族学者には、植物栽培が穀物栽培より古いと考える傾向のあるものもいるが、それとは逆に、植物栽培は穀物栽培の貧弱な模倣をあらわすと主張するものもいる。その数少ない、明確な指標のひとつは、南アメリカで行なわれた発掘によってもたらされた。ベネズエラのランチョ・ペルド平原とコロンビアのモミル平原で、マニヨック〔またはマニホット。熱帯灌木、根からタピオカを製する〕栽培の痕跡がトウモロコシ栽培層の下に発見されたが、それは植物栽培のほうが早かったことを意味する[18]。また、植物栽培の開始年代に関する新しい資料が、最近タイであきらかにされた。ある洞窟（「妖怪の洞窟」）で、栽培されたえんどう豆、そら豆、ならびに熱帯性植物の根が発掘されたが、放射性炭素年代測定法によって、これは前九〇〇〇年頃と示された[19]。

文明史にとって、農耕の発見の重要性は強調するまでもないことである。自分の食料の生産者となることによって、人間は先祖伝来の行動を変更せざるをえなかった。とりわけ、人間は、旧石器時代にすでに発見されていた時間計測技術を完成しなければならなかった。初歩的な太陰暦によって、未来のある期日を正確に定めるだけでは、もはや不充分であった。

農耕開始以来、耕作者は実施以前の数か月に計画を立て、収穫という遠い未来の、とくに当初はまったく不確かである結果を考えながら、一連の複雑な行為を正確な順序で行なわなければならなかった。そのうえ、植物の栽培は、以前のものとは異なる傾向をもった分業を課した。というのは、それからは、生活の手段を確保することにおける主たる責任は、女性のものとなったからである。

農耕の発見の影響は、人類の宗教史にとってもひとしく重要である。植物栽培は、それまで近づくことが不可能であった実存的状況をもたらした。結果的には、それは、新石器時代以前の人々の精神世界を根本的に変革する、価値の創造と転倒をひき起こしたのである。穀物栽培の成功によって始められた「宗教革命」は、まもなく分析されるであろう。ここでは、二つの型の農業の起源を説明する神話を、いくつか思い起こしてみよう。耕作者が食用植物の出現をどう説明したかを知ることによって、同時にわれわれは、彼らの行動の宗教的正当化を知ることになるのである。

起源神話の大部分は、植物栽培か穀物栽培かどちらかを行なっている「未開」民族から収集されたものである（先進文化においては、そのような神話はより少なく、根本的に解釈しなおされていることもある）。相当広範に見いだされる主題は、芋類や果樹（ココナツ、バナナなど）は殺された神から生じたと説明するものである。そのもっとも有名な例は、ニューギニア沖の島のひとつ、セラム島の神話である。それによれば、ハイヌヴェレと呼ばれる半神的少女の、切断され、埋葬された死骸から、それまで未知であった植物、とくに芋類が生まれた。この原初の殺害は人間的条件を根本的に変えた。というのは、それが性と死を導入し、依然として生きている宗教・社会制度をはじめて確立したからである。ハイヌヴェレの非業の死は、「創造的」死であるのみならず、人間の生においても死においても、この女神をつねに現前させる。女神の死骸から生じた作物から養分を得ることは、実際、神性の本体から養分を得ることなのである。

われわれはこの起源神話が、初期栽培民の宗教生活や文化にとって重要であることを、さらに詳しく述べようとは思わない。いわば、原初の殺害を思いだすことであるといえば充分である。すべての重責を担う行為（成年式、動物や人間の供犠、食人慣習、葬送儀礼など）は、[20]

耕作民が殺害を、自分の生存を保証する、すぐれて平和な仕事と関連づけているのにたいして、狩猟民社会では殺害の責任を他人、「よそ者」に負わせていることは、意義深いことである。狩猟者は次のように理解される。彼は殺した動物（より正確にはその「霊」）の復讐を恐れるが、動物主の前で自分を正当化する。初期栽培民のほうは、原初の殺人の神話が、人身供犠や食人儀礼のような流血の儀礼を正当化しているということはたしかであるが、その最初の宗教的文脈を確定することは困難である。

これに似た神話のテーマは、食用植物――芋も、穀物も――の起源を、神または神話的祖先の排泄物や汗から生じたと説明する。受益者たちは食物の不快な起源を知ると、その作者を殺してしまうが、彼の忠告どおりに死体をばらばらに解体し、埋葬する。食用植物と他の文化要素（農具、カイコなど）は、その死体から化生する。[21]

これらの神話の意味はあきらかである。食用植物は、神の身体（排泄物や汗も、等しく神の実体の一部を成す）から生じたのであるから神聖である。食事をすることによって、人間は、つまり神を食べているのである。食用植物は動物のように、世界の内に「与えられている」のではない。それは原初の劇的事件の結果であり、この場合は、殺害の生みだした物である。われわれはこれらの食物の神学の帰結をのちに論じることにしよう。

ドイツの民族学者A・E・イェンゼンは、ハイヌヴェレ神話は、芋類の初期栽培民特有のものであると推し測っている。穀物栽培の起源神話では、原初の盗みを登場させている。穀物は存在するが天上にあり、神々が大事に護っているが、文化英雄は天にいたり、いく粒かの種をうばい、人類に与える。イェンゼンは、これら神話の二つの類型を「ハイヌヴェレ」型と「プロメテウス」型と名づけ、それらを初期栽培民（植物栽培）文明と、いわゆる農耕民（穀物栽培）文明とにそれぞれ結びつけている[22]。たしかに、この区別は現存する。しかしながら、この二種類の起源神話について言えば、その区別はイェンゼンが考えたほど厳格なものではない。というのは、相当数の神話は、殺された原初の存在者から穀物が生じた、と説明しているからである。農耕民の宗教においても、穀物の起源は同様に神聖である、とつけ加えておこう。人間に対する穀物の恵与は、天（もしくは大気）の神と地母神の聖婚《ヒエロガミー》、あるいは性的結合、死、復活を含む神話劇に往々にして関係づけられているからである。

12　女性と植物　聖空間と世界の周期的更新

農耕の発見の、最初の、そしておそらくもっとも重要な結果は、旧石器時代の狩猟民の価値に危機を招来したことである。動物界との宗教的次元の関係は、人間と植物とのあいだの神秘的連帯性と呼ばれるものによって、とって代わられた。それまでは、骨と血液が生の本質と聖性をあらわしていたとすれば、その後、それらを体現するのは精液と血液である。それに加えて、女性とその聖性は最上位に高められる。女性は植物栽培において決定的役割を果たしたので、耕作地の所有者となる。それが女性の社会的地位を高め、さらに、たとえば夫が妻の家に住まねばならない妻方居住制のような、特色ある制度を創ることになる。

土壌の豊饒は女性の多産と密接に結びついており、その結果、女性は豊作に責任を負うことになる。というのは、女性は創造の「神秘」を知っているからである。それは生命、食物、死の起源を司るものであるから、宗教的神秘の問題である。耕作地は女性にたとえられる。後代の鋤の発明後、農作業は性行為になぞらえられる(23)。しかし、数千年間、地母神は処女生殖によって独力で子を産んだ。この「神秘」についての記憶は、オリュンポスの神話にいまだに生きながらえ(ヘラは独りで受胎し、ヘパイストスとアレスを産む)、人間の大地からの誕生、地上での分娩、新生児を大地の上に置くことなどに関する無数の神話や民間信仰のなかに解読される。[24] 大地から生まれた人間は、死によって母なる大地に帰るのである。ヴェーダの詩人は、「母なるこの大地にすべり入れ」と叫ぶ（『リグ・ヴェーダ』X・18・10）。

女性と母性の聖性は、たしかに旧石器時代にも知られていなかったわけではないが（6節参照）、農耕の発見はその力を著しく増大した。性生活の聖性、とりわけ女性の性的特質は、創造の神秘的謎と一体となる。処女生殖、聖婚、オルギー儀礼は、性の宗教性を相異なる次元で表現している。人間・宇宙的構造をもつ複雑なシンボリズムは、女性と性を月のリズム、大地（子宮に同化される）、ならびに植物の「神秘」とよぶべきものとに結びつける。それは、新生を保証するために種子の「死」を要求する神秘である。こうして保証された新生は、驚嘆すべき増殖によってあらわされるためにいっそうみごとである。人間存在の植物の生への同化は、植物のドラマから引きだされたイメージや比喩で表現される（人生は野の花のようなものである、など）。この比喩は、数千年にわたって、詩や哲学的思索を養ってきたし、現代人にとってもなお「真実」である。

農耕の発明がもたらした、これらすべての宗教的価値は、時がすすむにつれ、しだいに明確に表現された。われわれは中・新石器時代の創造物の特性を今から浮き彫りにするために、それらに注意を促したのである。植物の生の「神秘」と結びついた宗教的観念と神話と儀礼のシナリオに、われわれはたえず出会うことになるであろう。なぜなら、宗教的創造性は、農耕という経験的現象ではなく、植物のリズムの内に認められる生、死、再生の神秘によって生みだされたからである。収穫を脅かす危機（洪水、旱魃など）は理解され、受容され、制御されるために神話的ドラマとして表現されるであろう。それらにもとづく神話や儀礼シナリオは、やがて数千年にわたり、近東の文明を支配することになる。死んで生き返る神々という神話的テーマは、もっとも重要なテーマに属している。これらのアルカイックなシナリオが、新しい宗教的創造を生む場合もある(たとえば、エレウシス、ギリシア・オリエント密儀。本書2巻96節参照)。

農耕文化は、その宗教的活動が、宇宙の周期的更新という中心的な神秘のまわりに集中されるので、宇宙的宗教とよばれるものを作りあげた。人間的存在とまったく同様に、宇宙のリズムは、植物の生から借りた言葉で表現される。宇宙の聖性の神秘は、世界樹に象徴される。宇宙は周期的、言いかえれば、毎年、更新されなければならない有機体として考えられた。「絶対的実在」、若返り、不死は、ある種の果実、ないしは樹の近くのある泉の力で特権を得た人々にだけ与えられた[25]。宇宙樹は世界の中心にあるとみられ、宇宙の三つの境域を結びあわせている。というのも、その根は冥界に届き、頂きは天に接しているからである[26]。

世界は周期的に更新されなければならないので、宇宙創造神話は、新年がめぐってくるたびに儀礼において繰り返されることになる。この神話・儀礼的シナリオは、近東とインド-イラン人のあいだに認められる。しかし、それは、新石器時代の宗教的諸概念をいわば延長してきている「未開」耕作民社会にもひとしくみられる。その根本的観念――宇宙創造神話の反復による世界の更新――は、あきらかに、より古い、農耕開始以前のものである。それは、どうしてもいくつかのヴァリエーションを伴ってではあるが、オーストラリア先住民および北アメリカの多くのインディアン部族のあいだに見いだされる[27]。初期栽培民と農耕民のあいだでは、新年の神話・儀礼的シナリオは死者の帰還を含んでいる。これと類似した儀式は、古典時代ギリシア、古代ゲルマン人のあいだ、日本などに残存している。

宇宙的時間の経験は、とりわけ農事の範囲内では、結局、循環的時間と宇宙的循環の観念を信じさせることになる。世界も人間存在も植物的生の言葉で意味づけられるので、宇宙的循環は、生、死、再生という同じリズムの無限の反復として考えられている。ヴェーダ時代以後のインドでは、この概念は二つの関連する教説、すなわち無限に繰り返される周期(ユガ)の教説と、魂の転生の教説に練りあげられる。他方では、世界の周期的更新を軸とするアルカイックな諸観念は、近東の多くの宗教体系において再びとり上げられ、再解釈され、統合されることになる。オリエントと地中海世界を二千年間支配してきた宇宙観、終末観、救世主信仰は、新石器時代人の諸観念にまでその根を伸ばしているのである。

空間の、なによりも住居と集落の、宗教的意味づけも、同じように重要であった。定住生活は、遊牧生活とは別の仕方で「世界」を組織化するのである。農耕民にとって「真の世界」とは、自分たちが住まう空間、すなわち住居、村落、耕地である。「世界の中心」は、儀礼と祈りによって聖化された場所である。というのは、そこでこそ超人間的存在との交わりが実現するからである。近東の新石器時代人が、住居や村落にどのような宗教的意味づけをしていたかは不明である。あきらかなことは、ある時期から、彼らが祭壇や聖所を築いたことだけである。しかし、中国では、北アジアやチベットの特定の型の住居とのつながりや類似性があるので、新石器時代の住居のシンボリズムを再構成することができる。仰韶《ヤンシャオ》の新石器文化においては、炉の役目をはたす中央の穴の周囲に配列され、屋根を支える柱をもつ、小さい、円形の建造物（直径約五メートル）があった。その屋根には、炉の上に排煙用の穴があったらしい。この家が堅固な建材で建てられたならば、現代のモンゴルのユルトと同じ構造をもっていたであろう[28]。ところで、北アジアの人々のユルトやテントがあらわす宇宙論的シンボリズムはよく知られている。すなわち、天空は中央柱で支えられた巨大なテントとして考えられており、テントの棒や上部の排煙用の穴は、世界柱とか「天の穴」、すなわち、北極星と同一視されている[29]。この開口部は「天の窓」ともよばれる。チベット人は彼らの家の屋根の開口部を、「天の運」とか「天の門」と名づけている。

住居の宇宙的シンボリズムは、多くの「未開」社会において認められる。多かれ少なかれ明白な仕方で、住居は世界像《イマゴ・ムンディ》とみなされている。この例は文化のあらゆる層にみられるので、近東の初期の新石器時代人が例外であったという理由はまったく見あたらないように思われる。とりわけ、この地域において、建築物の宇宙論的シンボリズムがもっとも豊かな展開をみせることになるだけに、それはなおさら考えられないのである。住居を男女両性に区別すること（旧石器時代にすでにあった習俗。6節参照）は、おそらく宇宙論的意味をもっていたであろう。栽培民村落が示すこの分離は、一般的には分類上と、そして同時に儀礼上の二分法、すなわち天と地、男性と女性などに対応するばかりでなく、儀礼的な敵対関係にある二つの集団にも対応する。さて、多くの場合にみられるように、対立する二集団間の儀礼的闘争は、とりわけ新年祭のシナリオにおいて重要な役割を演じる。それがメソポタミアにおけるような神話的な闘争の反復であろうと（22節参照）、単に宇宙創造神話の二原理（冬と夏、日と夜、生と死）の対立であろうと、その深い意味は同一である。対立、競争、闘争は、生命の創造力を喚起し、刺激し、増加させるのである。[30] おそらく新石器時代の農耕民が作りあげたこの生命・宇宙論的な考え方は、時を経るにつれ、幾度となく再解釈され、さらには変形されることになる。たとえば、宗教的二元論のある類型には、かろうじてそれが認められるのである。

われわれは、農耕の発見がもたらした宗教的創造のすべてを列挙したと主張するつもりはない。われわれにとっては、数千年後にはじめて花開くいくつかの観念の、共通の源を新石器時代に指摘するだけで充分であった。農耕的構造をもつ宗教性のひろまりは、無数の変化と改革にもかかわらず、ある根本的に統一された構成を結果したということをつけ加えておこう。この構成は、今なお、地中海世界、インド、中国のように、互いに隔てられた地域の農民社会を結びつけているのである。

13　近東の新石器時代宗教

新石器時代から鉄器時代までは、宗教思想史は文明史と一体であるといってもよいであろう。それぞれの技術的発見と経済的・社会的変革は、宗教的意味と価値で「裏打ち」されているると思われる。以下の頁で、われわれが新石器時代のいくつかの改革を論じようとする場合には、同様にその宗教的「反響」をも考慮に入れなければならない。しかし、叙述の統一性をあまり損わないように、われわれは必ずしもその反響を強調するわけではない。

そうであるとすると、たとえば、イェリコの文化のすべての側面は、宗教的解説に値するであろう。土器の製法は知られていなかったとはいえ、それはおそらく世界最古の都市（前六八五〇年、六七七〇年頃）[31]であろう。しかし、城塞、巨大な塔、公共の大建造物——これらのもののうちのすくなくともひとつは、祭儀用に構築されたと思われる——は、後代のメソポタミア都市国家の前ぶれとなる社会的統合と、経済的組織化をあらわすものである。ガースタングとキャスリーン・ケニョンは、いくつかの特異な構造の建物を発掘し、それらを「神殿」とか「家の礼拝堂」と名づけた。その宗教性が明白な資料のなかでは、二体の女性小像といくつかの動物像が、豊饒多産の祭祀があったことを示している。一九三〇年代にガースタングが発見した三体の石膏像の遺物に、特別な意味を与える研究者もいた。それらは、ひとりのひげを生やした男性と、女性と子供を表現しているというのである。その目は貝殻でかたどられている。ガースタングは、のちに近東を支配することになるものと類似した神話をもっている、知られているかぎりで最古の三柱神群をこれらの遺物に認めることができると信じた。しかし、この解釈は、今なお異論が唱えられている。[32]

死者は家の床下に埋葬されていた。キャスリーン・ケニョンが発掘したいくつかの頭骨は[33]、特異な仕上げの痕を示している。下部は漆喰《しっくい》で形づくられ、目は貝殻であらわされたために、それは本物の肖像と比較されたほどである。これはたしかに、頭骨祭祀に関係している。[34] しかし、死んだ個人の記憶をいきいきと保とうとする試みということもできるであろう。

テル・ラマド（シリアのダマスカス付近）でも頭骨祭祀が見いだされるが、そこでは額が赤く塗られ、顔が粘土で形づくられた頭蓋骨が発掘された。[35] 今なお、シリア（テル・ラマドとビュブロス）から、正確には前五千年紀のものと推定された層から、いくつかの粘土人像が出土している。ビュブロスから出土したものは両性具有である。[36] パレスチナから出土した前四五〇〇年頃と推定される別の女性小像は、恐ろしい、悪魔的な様相をもつ地母神をあらわしている。[37]

豊饒儀礼と死者儀礼は、したがって、連関していると思われる。事実、アナトリアのハジュラール文化とチャタル・ヒュユック文化（前七〇〇〇年）は、イェリコの先土器文化に先行して、そして、おそらくそれに影響を与えたのであるが、類似する信仰があったことを示している。頭骨祭祀はハジュラール〔トルコ南西部、トロス山脈中〕で充分認められる。チャタル・ヒュユック〔トルコ中部、コニヤ盆地〕では、死骸は家の床下に、副葬品——宝石、半貴石、武器、布地、木製瓶など——とともに埋められていた。[38] 一九六五年までに発掘された四十の聖所には、多くの石像や粘土像が見いだされた。主神は若い女、子（または雄牛）を産む母、老女（ときには猛禽を連れている場合もある）の三相であらわされる女神である。男神は少年か青年——女神の子か恋人——の姿や、ときには聖なる動物、雄牛にまたがることもある、ひげを生やした成人の姿で現われる。岩壁画は驚くほど変化に富み、同じような聖所は二つとない。女神のレリーフは、ときには高さ二メートルのものもあるが、石膏、木、粘土で作られており、そして雄牛の頭――神の顕われ――は壁面にとり付けられた。性的イメージはみられないが、女性の胸と雄牛の角――生命のシンボル――が組み合わせられていることもある。ある聖所（前六二〇〇年頃）では、壁にとり付けられた雄牛の頭の下に、四つの人間の頭骨が置かれていた。壁面のひとつは、首をはねられた人間を襲っている、人間の足をもつハゲタカたちの絵で飾られている。これはたしかに、ある重要な神話・儀礼的複合体をあらわしているのであるが、その意味をわれわれは理解することができない。

ハジュラールの、前五七〇〇年と推定される層で掘りだされた女神は、ヒョウにまたがっているか、立っていてもヒョウの子を抱いている姿であらわされている。またヒョウと一緒でなくとも、立ったり座ったり、跪いたり、横臥していたり、子を連れていたりする。ときには、女神は裸か、わずかに陰部を覆っているだけである。ここでもまた、それは若い女として、あるいは老女としてあらわされている。それより新しい層（前五四三五―五二〇〇年）では、子供や動物を連れた女神像が、男神像と同様に姿を消す。これに反して、ハジュラール文化の最終段階では、幾何学模様でふんだんに飾られた、みごとな〔彩文〕土器がその特徴となる。[39]

テル・ハラフ文化とよばれるものは、[40]アナトリア文化の消滅する時期に出現する。この文化は銅を知っており、北部から南下した、たぶんハジュラールとチャタル・ヒュユックの生き残りの人々の創造だと思われる。テル・ハラフ〔トルコ国境に近いシリア〕の宗教的複合体は、これまで考察してきた諸文化とさほど異なってはいない。死者は粘土像を含む副葬品とともに埋葬されている。野生の雄牛は男性の生殖力の顕われとして崇められていた。雄牛像、牛の頭骨、雄羊頭、両刃斧は、嵐の神とかかわって、すべての古代近東の諸宗教において、きわめて重要な祭祀的役割を担っていたことはまちがいない。しかしながら、女神の像が豊かに見いだされるのに、男性小像は見つかっていない。それらは鳩をともない、誇張された乳房をもち、多くはしゃがんだ姿勢であらわされるので、地母神の範例的イメージを認めないわけにはいかない。(41)

ハラフ文化は前四四〇〇―四三〇〇年頃、破壊されたかあるいは消滅したが、イラク南部に発したウバイド文化がメソポタミア全土にひろがっていった。ウバイド文化は、すでに前四三二五年頃、〔現在の〕ワルカ(シュメール語のウルク、セミ語ではエレク)において確認される。ほかのどの先史文化も、これに匹敵する影響をおよぼすことはなかった。金属細工(銅斧、多様な金細工)の進歩にはみるべきものがある。農耕の進歩と通商によって富が蓄積された。大理石でできた、ほぼ実物大の人頭と動物の頭が、宗教的意味をもっていることは確実である。ガウラ〔イラク北部、北メソポタミアの代表的遺跡〕型印章のあるものは、祭祀のさまざまな場面(牛頭で飾られた祭壇を囲む人々、儀礼的舞踏、象徴化された動物など)をあらわしている。人間の姿は非常に図式化されている。非象形的傾向はウバイド文化全体の特徴でもある。お守りに描かれた聖所は、個々の建物の模写なのではなく、神殿の一種の範例的イメージをあらわしているのである。

石灰岩で作った人間の小像は、おそらく神官の姿であろう。実際、ウバイド期のもっとも重要な新しさは、まさに巨大な神殿の出現にある[42]。そのもっとも顕著なもののひとつは「白い神殿」(前三二〇〇年)で、縦七十メートル、横六十六メートル、高さ十三メートルの壇上にそびえ、縦二十二・三メートル、横十七・五メートルである。この壇は古代の聖所の遺構を組みいれて、ジクラット、すなわち聖なる「山」を構成するが、われわれはそのシンボリズムをのちに論じることにしよう(54節参照)。

14 新石器時代の精神的構築物

農耕、そしてのちに冶金術が、エーゲ海と東部地中海沿岸をへて、ギリシア、バルカン諸民族、それからドナウ川流域と他のヨーロッパ諸地域に伝播した過程を跡づけることは、われわれの目的にとって無益であろうし、同様にまた、インド、中国、東南アジアへの伝播を追跡することも不必要であろう。農耕は当初、ヨーロッパの諸地域にはかなりゆっくりひろまった、ということに注意を促しておくだけにとどめておこう。一方、後氷河期の気候のおかげで、中央ヨーロッパと西ヨーロッパの中石器時代のもろもろの社会は、狩猟と漁撈の所産で生存することができた。他方、穀物栽培は、温暖で森林に覆われた地域に適合させられねばならなかった。最初の農耕共同体は、河川に沿って大きな森林のはずれに発達した。しかし、近東で前八〇〇〇年頃に始まった新石器農耕の普及は、不可避的な展開であることがあきらかになった。住民のなかには抵抗するものもあったが、それにもかかわらず、とりわけ牧畜文化の確立ののちには、食用植物栽培の拡散の波はオーストラリアやパタゴニアに、ヨーロッパ植民地主義と産業革命の影響が顕著になったときに近づきつつあった。

穀物栽培の伝播は、固有な儀礼、神話、宗教的諸観念をもたらすが、それはけっして機械的な過程ではない。ヨーロッパの新石器文化とその東方の源泉とのあいだには、ときにかなり重要な差異が確認される。実際、われわれは考古学的資料しか用いることができず、それら考古学的なものに資料をかぎったとしても——言いかえれば、それらの宗教的な意味を、とりわけ神話と儀礼を無視しても——そうなのである。たとえば、ドナウ川流域出土の多数の像がその存在を証明する雄牛崇拝が、近東起源であることはたしかである。しかし、クレタ島やインダス川流域の新石器文化において行なわれているような、雄牛の供犠の証拠はない。同様に、オリエントでは非常に多い神像、母なる女神と子との図像的統一が、ドナウ川流域ではほとんどみられない。さらに、そのような小像が墓から出土したこともまったくない。

近年の発見のいく例かは、南東ヨーロッパのアルカイックな文化、すなわち、マリヤ・ギンブタスが「古ヨーロッパ文明」とよぶ文化的複合体の独自性をみごとに確証した。事実、小麦と大麦の栽培、そして羊、牛、豚の家畜化を含む文明は、前七〇〇〇年かそれ以前に、ギリシア・イタリア沿海地域、クレタ島、南アナトリア、シリアとパレスティナと肥沃な三日月帯に、同時に出現したのである。ところで、放射性炭素年代測定によれば、この文化的複合体が、肥沃な三日月帯、シリア、キリキア〔トルコの一地方の国〕、パレスティナへの普及以後にギリシアに出現したとは主張することができない。この文化の「始動力」が何であったのかを、今もなおわれわれは知らない(43)。しかし、小アジアから作物や家畜をもった移住者が流入したことを立証する、いかなる考古学的資料も存在しないのである(44)。

その起源が何であろうと、「アルカイックなヨーロッパ文明」は、近東文化はもとより中央ヨーロッパ、北ヨーロッパの文化とも異なる、独自の方向に展開した。前六五〇〇年から五三〇〇年頃までに、バルカン半島と中部アナトリアに、力強い文化の飛躍的発展が起こった。多数の物件（象形文字が入った印章、人間像・動物像、獣形の器、神の仮面図像）は、儀礼が営まれたことを示している(45)。前六千年紀中葉には、堀や塀で守られ、千人もの住民が住める村落が増加する。多数の祭壇、聖所と多様な祭具は、よく組織された宗教が存在した証拠である。ブカレストの南方六十キロに位置するカスキオアレレの金石併用〔過渡〕期の遺跡では、神殿が発掘されたが、その壁には黄白色の地に赤と緑のすばらしい渦巻模様が描かれていた。小像は見当たらないが、高さ二メートルの柱とそれより低い柱は、世界軸《アクシス・ムンディ》を象徴する聖柱祭祀を物語っている(46)。この神殿の上に、後代にいたり別の神殿が建てられたが、そこからは素焼きでできた聖所の模型が見いだされた。その模型は、高い台座の上に位置する四神殿という、印象深い建築集合体をあらわしている(47)。

バルカン半島からも、神殿の模型がいくつも発掘されている。無数の他の資料（小像、仮面、多様な非具象的シンボル）に加えて、これらの模型は、ある宗教の豊かさと複雑さを示しているのであるが、いまだにその内容が解明されていない[48]。

宗教的解釈を受けいれる新石器時代の全資料を、ここに列挙する必要はないであろう。われわれがいくつかの中核的な地域（地中海、インド、中国、東南アジア、中米）の先史時代の宗教を論じるときに、ときおり、それらを示唆することにしよう。われわれは考古学的資料しか用いることができず、いくつかの農耕社会のテクストないし伝承（今世紀初頭にはまだ生き生きと語り継がれていた）によってこの時代の宗教を解明する道は閉ざされているので、新石器時代の宗教は単純きわまりなく、単調にみえるおそれがあると、今から断っておこう。しかし考古学的資料は、われわれに、その宗教生活と宗教思想の断片的な、要するに損なわれたヴィジョンを呈示する。われわれは、初期の新石器時代文化の宗教的資料があらわすものをみた。すなわち、女神や嵐神（雄牛、牛頭の表象を伴う）の諸小像が示す死者祭祀と豊饒祭祀、植物の「神秘」に関連する信仰と儀礼、生と再生の相同性（イニシエーション）を含意する女＝土壌＝植物の同一視、おそらくは死後の生への願望、「世界の中心」と世界像として住まわれた居住空間とのシンボリズムを含む宇宙観、がそれである。地下の豊饒性と、生・死・死後の生というサイクルとを主要観念とする宗教の、複雑さと豊かさを理解するためには、現代の「未開」耕作民社会を考察すれば充分である[49]。

さらに、近東の考古学的資料に最古の文献が加わったとたんに、われわれはそれらが複雑で深遠であるばかりではなく、長いあいだ思索され、再解釈され、ときには曖昧でほとんど理解できなくなりかかっていた意味の世界を、どの程度あらわしているのかを確認するのである。ある場合には、われわれが入手できる最古の文献は、すたれてしまったか半ば忘却されていた大昔の宗教的創造の記憶に近い何かを示している。新石器時代の壮大な精神性は、われわれが自由に利用できる資料をもってしても、「透明」ではないということを忘れないことがたいせつである。考古学的資料の意味論的可能性はかぎられており、最古の文献は、冶金術、都市文明、王制、聖職者組織に結びつく、宗教的諸観念に強く影響された世界観を表現している。

しかし、新石器時代の精神的構築物全体は[50]、われわれには手の届かないものだとしても、その断片は分散して農民社会の伝承のなかに保存されてきた。「聖なる場所」（8節参照）といくつかの農耕儀礼や葬送儀礼の連続性は、もはや証明を必要としない。二十世紀のエジプトにおいて、祭祀用の麦束は、古代建造物に描かれているように糸で括られる。その壁画は、そのうえ、先史時代から継承された慣習を再現している。アラビア・ペトレ〔岩石に覆われたアラビア、中央アラビアの通称〕では、最後の麦束はファラオ時代のエジプトでよばれていたのと同じ名、「老人」という名において埋められる。ルーマニアやバルカン諸国で葬儀や死者祭祀の際に供えられる麦粥は、コリヴァ（*coliva*）とよばれる。その名前（*kollyva*）と供物は古代ギリシアに見いだされるが、その慣習はたしかにそれより古いものである（ディピュロンの墓でそれがみられると思われている）。レオポルト・シュミットは、二十世紀初頭に中央・南東ヨーロッパの農民のあいだでなお力強く生きていた、いくつかの神話・儀礼的シナリオが、ホメロス以前のギリシアで消滅した神話・儀礼の諸断片を保存していることをあきらかにした。これ以上続けることは無駄であるので、次の事実を強調しておくだけにとどめる。そのような儀礼は、四千年から五千年のあいだ保持され、最近一千年から一千五百年のあいだはキリスト教とイスラーム教という、その活力で知られた二つの一神教のきびしい監視下で保持されたのである。

15 冶金術の宗教的文脈——鉄器時代の神話

「磨製石器神話」のあとには「金属器神話」が続いた。そのうちでもっとも豊かで、特徴的なのは、鉄に関して練りあげられた神話である。先史時代人と同じように、「未開」民族は、地表の鉄鉱石を利用することを学ぶ以前に、長いあいだ隕鉄を加工していたことが知られている。彼らはいくつかの鉱石を石のように扱った。言いかえれば、彼らはそれを石器を作る素材と考えたのである。(51) コルテスがアステカ人首長たちに、彼らの刀をどこから手に入れたのかと尋ねた——彼らは空を指さした。事実、新世界の先史時代の鉱床を発掘しても、地殻鉄の形跡は見いだされていない。(52) 古オリエント諸民族もこれに似た考えを抱いていたと思われる。シュメール語 AN.BAR は鉄を意味する最古の言葉であるが、「空」と「火」の記号で書かれている。それは一般に、「天の金属」か「星の金属」と訳される。エジプト人はかなり長いあいだ、隕鉄しか知らなかった。ヒッタイト人も同様で、十四世紀の文献は、ヒッタイトの王たちが「空の黒い鉄」を用いていたことをあきらかにしている。(53)

しかし、鉄は稀少で(金と同じくらい貴重で)、その用途は主として儀礼的なものであった。人類の歴史の新段階を開くためには、鉱物の融解法の発見が必要であった。銅や青銅と異なり、鉄の冶金法はたちまちのうちに産業化された。いったん磁鉄鉱や赤鉄鉱を融解する秘訣が発見されると、鉱床がたいへん豊かで、採鉱が容易であったから、鉄を大量に得ることができるようになった。しかし、地殻鉄鉱の処理は隕鉄の処理と異なっていたし、銅や青銅の融解とも異なっていた。鉄が圧倒的な地位を得たのは、窯が発明され、とくに、白熱点に達した金属を「硬化」させる技術が完成したのちのことであった。鉄が日常生活のなかで用いられるようになったのは、地殻鉄鉱の冶金術によってであった。

この事実は重大な宗教的帰結をもたらした。隕石に内在する天空の聖性と並んで、人々は今や、鉱山や鉱物が分有する大地の聖性に直面している。金属は大地の懐で「成長する」。(54)鉱山や洞窟は、母なる大地の子宮と同一視される。鉱山から採掘された鉱石は、いわば「胎児」である。それらは動植物の有機体の生とは異なる時間のリズムに従うかのように、ゆるやかに成長する――それでも、それらはあいかわらず成長している、それらは地中の闇のなかで「成熟」するのである。したがって、母なる大地の母胎から鉱石を採掘することは、臨月以前になされる手術である。成長するための時間(すなわち、時の地質学的リズム)を与えられたならば、鉱石は成熟した、「完全な」金属になったであろう。

世界中どこでも、鉱夫は純潔状態、断食、瞑想、祈り、祭祀行為を含む儀礼を営む。その儀礼は、意図された作業の性質によって強いられている。というのは、鉱夫たちは、不可侵とされている聖なる領域にはいるからである。すなわち、身近な宗教世界にはかかわることのない、より深遠で、危険な聖性に触れるのである。鉱夫は本来、人間の権利に属さない領域、すなわち母なる大地の胎内で展開されるゆるやかな鉱物学的懐胎の神秘をもった、地下世界に踏みこむ危険を冒しているのだ、と感じている。鉱山や山の神話、無数の妖精、鬼神、小人、幽霊、精霊はすべて、人間が生命の地質学的な諸層に侵入するときに直面する、聖なる存在の多様な顕われなのである。

この闇の聖性をはらんだ鉱石は窯に運ばれる。それから、もっとも困難で危険な作業が始まる。職人は母なる大地に代わって鉱石の「成長」を促し、完成させる。窯はいわば新しい人工子宮であり、そのなかで鉱石は懐胎期間を終える。ここから、溶鉱に附随する無数の注意、タブー、儀礼は生じているのである[55]。

冶金師は鍛冶師やそれ以前の陶工と同じく、「火の匠」である。彼が、素材をある状態から他の状態に移行させるのは、火を用いてなのである。冶金師は鉱石の「成長」を加速し、奇跡的に短い時間でそれらを「成熟」させる。火は「いっそう早く作る」手段であるばかりではなく、「自然」にすでに存在していたものとは別のものを作る手段でもあることが判明する。アルカイックな社会において、冶金師や鍛冶師が、シャーマン、呪医、呪術師と並んで、「火の匠」とみなされるのはこのためである。しかし、金属の両価的な性質——神聖であると同時に悪魔的でもある力をそなえる——が冶金師や鍛冶師に転移される。[56]彼らは高く崇められると同時に恐れられ、遠ざけられ、軽蔑されもする。

　多くの神話のなかで、鍛冶神は神々の武器を作り、それによって神々は、竜や他の怪獣にうち克つことができた。カナン人の神話では、コシャル・ワ・ハシス（字義は「巧み・で・賢い者」）が、バアル神が海と地下水の王ヤムを殺すための、二本のこん棒を鋳造している（49節参照）。この神話のエジプト版では、プタハ（陶工神）が武器を鋳造し、これによってホルスはセトを打ち負かすことが可能になった。同じように、鍛冶神トヴァシュトリは、ヴリトラと戦うインドラの武器〔ヴァジュラ〕を作る。ヘパイストスは、それによってゼウスがテュポンを打倒することができた雷電を作る（本書2巻84節参照）。しかし、鍛冶神と神々の協力は、世界の至上権をめぐる、決定的な戦いを助けることのみに限定されていない。鍛冶師は神々の建築家でもあり、職人でもあり、バアルの神殿建造を司り、他の神々の聖所をも整備する。さらに、多くの社会で、鍛冶師や鋳物師が同時に音楽家、詩人、治病師、呪術師であるように、この鍛冶神は音楽・詩歌と関係している。[57]そこで文化のいくつかの層では（きわめて古い時代を示すものであるが）、鍛冶師の技術とオカルト技法（シャーマニズム、呪術、癒し、など）、ならびに歌・踊り、詩の技法とのあいだに密接な関連があると思われる。

　鉱夫、冶金師、鍛冶師の職業をめぐるこれらすべての観念と信仰は、石器時代から継承した作る人間（ホモ・ファーベル）の神話の意味を豊かにした。しかし、物質《マチエール》の完成に協力したいという願望は、重要な結果をもたらした。自然を変えることに対する責任を引き受けることで、人間は時間にとって代わった。地底の深みで「成熟する」ために幾アイオン（地質時代の最大区分）も要するであろうものを、職人は数週間で得られると考える。窯が大地の子宮の代わりをするからである。

数千年後の錬金術師も、これと異なる考え方をしているわけではない。ベン・ジョンソン作『錬金術師』の一登場人物は、「鉛や他の金属は、金になる時間を与えられれば、金になるだろう」と断言する。また、別の錬金術師は、「それこそ、われわれの技術が実現することなのだ」とつけ加える。(58)「時間の支配」をめぐる争いは、「生命の合成」（錬金術師の長年の夢である小人）への決定的段階である、有機化学がもたらした「合成物」によって大成功をすることになる。近代の科学技術社会の人間を特徴づける、時間にとって代わろうとする努力は、すでに鉄器時代に始まっていたのである。その宗教的意義はのちに考察されるであろう。

第三章　メソポタミアの宗教

16　「歴史はシュメールに始まる」

これはS・N・クレイマーの著書の有名な表題である。このすぐれたアメリカのオリエント学者は、多数の宗教制度、宗教的技法、宗教的概念に関する最古の情報がシュメール語文献に保存されていることをあきらかにした。それは最古の、文字で書かれた資料で、その原文は西暦前三千年紀にさかのぼる。しかし、これらの文献が、それよりアルカイックな信仰を反映していることはたしかである。

シュメール文明の起源と初期の歴史は、いまだに充分には解明されていない。セム語族に属さず、すでに知られている他の語族からも説明がつかないシュメール語を話す民族が、北方諸地域から南下し、メソポタミア南部に定着した、と推測されている。おそらく、シュメール人は、その民族的構成が今もなお知られていない先住民族（文化的にはウバイド文化に属する。13節参照）を征服したと思われる。その後まもなく、シリア砂漠からやって来たセム語系のアッカド語を話す遊牧民族がシュメール諸都市に侵入を繰り返して、北方領土に入りこみはじめた。前三千年紀中頃、伝説的指導者サルゴンのもとに、アッカド人はシュメール諸都市を制圧した。しかし、その征服以前に、すでにシュメール人とアッカド人の共存が発達していたので、両国の統合後は、その共存関係が一段と強化されたにすぎない。三、四十年以前には、学者たちは単一の文化としてバビロニア文化を語っていたが、それは、実際にはこれら二つの民族的系統の融合の結果であった。今日では、シュメール人の所産とアッカド人のそれとは分けて研究すべきだという点で、見解の一致がみられる。というのは、侵略者が敗北者の文化を摂取したのは事実であるが、両者の創造的才能は異なっていたからである。

とりわけ宗教の領域では、両者の差異が著しい。最古の時代以来、神的存在を性格づける徴《しるし》は角のある冠であった。したがってシュメールでは、中東諸地域のいたるところでそうであるように、新石器時代からその存在が確認される雄牛の宗教的シンボリズムが、とだえることもなく伝承されていたのであった。言いかえれば、神の様態は力と空間的「超越性」、すなわち雷鳴轟く荒天（雷は牛の鳴き声と同一だと考えられたので）によって明示された。神々の「超越的な」、つまり天空的な構造は、表意文字の前身で、元来、星をあらわした限定語から確認される。辞書に従えば、この限定語の本来の意味は「天空」である。したがって、すべての神格は天空神と考えられていた。そのために、男女神ともたいへん強い光を放つのである。

シュメール語の最古の文献は、神官たちによってなされた分類と体系化の作業を反映している。まず三大主神があって、ついで、三天体神がある。また、名前しかわからない場合が多い、あらゆる種類の神々の名を記した長いリストも遺されている。シュメールの宗教はその歴史の曙において、すでに「年を経ていた」ことがわかる。たしかに、これまでに発見されたテクストは断片的で、その解釈は非常に困難である。ところが、その断片的知識にもとづいてさえも、いくつかの宗教伝承は、その最初の意味が失われる過程にあったことがわかる。アン、エンリル、エンキの三大神の場合にも、その過程が認められる。第一神は、その名（アン＝空）が示すように天空神である。アンはこの上ない至上神であり、万神中もっとも重要な神のはずであったが、すでに暇な神（デウス・オティオースス）の徴候を呈している。アンより活動的で「現実的」なのは、大気神エンリル（「大山」神ともよばれる）と、「大地の主」、「礎《いしずえ》」の神エンキである。シュメールの世界観では、大地は原海洋上にあると考えられているので、エンキは始源の水の神と誤認されていた。

　現在までのところ、天地創造神話テクストと呼ぶべきものは発見されていないが、シュメール人が考えた創造の決定的諸契機の、再構成を可能にする間接的言及はいくつかある。ナンム女神（その名は「原初の海」をあらわす絵画文字で書かれる）は、「天と地を生んだ母」、「すべての神を産んだ大祖母」として表現される。宇宙であるとともに神でもある全体性として考えられた始源の水のテーマは、アルカイックな天地創造神話によく見られるものである。この場合にも、水の総体は、男女の原理の化身である最初の対偶神、天（アン）と地（キ）を処女生殖によって生んだ原初の母だと考えられる。この最初の対偶神は、聖婚《ヒエロスガモス》において結ばれ、合体するにいたった。彼らの結婚から、大気神エンリルが生まれた。他の断章は、この子供が両親を離別させたと教える。アンは天を持ちあげ、エンリルは母なる大地を奪ったのである。[1] 天地分離という創造神話的テーマも、同様のひろがりをみせている。それは、事実、文化の異なる層に見いだされる。しかし、おそらく、中東や地中海沿岸で採録されている同じテーマの伝承は、結局、シュメール伝承に発するものであろう。「始源」、「すべてが完全に創造された遠い日々」等々の完全と至福を叙述するテクストもある。[2] しかし真の楽園は、病気も死も存在しない国ディルムンだと思われる。そこでは、「ライオンが殺すこともなく、狼も小羊を略奪したりはしない。……眼病の人は『目が痛い』と繰り返さず……夜の不寝番は城内を巡回しない」[3]。ところが、この完全さが、結局は停滞であった。というのは、ディルムンの主、エンキ神は、大地そのものがそうであるように、処女のままである妻のかたわらに寝ていた。目がさめると、エンキ神はニンフルサグ女神と、次いで生まれたその娘と、そして、ついにその娘の娘と結ばれた――というのは、これがその楽園で実現にいたる神統記だからである。しかし、一見とるにたりないできごとが、最初の神のドラマをひき起こすことになる。エンキは創造されたばかりの植物を食べる。さて、彼は「それらの運命を定め」ねばならなかったのである。言いかえれば、存在様式や機能を定めなければならなかった。エンキの無分別な行為に腹をたてたニンフルサグは、以後、エンキが死んでしまうまで、彼を「生命のまなざし」で見ない、と宣言する。すると、エンキはほんとうに正体不明の病気にかかり、しだいに身体が衰弱してゆくことによって、死が間近であることを予感させた。結局、彼の病気を治すのは、つねに妻のニンフルサグである。[4]

この神話は巧みに再構成されているとしても、意図不明の修正をかいまみさせる。楽園のテーマは神統記によって補われながら、創造神の過ちと罰、それにつづく、神を死にいたらせる極度の衰弱をあらわすドラマで終わる。あきらかに、エンキは自分が具現した原理に従って行動しなかったのだから、致命的「過ち」を犯したのである。この「過ち」は、彼自身の創造の構造を危うくしそうになった。他のテクストは、運命の犠牲になる神々の嘆きを伝えている。自分に与えられた主権の範囲を越えて行くことによってイナンナ女神が冒した危険については、後節で述べることにしよう。エンキのドラマにおいて驚くべきことは、神々の死の不可避性ではなくて、それが宣告されている神話論的文脈である。

17　神々のまえの人間

人間の起源を説明する物語は、すくなくとも四つある。それらは互いにかなり異なっているので、複数の伝承があったと想定される。ひとつの神話は、最初の人間が草木のように地面から生えた、と語っている。別の伝承によれば、人間はある職工神に粘土で形づくられ、ナンム女神が心臓を作り、エンキ神は生命を与えたのである。他のテクストは、アルル女神を人間の創造神とする。そして最後に、四番目の伝承では、人間は人間創造のために殺された二柱の神ラグマの血で作られた、といわれる。この最後のテーマは、有名なバビロニアの天地創造詩『エヌマ・エリシュ』のなかに再びとり上げられ、再解釈されている（21節参照）。

これらすべてのモチーフは、数多くの異なる伝承をもちながら、世界中に見いだされる。二つのシュメール伝承によれば、原初の人間は、いわばエンキの生気やラグマ双神の血のような、神の原質をわけもっていた。これは、神の存在様式と人間の状態のあいだに越えがたい距離がなかったということを意味する。人間が、食事と衣服の世話を何よりも必要とする神々に仕えるために創られたということはたしかである。[5] 祭祀は神への奉仕と考えられた。しかし、人間は神の召使いであるとしても、神の奴隷ではない。供犠とは、本来、供物を捧げ、表敬することなのである。都市で多くの人々が参加して行なわれる大祭――新年や神殿建造の際に営まれる――は、宇宙論的構造をもっている。

レイモン・ジェスタンは、罪の観念、贖罪の要素、「身代りの山羊」の観念がテクストに見いだされないという事実を強調している。[6] これは、人間が神々の召使いであるばかりではなく、神々を模範とする者、したがって、神々に協力する者でもあることを意味する。神々は宇宙の秩序に対して責任があるので、人間はその命令に従わねばならない。なぜなら、それらの命令は世界と人間社会の双方の機能を保証する規範、「天命」にもとづいているからである。[7] これらの「天命」は、あらゆる存在者、生あるものすべて、そして神と人間の企てのすべての運命を確立する、すなわち確定するのである。「天命」による運命の確定は、くだされた決定を制定し宣言する、ナムタルという行為によって成就する。新年がめぐってくるたびに、神々はその年の十二か月の運命を定める。これが近東で見いだされる古い観念であることはあきらかである。しかし、それをはじめて正確に表現したのはシュメール人であり、そこには神学者たちによる深遠化と体系化のあとがみられる。

宇宙の秩序はたえず乱される。まず、世界を混沌にもどすおそれのある大蛇によって、さらに、さまざまな儀礼の助けを得て、償い、「清め」ねばならない人間の罪、過ち、過失によって。しかし、世界は新年祭によって周期的に再生される、すなわち、「再創造」される。「この祭りのシュメール語名アキティル〔*à-ki-til*〕は『世界を再生させる力』を意味する(*til*は『生きる』、『再生する』、したがって、病人が『(再)生する』というのは病気が治ることである)。永遠回帰の法則の全サイクルが喚起される[8]」。これに多かれ少なかれ似た新年の神話・儀礼的シナリオは、数多くの文化にその存在が確認されている。のちにバビロニアのアキートゥ祭を分析することによって、それらの重要性を評価する機会があろう(22節参照)。そのシナリオは、バビロンの都市の二守護神の聖婚《ヒエロスガモス》を内容としており、神々はその彫像によってか、さもなければ君主――女神イナンナの夫の資格を得、ドゥムジの化身となる[9]――との聖娼《ヒエロデュール》によってあらわされている。この聖婚は神と人の交わり、たしかに一時的であるが重大な結果をもたらす交わり、を実現した。なぜなら、神の精力はその都市――言いかえれば、大地――に直接注がれ、それを聖化し、新しく始まった年の繁栄と幸福をその都市に保証したからである。

新年祭よりいっそう重要なのは、神殿建造祭である。神殿の建造もまた天地創造の反復である。というのは、神殿――神の「宮殿」――は、すぐれて世界像《イマゴ・ムンディ》を表現しているからである。この思想はアルカイックで、いたるところに豊かにみられる(のちにバアル神話にもそれを見いだすことになるであろう。50節参照)。シュメールの伝承によれば、人間の創造が終わってのち、神々のうちの一柱が五つの都市を築いた。その神は、都市を「清らかな地に築き、命名し、祭祀の中心地に指定した」[10]。のちには、神々は都市や聖所の設計を直接に王に伝えるだけになった。グデア王〔前二一四四—二一二四頃、統治〕は夢のなかで、幸運をもたらす星の名が書かれた板《パネル》を見せる女神ニダバと、神殿の設計図を示す男神に会った。[11]神殿や都市のモデルは、それらが天にすでに存在しているので、「超越的」だといってもよいであろう。バビロニアの都市は星座にその祖型をもつ。シッパルの祖型は蟹座、ニネヴェは大熊座、アッシュルはアルクトゥルス星などによっていた。[12]この概念は、古代オリエントでは一般的である。

同様に、王権の制度も、王章、王冠、玉座と同時に「天からくだされた」[13]。大洪水ののち、それは地上に再びもたらされた。「営為」や制度がすでに天に存在していたという信仰は、アルカイックな存在論にとって相当の重要性をもつのに違いないのであり、また、プラトン哲学のイデア説は、そのもっともよく知られた表現であろう。それはシュメール語文献においてはじめて確認されるが、その起源は先史時代にまでさかのぼれる。事実、天上のモデルという理論は、人間の行為は神々に啓示された行為の反復（模倣）にすぎないとする、世界的なひろがりをみせるアルカイックな概念を延長、展開しているのである。

18　最初の洪水神話

大洪水は「世界の終末」に相当するのであるから、王権は大洪水ののち、あらためて天から授けられねばならなかった。実際、ただひとりの人間が、シュメール伝承ではジウスドラ、アッカド伝承ではウトゥナピシュティムと呼ばれる者のみが救われた。しかし、ノアと違って、彼は水中から隆起した「新しい土地」にもはや住むことを許されなかった。いくぶん「神格化」され、いずれにせよ不死性を与えられて、生存者はディルムンの国（ジウスドラ）や、「河口」（ウトゥナピシュティム）へ移される。シュメール伝承のうち今日まで伝えられているのはいくつかの断片にすぎないが、それによれば、パンテオンの一部の神々の留保や反対にもかかわらず、大主神は洪水を起こし、人類を絶滅することを決定する。ジウスドラ王の「謙譲、従順、篤信」の長所を思い起こす神もある。ジウスドラ王は守護神に告げられて、アンとエンリルのくだした決定を知る。テクストはここでとぎれ、長い欠落がある。たぶん、王は箱舟の建造についてこと細かな指示を与えられたのであろう。七日七夜をへて太陽は再び昇り、王は太陽神ウトゥの前にひれ伏す。現存する最後の断章によれば、アンとエンリルが王に「神の生命」と神々の「永遠の息吹き」を与え、ディルムンの楽園に住まわせる。(14)

大洪水のテーマは『ギルガメシュ叙事詩』にも見いだされる。この有名な作品は、かなりよく保存されているので、聖書の物語との類似性をいっそう明確にしている。おそらく、ここで問題にしてもよいと思われるのは、これらに共通の、しかもかなりアルカイックな源泉のことである。洪水神話は、R・アンドレー、H・ユースナー、J・G・フレイザーによって編集されて以来よく知られているように、ほとんど世界中にひろがっていて、すべての大陸において（アフリカでは非常に稀であるが）、そして異なる文化層に見いだされる。洪水神話のいくつかの異なる伝承は、まずメソポタミアから、ついでインドからの伝播の結果であると思われる。また、一回もしくは数回の大水害が、神話伝承を生んだ可能性も同様に考えられる。しかし、地質学的痕跡を見いだせない、そのような現象によって、これほどのひろがりをみせている神話を説明することは無謀であろう。洪水神話の大部分は、いわば、宇宙のリズムの一部を形成していると思われる。堕落した人間が住む「旧世界」は原水のなかに没し、しばらくすると、「新世界」が「混沌」の水から出現するのである。(15)

多くの異なる伝承において、洪水は人間の「罪」（または儀礼上の誤り）の結果であるが、ときには、ただ単に人類を滅ぼそうとする神の欲望の結果であることもある。メソポタミアの伝承のなかに、洪水の原因を突きとめることはむずかしい。神々が「罪人」のために、洪水を起こす決定をくだしたと思わせる暗示的表現もいくつかある。他の伝承では、エンリルの怒りが、人間の耐えがたい騒がしさによってひき起こされた、としている。(16) しかし、他の文化において、洪水が近い将来起こることを予言している神話を検討してみると、洪水の主因は人間の罪であると同時に世界の老朽化でもあることが確認される。宇宙は、それが存在する、すなわち生存し、生産するという単なる事実によって、しだいに退化し、ついに衰亡するのである。これゆえに、宇宙は再創造されなければならないのである。言いかえれば、洪水は、新しい創造を可能にするために、新年祭で象徴的に行なわれること、すなわち、「世界の終末」と罪に汚れた人間の終末を大宇宙の規模で実現するのである。(17)

19　冥界降り――イナンナとドゥムジ

シュメールの三天体神とは、ナンナ゠スエン（月）、ウトゥ（太陽）、金星と愛の女神イナンナである。月神と太陽神に対する崇拝は、バビロニア時代に絶頂に達したと思われる。アッカドのイシュタルと、そしてのちにはアシュタルテと同一視されるイナンナは、中東の他の女神がけっしてもつことがなかった、祭祀と神話の両面における「現実性」を享受したのであろう。その全盛期には、イナンナ゠イシュタルは、同時に愛と戦いの女神であった。すなわち、生死を司った。その神格はシュメール時代にすでに充分に形成され、その中心をなす神話は、古代世界のもっとも重要な創造物のひとつとなっている。その神話は恋物語で始まる。ウルクの守護神イナンナは羊飼いドゥムジと結婚し[18]、ドゥムジは、それによってウルクの支配者となる。イナンナは彼女の愛情と幸福を高らかに宣言する、「私は歓喜のうちへと進む！……私の夫は聖なるふところにふさわしい！」と。しかし、女神は夫を待ち受けている悲劇的運命を予感している。「私の最愛の人よ、私の愛する夫よ……あなた、私はあなたを不吉な運命へと導いた……あなたは私の口にその口で触れ、私は唇をあなたの頭に押しあてた。それゆえに、あなたは不吉な運命を宣告された」（クレイマー『聖婚』一四一頁）。

この「不吉な運命」は、野心家イナンナが「姉」エレシュキガルの地位を奪うために、冥界への下降を決心した日に定められた。「天上界の大王」イナンナは、地下界をも統治することを望む。イナンナはエレシュキガルの宮殿に首尾よく入るが、冥界の七つの門を通過するたびに、門番は女神の衣服や装身具を剝ぎとる。イナンナは姉の面前に一糸まとわぬ姿で――つまり、すべての「力」を奪われて――現われる。エレシュキガルがイナンナを「死のまなざし」で凝視すると、「彼女の身体は動かなくなった」。三日後、イナンナの献身的な友ニンシュブルが、イナンナが出発まえに与えた指示どおりに、エンリルとナンナ－スエンの両神に事の次第を知らせる。しかし、彼らはとりあわない。というのは、彼らが言うには、侵すことのできない天命で治められている領域——死者たちの国——に侵入することで、イナンナは「禁じられているものを得ようとした」のだから。しかし、エンリルはひとつの解決策をみつける。彼は二人の使者を創り、冥界に遣わし、「生命の食物」と「生命の水」を運ばせる。策略を用いて、彼らは「釘に吊り下げられた死体」をやっと生きかえらせる。イナンナが帰ろうとすると、冥界の七裁判官（アヌナキ）は彼女を押しとどめて、こう言った、「冥界に下った者で、無事にまた冥界から昇った者がかつていただろうか。もしイナンナが冥界から昇っていきたければ、身代りを差し出さねばならない！」(19)。

イナンナはガルラとよばれる悪霊の一隊に送られて地上にたちもどるが、ガルラたちは、イナンナが身代りの神を彼らに差し出さなければ、彼女を連れもどすことになっていたのである。悪霊たちは、まずニンシュブルを捕らえようとするが、イナンナは彼らを制止する。

すると、彼らはウンマやバドゥティビラの都市に向かう。それらの都市の守護神は恐れをなしてイナンナの足下にひれ伏したので、女神は彼らをあわれみ、ほかを探すことに決める。最後に、一行はウルクに到着する。イナンナが驚き怒ったことには、夫ドゥムジが、妻の死を悼むどころか派手に着飾り、ウルクの唯一の支配者であることに満足しているかのように、玉座に着いていたのである。「彼女は彼を凝視した。死のまなざしで！　彼女は彼にむかって言葉を発した、絶望の言葉を！　彼女は彼に絶叫した、呪詛の叫びを！　彼女は悪霊たちに言う。『この者を連れてゆけ！』と[20]」。

ドゥムジは、義兄にあたる太陽神ウトゥに懇願して蛇に変身させてもらい、姉ゲシュティンアンナの家に、さらに自分の羊小屋に逃げる。悪霊たちはそこで彼を捕らえ、責め、冥界へ連行する。テクストの欠損のため、そのエピローグをわれわれは知ることができない。「たぶん、エレシュキガルがドゥムジの涙に同情して、ドゥムジは冥界に半年間だけとどまり、彼の姉ゲシュティンアンナが残りの半年間、彼の身代りをするととり決めてその悲運を軽減した、ということになったに違いない」（『聖婚』一四四頁）。

いくつかの重要な差異はあるが、同じ神話が、そのアッカド語版である『イシュタルの冥界降り』にも語られている。シュメール語テクストが校訂され、翻訳される以前には、女神は「不帰の国」に、タンムズの「死」後、まさに彼を連れもどすために赴いたと考えることもできた。シュメール語版に欠けているいくつかの要素は、この解釈を裏書きすると思われた。第一に、イシュタルが捕らえられたことによってひき起こされた破滅的帰結が、アッカド語版では強調されている。すなわち、女神がいなくなったのちに、人間と動物の生殖が完全に停止したことである。この災いは、愛と豊饒の女神イシュタルとその最愛の夫タンムズの聖婚《ヒエロスガモス》中断の結果、と理解された。この大異変は宇宙全体におよび、アッカド語版では、さし迫る生命の絶滅を恐れた大いなる神たちは、イシュタルを解放するために介入しなければならなかった。

シュメール語版で驚かされるのは、ドゥムジの断罪を「心理学的」に、すなわち人間的に正当化していることである。すべては、夫が玉座に座っているのを見つけたイナンナの怒りによって説明されるように思われる。この物語風の説明は、非常にアルカイックな思想を覆いかくしてしまうようにみえる。この思想によれば、「死」——儀礼上のものであり、それゆえにとりもどすことが可能な死——は、あらゆる創造と生殖行為に不可避的に伴うものである。シュメール王は、のちにアッカド王がそうであったように、イナンナと聖婚するドゥムジの化身である。(21) これは多かれ少なかれ、王の儀礼的「死」の承認という意味合いをもっている。この場合、シュメール語テクストが伝える物語の背景に、宇宙の豊饒性の循環を確保するために、イナンナが達成した「秘儀」の存在を想定しなければならない。イシュタルがギルガメシュに夫になるように誘うときの、彼の蔑《さげす》みの返答は、この「秘儀」を暗示していると考えられる。タンムズの死を毎年「嘆く」よう命じたのはイシュタルであることを、彼は彼女に想い出させる。(22) しかし、これらの「嘆き」は儀礼上のものである。というのも、タンムズが六か月後に「再び上昇する」ことは知られているのに、他方で、この若い神の冥界降りは、タンムズ月（六、七月）十八日に悼まれるからである。

タンムズ信仰は、中東のあちこちにひろまっている。前六世紀に、エゼキエル（「エゼキエル書」八・一四）はタンムズのために泣いている女たちを、エルサレム神殿の門のところでさえも見つけ、非難した。ついに、タンムズは、毎年死んでは生き返る、若い神々の劇的で悲歌的な象徴となるにいたる。しかし、シュメール伝承におけるタンムズの原型は、おそらく、よりいっそう複雑な構造をもっていたのであろう。タンムズの化身で、それゆえにその運命をわかちもつ王たちは、毎年、世界の再創造を祝った。ところで、世界は、新しく再創造されるためには滅ぼされなければならなかった。世界の創造に先立つ「混沌」は、王の儀礼的な「死」、すなわち冥界降りをも意味していた。つまり、二つの宇宙的様態――生と死、混沌《カオス》と宇宙《コスモス》、不毛と豊饒――は、同一過程の両局面を構成しているのである。農耕発見ののち把握されたこの「神秘」は、世界、生命、人間存在の統一的説明原理となる。それは宇宙のリズム、人間の運命、神々との関係をも支配するので、植物のドラマを越えている。それこの神話は、愛と豊饒の女神がエレシュキガル王国を征服すること、すなわち、死を絶滅することに失敗したことを物語っている。それゆえに、人間は一部の神々と同じように、生と死が交互に来ることを受けいれなければならないのである。ドゥムジ-タンムズは、六か月後に「再び現われる」ために「消える」のである。この循環――神の周期的現前と不在――は、人間の「救い」、死後の運命にかかわる「神秘」となる可能性をはらんでいた。シュメール・アッカドの王たちが儀礼的に化身するドゥムジ-タンムズの役割は、神と人の様態を結合しているから重要であった。やがて、かつては王のみに与えられていたこの特権の享受を、あらゆる人々が望めるようになったのである。

20 シュメールとアッカドの総合

シュメールの神殿都市の大多数は、前二三七五年頃、ウンマ〔南メソポタミアの都市〕王ルーガルザッゲシによって統一された。これが、われわれの知る帝国思想の最初の現われである。一世代後、アッカド王サルゴンによって再び統一が企てられ、一段と大きな成果があがった。しかし、シュメール文明はその構造のすべてを保持した。変化がおよんだのは神殿都市の諸王だけで、彼らはアッカド人の征服者に従属することを承認した。サルゴンの帝国は、一世紀後に、ティグリス川上流域で放牧生活を営んでいた「蛮族」グティ人に攻撃され、その結果、崩壊した。それ以来、メソポタミアの歴史は同じ過程を繰り返していると思われる。シュメールとアッカドの政治的統一は、外部から侵入する「蛮族」によって破壊され、その次には蛮族が内乱によって転覆されるのである。

こうして、グティ人の支配は一世紀しか続かず、次の一世紀のあいだ（前二〇五〇―一九五〇年頃）には、ウル第三王朝の諸王によってとって代わられた。この時期こそはシュメール文化の最盛期であった。しかし、それはシュメールの政治権力の最後の現われでもあった。

東方はエラム人に、西方はシリア‐アラビア砂漠から侵入したアモリ人に脅かされ、王国は瓦解した。二世紀以上にわたって、メソポタミアはいくつかの国に分裂したままであった。前一七〇〇年頃、バビロンを支配していたアモリ人の王ハンムラビが統一に成功した。彼は王国の中心をさらに北に移し、それを自分が王であった都市バビロンに定めた。しかし、ハンムラビ王が樹立した王朝は、絶大な力をもっているかのように思われていたにもかかわらず、一世紀と続かなかった。他の「蛮族」、カッシート人が北から南下してアモリ人を悩ませ、ついに前一五二五年頃、カッシート人が勝利を収めた。彼らは四世紀間、メソポタミアの主となるのである。

　神殿都市から都市国家、さらに王国への移行は、中東の歴史にとってきわめて重要な現象をあらわしている[23]。われわれの目的にとって、シュメール語が前二〇〇〇年頃には話されなくなったのに、以後十五世紀間、典礼言語と知識言語としては機能していたという事実に注意を促すことは重要である。他の典礼言語、サンスクリット、ヘブライ語、ラテン語、古代スラヴ語も、これに似た運命をたどることになる。シュメールの宗教的保守主義は、アッカドの宗教的構造のなかにひき継がれた。シュメールの三至高神、アヌ〔アン〕、エンリル、エア（＝エンキ）はそのまま残った。三天体神は、それぞれセム語の神名を部分的にとり込んでいる、すなわち、月神はスィン（シュメール語スエンから派生している）、太陽神はシャマシュ、金星神はイシュタル（＝イナンナ）である。冥界はエレシュキガルとその夫ネルガルが治めつづけた。王国が必要とした数少ない変革――たとえば、宗教的優位のバビロンへの移動と、マルドゥクによるエンリルとの交代——は、「実現に数世紀を要した」[24]。神殿については、「建物の規模の大きさや数を除けば、シュメール期以降、全体的配置に何も本質的な変化はなかった」[25]。

そうはいうものの、セム語系民族の宗教的天才による貢献が、それ以前の構造につけ加えられた。まず注目されるのは、二柱の「国家」神——バビロンのマルドゥクと、のちのアッシリアのアッシュル——が、普遍神の地位にまで昇格したことである。同じように意義深いのは、個人の祈りと悔い改めの詩が祭祀のなかでもつ重要性である。バビロニア語のもっとも美しい祈りのひとつは、ありとあらゆる神々に、祈願者がその名を知らないことを謙虚に認める神々にさえ向けられている。「おお、主よ、私の罪は甚大です！　おお、存じあげぬ神様、私の罪は甚大です！……おお、存じあげぬ女神様、私の罪は甚大です！……人はなにも知りません、罪を犯しているのか、善を行なっているのかも知りません……おお、主よ、あなたの僕《しもべ》を見捨てないでください！　私の罪は七の七倍です。……私の罪を払いのけてください！」[26]。悔悛詩のなかで、祈願者はみずからの罪を認め、声を大にして告白している。告白は、跪き、平伏し、「鼻を地につける」といった、明確にとり決められた典礼上の身振りを伴う。

アヌ、エンリル、エアという大いなる神々は、祭祀のなかでその支配的地位をしだいに失ってゆく。礼拝者はむしろマルドゥク神や二天体神、つまりイシュタルと、とくにシャマシュに訴えかける。やがて、シャマシュはこの上ない普遍神となるのである。ある讃歌は、この太陽神がいたるところで、外国人のあいだでさえも崇められているとか、シャマシュは正義を守り、悪人を罰し、善人に報いる、と高らかに歌っている。(27)神々の「ヌミノーゼ」的性格が強調されている。神々は、とりわけその恐ろしい光によって、聖なる畏怖を感じさせるのである。光はすぐれて神の属性と考えられている。王も神的条件にわけあずかるかぎりにおいて、光を放っている。(28)

アッカド宗教思想の、もうひとつの創造物は占いである。また、呪術の隆盛と秘術学（とりわけ占星術）の発達が著しく、のちにそれらは、アジア世界や地中海世界の全体にひろまることになる。

要約すれば、セム語系民族の貢献は、宗教体験の個人的要素の重視と、いく柱かの神を至高神にたかめることによって特徴づけられる。メソポタミアにおけるこの新しい、壮大な総合は、しかし、悲劇的な人間観を示している。

21 世界創造

『エヌマ・エリシュ』（「上では……とき」という文句から始まるので、そう名づけられた）の名で知られる天地創造詩は、『ギルガメシュ叙事詩』とともに、アッカドの宗教のもっとも重要な創造物である。シュメール文学には、壮大さにおいて、劇的緊張において、そして神統記と宇宙創造神話と人間創造神話を結びあわせる努力において、これに比較できるものはない。『エヌマ・エリシュ』は、マルドゥクを礼讃するために世界の起源を物語る。そのテーマは再解釈されてはいるが、古来のものである。まず、未分化の水の全体という原初的イメージがあり、そこに、最初の対偶神アプスーとティアマトが見わけられる（他の資料には、ティアマトは海を、そしてアプスーは大地が浮かんでいる淡水の塊をあらわすと、はっきり書かれている）。他の多くの原初神と同じように、ティアマトは女性とも、男女両性とも考えられている。淡水《アプスー》と塩水《ティアマト》の混合から、他の対偶神が誕生する。第二の対偶神、ラハム男神とラハム女神については、ほとんど知られていない（ある伝承によれば、彼らは人間を創造するために犠牲にされた）。第三の対偶神アンシャルとキシャルの名は、シュメール語で「上方の基本諸要素の全体」と「下方の基本諸要素の全体」を意味する。

時が経過する（「日はひろがり、年は増える」[29]）。これらの補いあう二つの「全体」の聖婚《ヒエロスガモス》から天空神アヌが生まれ、アヌが今度はヌディンムド（＝エア）を生む[30]。これらの若い神々ははしゃぎ回り、大声を出して、アプスーの休息をかき乱す。アプスーはティアマトにこぼす、「彼らのふるまいに私は我慢ができない。私は昼は休めず、夜は眠れない。彼らの騒ぎをやめさせるために、彼らを滅ぼしたい。そして、私たちのために静寂が支配するように、（最後に）私たちが眠ることができるように」（一・三七―四〇）。これらの詩句には、宇宙創造の先行条件である原初の不動性、あらゆる動きへの抵抗に対して、「原質」（つまり、物質の不活動、無意識にふさわしい存在様式）へのノスタルジーを読みとることができる。ティアマトは、「夫にむかってわめきはじめた。苦しんで叫んだ……『なんですって！　私たちが創ったものをみずから滅ぼすんですって！　たしかに、彼らの行ないは不快ですけれど、我慢して優しくしてあげましょうよ』」（一・四一―四六）。しかし、アプスーは説得に耳をかさなかった。

若い神々が彼らの祖神の決断を知ったとき、「彼らは黙りこんでしまった」（一・五八）。しかし、「全知神エア」は機先を制した。彼は呪文でアプスーをぐっすり眠らせ、「その光輝を奪って身にまとい」、縛ってからアプスーを殺した。こうしてエアは水の神となり、水をアプスーと命名した。エアの妻ダムキナがマルドゥクを生んだのは、アプスーの深みにおいて、「運命の部屋、祖型の聖所」（一・七九）においてであった。テクストは、神々のあいだで最後に生まれたマルドゥクの、目をみはる威厳、知恵、全能を称讃している。それから、アヌが祖神たちに対する攻撃を再開した。アヌは四つの風を起こし、「波を創ってティアマトを悩ました」（一・一〇八）。平安を奪われた神々は、自分たちの母に語りかけた、「彼らがあなたの夫アプスーを殺したとき、あなたは夫のかたわらに歩みよるどころか、黙って傍観していた」（一・一一三―一一四）と。

今度は、ティアマトが行動を起こす決心をした。ティアマトは怪物、大蛇《おろち》、「巨大なライオン」、「怒り狂った悪魔」、その他「容赦せぬ、戦いを恐れぬ冷酷な戦士」（一・一四四）を作った。そして、「最初に生んだ神々のなかから……キングをとりたてた」（一・一四七―一四八）。ティアマトはキングの胸に運命の板をつけ、至高の権力を授けた（一・一五七―一五九)。これらの準備をみて、若い神たちは勇気を失った。アヌもエアも、キングにたち向かおうとしない。この戦いを受けてたつのはマルドゥクのみであった。その際、彼はあらかじめ至高神として公認されることを条件にしたのであるが、他の神々はすぐさま承認した。二つの軍勢のあいだに戦われた戦闘は、ティアマトとマルドゥクの決闘によって決まった。「ティアマトがマルドゥクを呑みこもうとして口を開くと」(四・九七)、マルドゥクは荒れ狂う風を吹きこんで「ティアマトの体を膨らませた。女神の腹は膨れ、口は大きく開いたままであった。マルドゥクは矢を放ち、その矢は女神の腹に穴を開け、内臓を裂き、心臓を貫通した。こうして女神を押えこんだのち、マルドゥクはその息の根を止め、死体を地面に放り出し、その上に立った」(四・一〇〇―一〇四)。ティアマト軍の軍勢は逃げようとしたが、マルドゥクは「彼らを縛り、彼らの武器を壊した」(四・一一一)。彼はそれからキングを捕らえ、彼の運命の板を奪い、それを自分の胸につけた(四・一二〇以下)。最後に彼はティアマトのところにもどり、頭骨を打ち砕き、死体を「干し魚のように」(四・一三七)二つに切り裂き、半分は空に張りめぐらし、残りの半分は地とした。マルドゥクは天に水《アプスー》の宮殿を模した宮殿を築き、星の運行を定めた。第五粘土板は天体宇宙の組織、時間の割ふり、ティアマトの諸器官から生じた地形について伝えている(目からユーフラテス川とティグリス川が流れ出し、「尾は輪にされて、天と地を結びつけるのに用いられた」。五・五九、他)。

最後に、マルドゥクは、「神々に仕えさせ、神々を休息させるために」(六・八)人間を創ろうと考えた。戦いに敗れ、縛られた神々はずっと処罰を待っていた。エアは一神だけを犠牲にするよう提案した。だれが「戦争をあおり、ティアマトをそそのかして反逆させ、戦いを始めたのか」(六・二三―二四)とたずねられると、皆、異口同音に、ひとつの名「キング」をあげた。そこで、キングの血管は切り裂かれ、エアはその血で人類を創った(六・三一―三三)[31]。この詩はつぎに、マルドゥクをたたえ、聖所(彼の宮殿)が築かれたことを語る。『エヌマ・エリシュ』は伝統的神話のテーマを用いながら、どちらかといえば、陰気な宇宙創造論と悲観的な人間論をあらわしている。若き勝利者マルドゥクをたたえるために、原初期の神々、なかでもティアマトは「悪魔的」諸価値を与えられている。ティアマトは、もはやたんに天地創造に先立つ原初の混沌的全体なのではなく、最後に無数の怪物を生みだす神であることがあきらかになる。彼女の「創造性」は、したがって、まったく否定的である。『エヌマ・エリシュ』に叙述されているように、創造の過程は、若い神々を滅ぼそうとするアプスーの欲望、つまるところ宇宙の創造を胚芽の状態にとどめておこうとする彼の欲望によって、たちまち危機に瀕した(神々は増え、「住居」を所有していたのだから、ある種の「世界」はすでに存在していたのである。しかし、それは純粋に形式的な存在様態にかかわるものである)。アプスーの殺害は、一連の「創造のための殺害」の始まりである。というのは、エアはアプスーにとって代わっただけではなく、水の塊をはじめて組織化することを手がけた(「彼はここに住居を建て……聖所を定めた」)からである。宇宙創造は、二群に分かれた神々のあいだの葛藤の結果であるが、ティアマトの陣営は、彼女の創造になる怪物・魔物を含んでいる。言いかえれば、「原初的なるもの」そのものが、「否定的創造物」の源泉として示されている。マルドゥクが天地を形成したのはティアマトの死体からであった。他の伝承にも認められるこのテーマは、さまざまに解釈することができる。始源の女神の身体から創られた宇宙は彼女の実体にあずかっているが、ティアマトの「悪魔化」以後も、その実体が神聖であるといえるであろうか。

それゆえに、宇宙は二重性をもつことになる。すなわち、まったく悪魔的であるとはいえないとしてもすくなくとも両義的な「素質」と、神的な「形式」（形式はマルドゥクによって創られたのだから）をもつのである。天の穹窿はティアマトの死体の半分で作られているが、星や星座は神々の「住居」やイメージとなる。地はティアマトの死体の残り半分と諸器官を含んでいるが、都市と神殿によって聖化される。要するに、世界は、一方の混沌として悪魔的な「原初性」と、もう一方の、神の創造性・現前性・知恵との「混合」の結果であることがわかる。これはメソポタミアの思索が到達した、もっとも複雑な宇宙創造の定式であろう。というのは、それは、そのうちには不可解または不必要になっているものもある、神聖なる社会のすべての構造を、大胆な総合にまとめあげているからである。

人間の創造に関していえば、それはシュメール的伝統（人間は神に仕えるために創られたとする）、とりわけ、人間が犠牲にされたラグマ双神から創られたと説明する考え方を継承している。しかし、いっそうひどくなる要素もつけ加えられている——キングは原初の神のひとつであったにもかかわらず、ティアマトが創った怪物と悪魔の軍勢の指揮官、大悪魔となっているのである。それゆえに、人間はキングの血という悪魔的物質で創られている。シュメール版との差異は重大である。人間はその起源によって、すでに断罪されていると思われるので、悲劇的ペシミズムについて語ることが可能である。人間の唯一の希望は、人間を形づくったのがエアだということである。それゆえ、人間は大主神によって創られた「形」をもつのである。この観点からみれば、人間の創造と世界の起源は均衡を保っている。いずれの場合も、最初の素材は地位を失い、悪魔にされて、勝利した若い神に殺された原初の神の身体なのである。

22　メソポタミア王の神聖性

バビロンでは、『エヌマ・エリシュ』は新年祭の四日目に神殿で朗誦された。この祭りはシュメール語でザグムク（「年の始め」）、アッカド語でアキートゥとよばれ、ニサンの月〔三―四月〕の朔日《ついたち》から十二日間行なわれた。これにはいくつかの段階があり、以下にそのもっとも重要なものを列挙する。

(1)マルドゥクの「捕囚」に対応するものとしての、王の罪滅ぼしの日。(2)マルドゥクの解放。(3)儀礼的闘争、および勝利の行進。この行進は、饗宴が催されるビート・アキートゥ（新年祭の家）に向かって、王を先頭にして行なわれる。(4)王と、女神の化神である神殿娼婦の聖婚《ヒエロスガモス》。(5)神々による運命の決定。

この神話・儀礼的シナリオの第一段階——王の辱めを受けることとマルドゥクの捕囚——は、宇宙創造以前の混沌への世界の退行をあらわしている。マルドゥクの聖所で、大祭司は王の表象（王笏、指輪、刀、王冠）を王から奪い、顔を殴った。すると、王は跪いて自分が無罪であることを表明した、「私は罪を犯したことはありません。おお、諸国の主よ、私はあなたの神性をおろそかにしたことはありません」。大祭司はマルドゥクの名において、次のように答える、「恐れるな……マルドゥクはそなたの祈りを聴くであろう。そなたの王国を増大させるであろう……」。(32)

この間、人々は「山中に幽閉されている」（神の「死」をあらわす定句）とみなされているマルドゥクを探し求めた。イナンナ゠イシュタルの場合にみられたように、この「死」は決定的なものではないが、それにしても、女神は冥界から救いだされなければならなかった。(33)マルドゥクも「太陽と光から遠く」下降しなければならなかった。しかし、ついにマルドゥクは解放され、神々は運命を決めるために集まった（すなわち、これらの神々の像が集められた）。（このエピソードは、『エヌマ・エリシュ』においては、マルドゥクの至高神への昇格に対応している）。王は、都市の外に位置する殿堂ビート・アキートゥまで行列を先導した。その行列は、ティアマトに向かって前進する神々の軍勢をあらわしていた。センナケリブ碑文によれば、原初の戦いが再現され、王はアッシュル（マルドゥクにとって代わった神）に化身したと推定される。(34)聖婚はビート・アキートゥでの饗宴から帰ったのち営まれた。最後の行為は、一年の各月の運勢を決めることであった。(35)年を決定することにより、その年が儀礼的に創造された、すなわち、生まれたばかりの新しい世界の幸運、豊饒、富が保証されたのである。

アキートゥ祭は非常にひろく普及している神話・儀礼的シナリオの、とくに宇宙創造の反復と考えられる新年祭の、メソポタミア版を示している。[36] 宇宙の周期的再生は伝統的社会の大きな希望であるので、今後、新年祭についてはたびたび言及することになるであろう。ここで述べておきたいのは、アキートゥ祭の多様なエピソードが、（中近東に限定しても）エジプトにおいてもヒッタイト人たちのあいだでも、ウガリットやイランにおいても、マンダ教徒〔メソポタミア南部に現存する古代グノーシス派の一派〕にすら認められるということである。したがって、たとえば、年末に儀礼的に実現される「混沌」は、サトゥルナーリア祭〔古代ローマの収穫祭〕型の「オルギー的」行き過ぎ、全社会秩序の逆転、燈火を消して死者たち（仮面を着けた人が演じる）が帰還することなどによって表現された。エジプトにおいてもヒッタイト人たちのあいだでも、ウガリットにおいても、二つのグループの演技者が戦う例がみられる。閏日の十二日間にそれ以後の十二か月の「運勢を定める」慣習は、今なお中近東と東欧に残っている。[37]

アキートゥ祭における王の役割は、充分にはわかっていない。王の「辱め」は、世界の混沌への退行とマルドゥクの山中捕囚とに対応する。王はティアマトとの戦いにおいて、そして聖娼との聖婚において、神を具現する。しかし、神との同一化が必ずしも示されていないことは、すでに述べたとおり、「辱め」を受けている最中の王が、マルドゥクによびかけていることでわかる。しかしながら、メソポタミアの君主の神聖性を示す証拠は豊かに存在する。すでに、ドゥムジを体現するシュメール王と女神イナンナの聖婚について述べたが、これは新年祭のあいだに行なわれた（19節参照）。シュメール人は、王権は天から降されたと考えていた。王権が神に由来するという思想は、アッシリア・バビロニア文明が消滅するまで生きていたのである。

国王の神聖性は多くの仕方で表明されていた。王は「国（すなわち、世界）の王」とか「宇宙の四地域の王」とよばれたが、これらの称号は、本来、神々にのみ用いられたものであった(38)。神々とまったく同じように、王の頭の周囲に超自然的な後光がさしていた(39)。生誕以前に、神々はすでにその者を王に定めていたのであった。王は地上の生まれであることを認めていたが、「神の子」とみなされていた（ハンムラビ王は、自分はスィン神の子で、リピトイシュタル王はエンリル神の子だと公言している）。この二重の出自のゆえに、王は神と人間のあいだの、すぐれた媒介者であった。王は神の前で民を代表した。臣下の罪を償うのも王であった。王は、ときにはその臣民の罪のために死ななければならなかった。それゆえに、アッシリアには「王の身代り」がいたのである(40)。諸テクストは、生命の樹や生命の水がある伝説的な楽園で、王は神々と仲よく暮していた、と伝えている（事実、神像に毎日供えられる料理を食べるのは、王とその廷臣である）(41)。王は地上に正義と平和を樹立するために、神に指名された神の「使者」、「民の羊飼い」である(42)。「国に正義と平和を樹立するために、アヌとエンリルがリピトイシュタルを、国土を統治するべく召命したとき、……そのとき、ニップルの貧しい羊飼い、われリピトイシュタルは……、エンリルの言葉に従って、シュメールとアッカドに正義をうちたてた(43)」。

王は神の様態をわけ与えられてはいるが、神になることはない、ということができるかもしれない。王は神の「代理を務めた」。このことは、文化のアルカイックな段階では、王は、いわば王が演じているものであったということをも意味した。いずれにしても、人間世界と神の世界の仲介者として、メソポタミアの王は、神と人という二つの存在様態の儀礼的合一を実現したのである。王が、すくなくとも比喩的には、生命と豊饒の創造者として考えられていたのは、この二重性のためである。しかし王は神ではなく、パンテオンの仲間入りをしたわけではなかった（これにたいしてエジプトのファラオは神であった。27節参照）。祈願者は王に向かって祈るのではなく、逆に、神々に王の加護を祈った。というのは、王は神々の世界に近く、女神との聖婚にもかかわらず、自己の人間的条件を変えるにはいたらなかったからである。要するに、王は死を避けられなかった。かの伝説的なウルク王ギルガメシュでさえ不死性を得ようと企て、失敗に終わったことが忘れられていなかったのである。

23 不死性を探求するギルガメシュ

『ギルガメシュ叙事詩』はあきらかに、もっとも有名で、人気の高いバビロニアの創造物である。その英雄、ウルク王ギルガメシュは、すでにアルカイック期によく知られていたのであり、事実、彼の伝説的生涯の多くのエピソードのシュメール語版が発見されている。しかし、このように先行する伝承があるにもかかわらず、『ギルガメシュ叙事詩』は、セム語系民族の天才が生みだした作品である。さまざまな独立したエピソードから、不死探求の、あるいはより正確にいうと、成功まちがいないと思われた企てが結果的には失敗したという、非常に感動的な物語が作りあげられたのは、アッカド語版においてであった。暴君でもある英雄の性的放逸から話が始まるこの物語は、最終的には、真に「英雄的」な徳も人間的条件を根本的な仕方で超えることはできない、ということをあきらかにしている。

けれども、ギルガメシュは女神ニンスンと人間のあいだに生まれたので、三分の二は神であった[44]。テクストは冒頭で、彼の全知と、彼が着手した壮大な諸建造物を讃美している。しかし、すぐあとで、彼は既婚・未婚の女たちを犯し、男たちを苦役で弱らせる暴君であることが知らされる。住民が神々に訴えたので、神々はギルガメシュに挑戦できるような巨大な男を創ることにした。エンキドゥと名づけられたこの半獣人は、野獣とともに平和に暮し、同じ泉の水をともに飲んでいた。ギルガメシュはエンキドゥの存在を、最初は夢で、その後、エンキドゥを見かけた狩人の話で知った。彼は宮殿娼婦を遣わし、彼女の魅力でエンキドゥを虜《とりこ》にし、ウルクへ連れて来させた。神々が予測したとおり、二人の闘士は会ったとたんに力を競いあった。ギルガメシュが勝ったが、彼はエンキドゥを愛し、朋友とした。結局、神々の計画は挫折したわけではなく、ギルガメシュはそれ以後、その活力を英雄的冒険に費やすようになった。エンキドゥを供に従え、ギルガメシュは、怪物のような、そして異常な力をもつフワワが守る、遠い伝説的な杉の森へと旅立つ。フワワの神聖な杉の木を切り倒してから、二人の英雄はフワワを打ち倒した。ウルクへの帰途、ギルガメシュはイシュタルの目にとまる。女神は彼に結婚しようと誘うが、彼は横柄にも断わる。侮辱されたイシュタルは父アヌに、ギルガメシュと彼の都ウルクを滅ぼすために、「天の雄牛」を創ってほしいと懇願する。アヌははじめは断わるが、イシュタルが冥界から死者を連れもどすと脅かすので、ついに折れる。「天の雄牛」はウルクに突進し、それがうなり声をあげるごとに王の兵士が何百と倒れた。しかし、エンキドゥは巧みにその尻尾〔角〕を捉え、ギルガメシュがその首に剣を突き刺した。怒ったイシュタルはウルクの城壁に登り、王を呪った。自らの勝利に酔ったエンキドゥは、「天の雄牛」の腿をひき裂き、罵詈雑言を浴びせつつ女神の足下に投げつけた。これが二人の英雄の生涯における最高の瞬間であったが、同時に悲劇の始まりでもあった。その日の夜、エンキドゥは、彼が神々に咎められる夢をみた。翌朝、彼は病気になり、十二日後に死んだ。

この予想外のできごとによって、ギルガメシュは別人のようになった。七日七夜、彼は親友を悼み、その遺骸を埋葬させなかった。彼は自分の嘆きが、最後には友を蘇らせることを期待していた。遺体が腐りだすしるしを見てはじめて、ギルガメシュは諦め、エンキドゥは盛大に埋葬された。王は都を出て、荒野をさまよいながら嘆いた、「私もエンキドゥのように死ぬのではないのだろうか」(第九書板、一・三)と。[45] 彼は死を考えて怯《おび》えた。英雄的な功績の数々も彼の心を慰めはしなかった。それ以来、彼の唯一の目的は人間的運命から脱出すること、すなわち不死性を獲得することであった。彼は大洪水の生存者である、かのウトゥナピシュティムがまだ生きているのを知って、彼を探し求めようと決心する。

ギルガメシュの旅は、イニシエーション型の試練に満ちている。彼はマーシュの山にたどり着き、太陽が日ごとにとおる門を見つけた。その門はサソリ男とその妻に守られていた。「彼らのまなざしは、死をもたらすほどのものであった」（九、二・七）。不屈の英雄も恐怖で身がすくみ、うやうやしく平伏した。しかし、サソリ男はギルガメシュの神の部分を認め、トンネル〔太陽のとおり路〕に入らせてくれた。暗闇を十二時間歩いたのち、ギルガメシュは山の向う側の不思議の園に出た。もう少し先の海辺で、彼はシドゥリというニンフに会い、どこでウトゥナピシュティムと出会えるのかをたずねた。シドゥリは彼の考えを変えさせようとして言う、「神々が人間を創られたとき、生は自分たちのために残し、人間には死を与えたのです。ギルガメシュよ、あなたは腹を満たし、昼夜楽しみなさい。毎日饗宴を催し、踊り、遊びなさい……[46]」。

しかし、ギルガメシュは決心を変えないので、シドゥリは、たまたま近くに来ていたウトゥナピシュティムの船頭ウルシャナビのもとへ彼を送った。彼らは死の海を越え、ウトゥナピシュティムの住まう海岸に着いた。ギルガメシュは彼に、どのようにして不死性を得たのかとたずねた。こうして、彼は大洪水のこと、そして神々がウトゥナピシュティムと彼の妻を彼らの「身内」とし、「河口」に住まわせたことの次第を聞いた。しかし、ウトゥナピシュティムはギルガメシュにたずねた、「どの神があなたを神々の仲間に加え、あなたの求める生命を得させるだろうか」（十一、一九七―一九八）。ところが、それに続く彼の言葉は意外だった、「さあ、六日七夜眠らずにいなさい」（十一、一九九）。これはもっともきびしいイニシエーションの試練であることにまちがいない。眠りを克服し、「めざめて」いることは、人間的条件の改変に匹敵する。[47] ウトゥナピシュティムは、神々がギルガメシュに不死性を与えはしないと知っていながら、彼にイニシエーションを通じてそれを得るように勧めた、と解すべきであろうか。ギルガメシュはすでに、トンネルの旅、シドゥリによる「誘惑」、死の海の横断という三つの試練を乗り越えるのに成功していた。これらは、いわば英雄型の試練であった。ところが、今度の試練は「精神的」次元のものである。というのは、人間が六日七夜「めざめて」いられるためには、並大抵でない集中が必要だからである。しかし、ギルガメシュはたちまち眠りこんでしまったので、ウトゥナピシュティムは皮肉をこめて叫んだ、「不死性を求めるこの逞しい男を見なさい。眠りが暴風〔霧〕のように彼の上にひろがった」（二〇三―二〇四）。彼は六日七夜、一度もめざめることなく眠った。そして、ウトゥナピシュティムが彼を起こすと、ギルガメシュは寝入りばなを起こされたと彼を責めた。しかし、彼は眠っていた証拠を認めざるをえなかったので、再び嘆きはじめた、「私は何をしよう、ウトゥナピシュティムよ、どこへ行こうか。悪魔が私の身体を捉えた。私の寝室には死が住んでいるし、また、私がどこへ行っても死がいるのだ」（二三〇―二三三）。

　ギルガメシュが今や旅立とうとしていた。しかし最後の瞬間になって、ウトゥナピシュティムは妻に促されて、彼に「神々の秘密」[48]、すなわち若さを回復させる植物がある場所を教えた。ギルガメシュは海底に下り、その植物を取り、そして喜び勇んで帰路を歩んだ。何日か旅し、彼は冷たい泉を見つけ、急いで水浴をしに行った。すると、その植物の香に惹きよせられた蛇が泉から出てそれを奪い、そして脱皮した[49]。ギルガメシュはむせび泣きながら、ウルシャナビに自分の不運を訴えた。このエピソードに、もうひとつのイニシエーションの試練における失敗を読みとることができる。英雄は思いがけない贈り物から利益を得られなかった、つまり、彼には「知恵」が欠けていたのである。テクストは、ウルクに帰り着いたギルガメシュがウルシャナビと城壁に登り、その基礎を賞めるように勧めるところで突然終わる[50]。

『ギルガメシュ叙事詩』は、死の不可避性によって定義された人間的条件を劇的な仕方で説明していると考えられてきた。しかし、この世界文学の最初の傑作は、神の助けを借りなくとも、一連のイニシエーションの試練をうまく切り抜けた者には、不死性が得られるという考えをもほのめかしているとも考えられるのである。この視点からすれば、ギルガメシュの物語は、むしろ失敗したイニシエーションについての劇的説明なのである。

24 運命と神々

われわれはメソポタミアのイニシエーションが存在したと推定はするが、その儀礼的脈絡は、不幸にしてよくわかっていない。不死性の探求ということのイニシエーション的意味は、ギルガメシュが経た試練の独特な構造のうちに解読される。アーサー王物語は、これに似た状況を示している。そこには、イニシエーションのシンボルやモチーフが豊富にあるが、それらがある儀礼のシナリオと関連し、あるいは、ケルト神話ないしは秘法的グノーシス主義の記憶をあらわすか、それともたんなる想像力の所産なのかを判定することができない。すくなくとも、アーサー王物語の場合は、それが編纂される以前のイニシエーションの伝統が知られているが、ギルガメシュ冒険譚に前提されていると思われる、イニシエーションのシナリオの原史については何もわからない。

アッカドの宗教思想は人間に強調をおくということがこれまで主張されているが、それは当を得ている。さきに論じたギルガメシュ物語は範例的なものとなっている。それは、人間的条件の不確かさ、人間が不死性を――英雄にとってさえも――獲得できないことを宣言している。人間は死すべきものとして創られたのであり、ただ神に仕えるためにのみ創られたのである。この悲観的人間観は、すでに『エヌマ・エリシュ』のなかで表明されていた。それはまた、他の重要な宗教的文献にも見いだされる。『主人と召使いの対話』は、ある種の神経症によって悪化させられたニヒリズムの産物であると思われる。主人には自分の欲することさえもわからないのである。この書は、人間のあらゆる努力がむなしいという考えにとりつかれている。「古い遺跡の塚に登り、歩きまわってごらんなさい。昔や今の人間の頭蓋骨をごらんなさい。だれが悪事をはたらいた人ですか、だれが親切に施しをした人ですか[51]」と。

かつて、『バビロニア版伝道の書』とよばれたもうひとつの有名なテクスト、『人間の不幸に関する対話』は、いっそう絶望的である。「最上等の肉を食っている猛々しいライオンは、女神の不興をなだめようとして香を献げますか？……（私は）供物を欠かしたことがありますか。（否）、私は神々に祈り、用意された犠牲を女神たちに献げました……」（五〇以下）。幼時から、この心正しい男は神意を知ろうと努め、慎み深く、信仰厚く、女神を追い求めてきた。ところが、「神は私に富の代わりに貧困をもたらした」（七二以下）。それどころか、富を築いたのは極悪人、不信心者であった（二三六）。「人々は殺人にたけた名士の言葉をほめ、暴力をふるわない、慎み深い者を卑しめる」。「悪事をはたらく者は義とされ、正しき者は追いやられる。盗賊は黄金を得るのに、弱き者は飢えたままだ。邪悪な者の力はますます強められ、弱き者は滅ぼされ、くじかれる」（二六七以下）[52]。

この絶望は人間存在のはかなさについての省察からではなく、一般的不公正の経験から生じたものである。悪人どもははびこり、祈りはかなえられない。神々は人間の事柄に無関心であると思われる。前二千年紀以降、同じような精神的危機が他の地域（エジプト、イスラエル、イラン、インド、ギリシア）でも生じた。これに対する対応は文化によって異なっていた。というのは、この類型のニヒリズム的経験への対応は、各文化に特有の宗教的天分にしたがってなされるからである。しかし、メソポタミアの知恵文学においては、神々はいつでも人間の事柄に無関心な態度をとるわけではない。あるテクストは、無実な男の身体的・精神的苦悩を述べている。彼はヨブと比較されてきた。どんな神も助けてくれそうにない点で、彼は苦悩する義人の典型である。数知れない病気のために、彼は「みずからの糞便にまみれた」。親類縁者が彼はもう死んだものと嘆いていたとき、彼はつぎつぎに夢をみて、マルドゥクが彼を救うだろうと告げられた。彼はエクスタシーにおけるトランス状態のようになって、マルドゥクが病気の悪魔を退治し、つぎに地面から植物をひき抜くように、彼の身体から痛みを除いてくれるのを見た。最後に、彼の健康が回復すると、義人はマルドゥクに感謝して、バビロンのマルドゥク神殿の十二の門をくぐる儀礼を営んだのである。[53]

要するに、アッカドの宗教思想は人間に強調をおくことによって、人間の可能性の限界を浮き彫りにしたのである。人間と神々との隔たりは、越えがたいものであることがあきらかになった。しかし、人間は独り、孤立していたわけではない。第一に、人間は神的だとみなしうる霊的要素をわけ預かっている。その要素とは「霊」（*ilu*）文字どおりに「神」を意味する）である。[54]第二に、儀礼や祈りを通じて、人間は神がみの祝福を得ることを期待する。とりわけ、人間は自分が相同性によって統一された宇宙の一部をなしていることを知っている。すなわち、彼は世界像《イマゴ・ムンディ》をなす都市に住み、その神殿やジグラットは「世界の中心」をあらわし、これによって天や神々との交流を保証している。バビロンとは「神々の門」を意味した。というのも、神々はそこをくぐって地上へ下降したからである。多くの都市や聖所が、「天と地をつなぐもの」と呼ばれていた。[55]言いかえれば、人間は神から隔てられ、宇宙のリズムから完全に切り離された、閉ざされた世界に住んでいるのではない。さらに、天と地とのあいだの対応の複雑な体系が成立するゆえに、地上の存在が理解されると同時に、それらがそれぞれ対応する天上の原型から「影響」を受けるのである。一例をあげれば、各惑星にはひとつの金属や色が対応しているので、色あるものはすべて惑星の「影響」を受けた。しかし、各惑星は神に属し、まさにそれゆえに、神は対応する金属であらわされた[56]。したがって、ある金属質の物や特定の色の半貴石を扱うものは、特定の神の保護のもとにあると考えた。

最後に、アッカド時代にそのほとんどが発達した多くの占術が、未来の予知を可能にした。したがって、災難は避けられると考えられた。われわれの手もとに届けられた占術の多様性と現存文献の膨大な数によって、社会の各層でそれが権威をもっていたことが証明される。もっとも手のこんだ方法は、いけにえの内臓を調べて占う内臓占いである。いちばん安あがりな方法は油占いで、水の上に少量の油を注ぐか油の上に少量の水を注ぐかして、二種の液体が作りだす形状のなかに読みとりうる「記号」を解釈するという方法である。他の技法より遅れて発達した占星術は、主として宮廷で行なわれた。夢の解釈は、前二千年紀はじめから、不吉な前兆を払いのける諸手段によって補われた[57]。

占いのあらゆる技法は「記号」の発見を目的とし、この記号の隠された意味が、一定の伝統的規則に従って解釈される。したがって世界は構造を備え、法に支配されているものとして顕わになった。「記号」を解読すれば、未来を知ることができた。言いかえれば、時間は「制御された」のである。というのは、ただきまった時期が過ぎて起こることになるできごとだけであるが、それらが予知されたからである。「記号」に向けられた関心は、真の科学的価値の発見に導いた。これらの発見の一部は、のちに、ギリシア人が再びとり上げ、完成した。しかしバビロニアの科学は、科学的知識が「全体的」構造、つまり宇宙論的、倫理的、「実存的」諸前提を含んだ構造をもっているという意味で、「伝統的科学」にとどまった。(58)

前一五〇〇年頃には、メソポタミア思想の創造的な時代は完全に終わったと思われる。そその後の一千年間は、知的活動が学識と編纂作業に向けられていたようにみえる。しかし、最古の時代から証明されているメソポタミア文化の輝きは、ひき続き輝いて、いよいよ強くなる。メソポタミア起源の観念、信仰、技術は、地中海西部からヒンドゥークシ山脈にまで広がっている。このように広く浸透する定めにあったバビロニアの諸発見が、天地あるいは大宇宙・小宇宙の対応を、多かれ少なかれ直接的に含んでいたということは意義深い。

第四章　古代エジプトの宗教思想と政治的危機

25 忘れられない奇跡——「最初の時」

エジプト文明の発生は、歴史家を驚嘆させてやまなかった。「統一王朝」の成立に先立つ二千年にわたって、新石器文化は継続的に発達していたが、それは根本的な変化があったわけではない。しかしながら、前四千年紀におけるシュメール文化との接触は真の変化をひき起こした。エジプトは円筒印章、煉瓦を用いた建築術、造船技術、多くの芸術的モチーフ、そして、とりわけ文字をシュメール文化から借りいれた。この文字は、エジプトにはそれ以前はなかったものであり、第一王朝の成立時(前三〇〇〇年頃)に突然現われる。[1]

しかし、エジプト文明はたちまちにして、その全創造物に明示されている独自な様式を作りあげた。エジプト文明がその地理的条件によって、シュメール・アッカド文明とは異なる展開をたどったということはたしかである。というのは、どこからでも攻めこめるメソポタミアと違い、エジプト——正確にはナイル川流域——は、砂漠と紅海と地中海に囲まれて孤立していたばかりか、それらによって守られていたからである。ヒクソスの侵入(前一六七四年)まで、エジプトは外部からの脅威を経験したことがなかった。他方で、ナイル川の航行可能性を利用して王は国土を統治し、しだいに中央集権の行政を強化した。そのうえ、エジプトには、メソポタミア型の大都市が存在しなかった。王国は多数の農民で構成され、彼らは、受肉した神ファラオの代務者たちによって指導されていたといってもよいであろう。

ところで、エジプト文明の発生以来、その構造を形成するのに貢献したのは、宗教、とくにファラオの神性の教義であった。エジプトの統一と国家の創始は、メネス（歴史上のナルメル王に当たると考えられる）と呼ばれる初代王の偉業であったと伝えられている。南部出身のメネス王は、現在のカイロ市に近いメンフィスに統一王国の新しい首都を築いた。彼がはじめて即位式を行なったのは、この首都においてであった。その後、三千年以上にわたって、ファラオたちはメンフィスで即位し、この至高の儀式はメネス王が始めた即位式を踏襲していたと思われる。それはメネス王の偉業を記念する祝典ではなく、原初のできごとに現われている創造的源泉の更新であった(2)。

統一国家の創建は天地創造に匹敵する。神の化身ファラオは、新世界、すなわち新石器時代村落の世界よりはるかに複雑で高次な世界を樹立した。神聖なモデルに従って成就したこの事業の永続性を確保すること、言いかえれば、その新世界の基礎を揺るがすような危機を避けることが、きわめて重要であった。ファラオの神性は、そのもっとも強力な保証となった。ファラオは不死であるので、その死は天への転居を意味するにすぎなかった。ある神の化身から他の神の化身へのつながり、ひいては宇宙的・社会的秩序の連続性が、こうして保証されたのである。

注目すべきことは、もっとも重要な社会‐政治的、文化的創造が、古王国時代に行なわれたということである。その後の十五世紀にわたってモデルを与え続けたのが、これらの創造である。第五王朝（前二五〇〇—二三〇〇年）以降には、先王朝から受け継いだ文化的遺産につけ加えられるような重要な創造物がほとんど見あたらない。エジプト文明の特徴で、他の伝統的社会の神話やノスタルジーにもみられる「不動主義」は、宗教的起源をもっている。伝統的儀礼形式の固定性、原初になされた武勲や偉業の反復は、宇宙の秩序をこの上ない神の働きであると考え、あらゆる変化に混沌への退化と、それゆえに、悪魔的な力の勝利をみる神学の論理的帰結である。

ヨーロッパの学者が「不動主義」と名づけたこの傾向は、原初の創造があらゆる観点——宇宙論的、宗教的、社会的、倫理的——からみて完全だという理由で、それをそのまま保持することに努力が払われた。あいついで展開する宇宙創造の諸段階は、多様な神話的伝承のなかに描かれている。事実、これらの神話は、始源の神話的時間に起こったできごとだけを物語るのである。「最初の時《テプ・ツェピ》」とよばれるこの時代は、原初の水の上に創造神が出現してからホルスの即位まで続いた。自然現象から宗教的・文化的現実（神殿設計図、暦、文字、儀礼、王の紋章など）にいたるあらゆる存在は、それらが原初期に創られたがために有効であり、また正当なのである。「最初の時」が、「怒り、雑音、争い、無秩序が出現する以前」の、絶対的完全を享受した黄金時代であったことは明白である。「ラー（またはオシリスないしホルス）の時代」と呼ばれるこのすばらしい時代には、死も病気も存在しなかった。(3) ある時点で悪が侵入し、ついで無秩序が現われ、黄金時代は終わりを告げた。しかし、「最初の時」の神話時代は、完全に過ぎさった時代の遺物のひとつとして御用済みになってしまったわけではない。この時代は模倣されるべき範型の全体を構成しているので、絶えず再現される。つまり、儀礼は悪魔的な力の敗北を遂行しながら、原初の完全さの回復を目的としている、ということができるであろう。

26 神々の系譜と宇宙創造神話

あらゆる宗教的伝統においてそうであるように、宇宙創造神話と起源神話（人間、王権、社会制度、儀礼などの起源）は、宗教的知識の重要な部分であった。当然のことながら、エジプトにはいくつかの宇宙創造神話があり、神話によって主役となる神、創造が開始された宗教的中心地が異なる。原初の水から丘や、蓮や、卵が現われるといったそれらの神話のテーマは、もっともアルカイックなものとして分類される。創造神については、各主要都市は自分たちの創造神にもっとも重要な地位を与えた。王朝交代によって首都が変わることが多く、そのようなできごとが起こると、新首都の神学者たちはいくつかの宇宙創造の伝承を統合し、その主な土地神を造物主とすることを余儀なくされた。創造神が問題となっているところでは、それらは構造的に似ているので、同化しやすかった。しかし、神学者たちはさらに異質の宗教体系を同化し、あきらかに敵対関係にある神同士を関係づけて、大胆な総合を念入りに仕上げた(4)。

エジプトの創造神話は、他の多くの伝統においてと同じように、原初の水から陸地が隆起することで話が始まる。この茫漠とした水塊からの「最初の場所」の出現は、大地の出現だけではなく、光、生命、意識の始まりをも意味している(5)。ヘリオポリスでは、太陽神神殿の一部の「砂の丘」と名づけられた場所が、「原初の丘」だとされていた。またヘルモポリスは、宇宙創造の蓮が生えた湖で知られていた。しかし、他の地域も同じ特権を享受していたのである(6)。つまり、各都市、各聖域は、「世界の中心」、すなわち天地創造の始まったところだと考えられていた。最初の丘は、ファラオが太陽神に会うために登った宇宙山である、といわれたこともあった。

他の伝承は、「光の鳥」(『石棺文』四巻、一八一C以下)を宿す原初の卵、太陽の子をはらむ原初の蓮(7)、あるいは、アトゥム神の最初にして最後のイメージである原初の蛇について語っている(実際、『死者の書』一七五章は、世界が混沌状態に逆戻りすると、アトゥム神は新しい蛇になるであろうと予言する。アトゥム神は至高にして、また隠れた神であるが、太陽神ラーはこの上ない顕在神である。32節参照)。創造の諸段階——宇宙の創造、神々の系譜、生きものの創造など——は、さまざまに表現されている。デルタ地帯の先端に位置する都市ヘリオポリスの太陽神学によれば、ラー、アトゥム、ケプリ神(8)が最初の対偶神シュー(大気)とテフヌート(湿気)、すなわち男神ゲブ(大地)と女神ヌート(天)の両親を創った。造物主は、自慰行為か痰を吐く行為によって創造を成しとげた。その表現は飾り気がなく粗野であるが、意味は明白で、神々は至高神の実質そのものから生まれたということである。シュメール伝承におけるように（16節参照）、天と地は大気神シューによって分離されるまでは、とぎれることのない聖婚《ヒエロスガモス》によって結合していた。[9] 彼らのあいだからオシリスとイシス、セトとネフテュスが生まれ、のちに述べる悲愴なドラマの主役となるのである。

中部エジプトのヘルモポリスでは、神学者たちは八柱神に関する非常に複雑な教義を築いていた。この八柱神には、のちにプタハ神が仲間入りした。ヘルモポリスの原初の湖に蓮が生え、そこから「神聖この上もない御子、原初の八柱神が生んだ申し分のない後継者、すべての祖先神たちの神聖な子孫」、「人間と神々の種を結ぶ者」が生まれた。[10]

しかし、第一王朝のファラオたちの都メンフィスではじめて、プタハ神を中心とするもっとも体系的な神学が組織された。いわゆる「メンフィス神学」と呼ばれるものの主要テクストは、シャバカ王（前七〇〇年頃）時代に石に刻まれたものであるが、その原典は、それより二千年ほど前にすでに書かれていた。これまでに知られている最古のエジプトの宇宙神話が、同時にもっとも哲学的な神話であることには驚かされる。というのは、プタハは霊（「心臓」）と言葉（「舌」）によって創造する。「アトゥムの姿を借り、心臓（＝霊）として現われるもの、舌（＝言葉）として現われるものは、まことに年老いた神プタハであり……」、プタハはもっとも偉大な神であると宣言され、アトゥムは最初の対偶神を創った神としか考えられていない。「神々をあらしめた」のはプタハなのである。その後、神々は、自分たちの目に見える身体のなかに入りこんだ。神々は、「あらゆる種類の植物、あらゆる種類の石、あらゆる種類の土に、その表面（すなわち、大地）に生じ、そしてそれによって、神々が現われることのできるあらゆるものに[11]」入りこんだ。

つまり、神々の誕生と宇宙の創造は、独り、神の思考と言葉の創造力によってもたらされるのである。たしかにここでは、エジプト人の形而上学的思索の最高の表現が、問題になっているのである。ジョン・ウィルソンが述べているように（『古代近東文献資料集』四頁）、エジプト史の端緒に、キリスト教のロゴス神学に比較しうる教説が見いだされるのである。

その神々の神統神話と宇宙創造神話に比べると、人間の起源神話はあまりに控えめであることがわかる。人間は太陽神ラーの涙から生まれた。危機の時期に書かれた後代（前二〇〇〇年頃）のテクストは、次のように述べている――「神の家畜である人間は充分な備えを与えられた。彼（すなわち、太陽神）は天と地を人間のために創造した。……彼は人間の鼻をいきいきとさせるために空気を創造した。というのは、人間は神の肉から創られた、神の似姿だからである。神は天で輝き、人間のために植物、獣、鳥、魚を創って、彼らを養っている……[12]」。

しかしながら、ラーは人間が神に反逆を企てたことを知ると、人間を絶滅しようと決心する。殺害をひき受けるのはハトホル神である。しかし、この女神が人類[13]を今にも根絶させようというとき、ラー神は策略を用いて、なんとか女神を酔わせてしまう。人間の反乱とその帰結は神話時代のできごとである。あきらかに、この「人間」とは、エジプトの最初の住民であった。というのは、エジプトが最初に作られた国、つまり世界の中心であったからである[14]。エジプト人のみが充分な権利をもつ住民であった。そしてこれが、エジプト国の小宇宙像である聖域への、異国人の立入りを禁じた理由である。[15] 後代のいくつかのテクストは普遍主義的傾向を反映しており、ある神々（ホルス、セクメト）はエジプト人ばかりではなく、パレスティナ人、ヌビア人、リビア人をも守護している。[16] しかしながら、そこでは最初の人間についての神話的な物語が、重要な役割をはたしているわけではない。「最初の時」という驚きに満ちた時代において決定的なのは、宇宙の創造とファラオの出現という二つの契機であった。

27 受肉した神の責任

ヘンリ・フランクフォートが述べているように、[17] 宇宙創造神話は唯一の実質的変化である世界の出現をあらわすのだから、もっとも重要なできごとである。そのときから、宇宙の生命のリズムに関連する変化のみが意味をもつことになる。しかし、この場合に問題になっているのは、多様な周期に分節され、その周期性を保証する連続する瞬間、すなわち天体の運行、四季の循環、月の相、植物のリズム、ナイル川の水の干満などである。ところで、「最初の時」という時代に確立された完全性を構成するのは、まさに宇宙的リズムのこの周期性である。無秩序とは、完全な秩序に従う諸変化の範例的な循環のなかでの、無益な、したがって有害な変化を意味する。

社会秩序は宇宙秩序の一面をあらわすので、王権は世界のはじめから存在していたと考えられる。創造主は初代の王であり、[18] その機能は後継者である息子、初代のファラオにひき継がれる。この王権の譲渡により、王制は神聖な制度として認められることとなった。実際、ファラオの行為は、ラー神の行為や太陽の顕われの叙述に用いられるのと同じ言葉で語られている。二つだけ例をあげよう。ラー神の創造は、「彼は混沌のかわりに秩序《マアト》を置いた」という簡潔な定句に要約されることがある。この定句は、アク-エン-アテン〔イク-エン-アテン、イクナートン。第十八王朝アメンヘテプ四世、前一三七九―一三六二年頃〕の「異端説」後、秩序を回復したトゥト-アンク-アメン〔ツタンカーメン。前一三六一―一三五二年頃〕(32節参照)やペピ二世〔第六王朝最後の王、前二一八一年頃〕について、「彼は虚偽(無秩序)のかわりに秩序を置いた」というように用いられている。同じように、動詞「輝く」〔*khay*〕は、創造の瞬間における太陽の出現や毎朝の日の出を表現するのにも、戴冠式、祭儀、枢密院へのファラオの登場を表現するのにも、区別なく用いられている。[19]

ファラオはマアトの化身である。マアトは「真理」とも訳されるが、その一般的意味は「良き秩序」を、したがってまた「道理」、「正義」を意味する。マアトは原初の創造の特性のをなすものなので、黄金時代の完全さを反映する。それは、宇宙と生の基盤そのものであるの、で、各個人が心のなかで認めることができる。起源や時代を異にするさまざまなテクストに、次のような言明がみられる。「そなたの心にマアトを知らしめよ」。「われはそなたの心にマアトなるものを知らしめよう。そなたが己れにとって正しいことを行なえるように」。また、「われはマアトを愛し、罪を憎む者である。それは、(罪が)神を冒瀆することを知るからである」。そして、事実、必要な知識を与えるのは神である。王子は、「真理《マアト》を知り、神が教える者」とよばれている。ラー神への祈りの起草者は、「神よ、わが心にマアトを与えたまえ！」[20]と叫んでいる。

マアトの化身として、ファラオは、全臣民にとっての範型となる。高官レクミレが表現しているように、「彼はその行為によってわれらを生かす神である」[21]。ファラオの行為は宇宙と国家の安定、ひいては生命の存続を保証する。そして、実際、天地創造は、毎朝、太陽神がアポピという蛇を殺すことはできないとしても「追い返す」ときに、反復される。アポピを殺すことができないのは、混沌（＝原初の暗黒）が潜在性をあらわし、それゆえ不滅であるからである。ファラオの政治的行為はラーの偉業を反復し、彼もまたアポピを「追い返す」。言いかえれば、彼は世界が混沌にもどらないように注意を払うのである。外敵が国境に現われると、それはアポピと同一視され、ファラオの勝利はラーの勝利を再現したであろう（人生や歴史を範型や範疇において解釈するこの傾向は、伝統的文化の特徴である）[22]。たしかに、ファラオは、個別的で反復できない歴史的事件、諸地域での軍事行動、対異民族戦の勝利などのただひとりの主役であった。それにもかかわらず、ラムセス〔ラーメス〕三世〔在位、前一一八三―一一五二年頃〕は自分の墓を建造したときに、ラムセス二世〔第十九王朝、前一二九〇―一二二四年頃〕の葬祭殿に刻まれている、先王の征服した都市名を再び刻みこんだ。古王国時代においてさえも、「ペピ二世に征服された者として記述された」リビア人が、「それより二世紀前の、サフラー王〔第五王朝、前二四〇〇年頃〕の神殿レリーフに刻まれている人々と同じ個人名を与えられている」[23]。

記念碑やテクストに描写されているファラオの、個人的特徴を判別することは不可能である。たとえば、トトメス三世〔新王国、在位、前一四九〇―一四三六年頃〕のメギドの戦いにおける統率力と勇気といった、特徴的な仕方で書かれた多くの詳細のなかに、A・ド・ビュックは理想的な王者像の型にはまった描写形式を認めた。同じ非個性化の傾向は、神々の表現にも認められる。オシリスとイシス以外のあらゆる神々は、その形体や機能が異なるにもかかわらず、讃歌や祈りのなかで同じ言葉でよびかけられるのである。(24)

原則として、祭祀はファラオによって行なわれなければならないが、彼はその役割を諸神殿の神官たちに委任した。直接・間接に、儀礼は「原初の創造」の維持、ひいては安定を目的としていた。新年を迎えるたびに、宇宙の創造が反復される。この反復は太陽神ラーの日ごとの勝利に比べて、より大きな時間のサイクルがかかわっているので、いっそう範例的な仕方でなされる。(25)ファラオの即位式は、上下両エジプトの統一をなしとげたメネス王の偉業の逸話を再現した。つまり、国家の創建が儀礼的に再演されたのである(25節参照)。戴冠式の儀礼は王の即位後三十年を経てから、王の神的エネルギーの更新を意図して行なわれるセド祭のときに再演された。(26)何柱かの神々(ホルス、ミン、アヌビスなど)の周期的な祭りについては、きわめてわずかなことしかわかっていない。神官は行列し、神像または聖なる船を肩に担って歩いた。行列は、歌、音楽、踊りを従え、それを拝する群衆の喝采を浴びながら進んだ。

エジプト中でもっとも人気を集める祭りのひとつ、ミン神の大祭は、のちにそれが宮廷の祭祀に結びつけられたという事実のために、比較的よく知られている。本来、それは収穫祭で、王と王妃と白い雄牛が行列に加わった。王は穀物の穂を切って雄牛に与えるが、そのあとに続く儀礼は不明である。[27] 神殿の建設とその完成の儀式はファラオが主宰した。不幸にして、われわれはいくつかの象徴的行為しか知らない。たとえば、神殿予定地に掘られた溝に、王は「基礎埋蔵物」(王が作った煉瓦、黄金板など)を入れる、完工式では、王は右腕を上げて建物を聖別する、などである。

日々の神事は、中央祭壇《ナオス》に安置された神像にむけて行なわれた。浄めの儀式が終わると祭司は祭壇に近づき、粘土封印を砕き、扉を開いた。彼は神像の前にひれ伏して、みずからが神を観照するために天(ナオス)にたどり着いた、と宣言する。次に、神像は神の「口を開く」べく、天然ソーダで浄められた。最後に、祭司は扉を前のように閉じ、掛け金を封印し、後ろ向きにさがる。[28]

葬儀に関する知識は、これよりずっと豊富である。死と他界は、他の近東諸民族においてそうであった以上に、エジプト人の関心事であった。ファラオにとって、死は彼の天界への旅と「不死化」への出発点であった。さらに、死は、エジプトでもっとも多くの人々に受けいれられた神のひとつ、オシリスと直接にかかわっていた。

28 ファラオの天への上昇

死後の生に関するエジプト最古の信仰は、再構成しうるかぎりでは、世界中に豊かに見いだされる二つの伝承と似ている。すなわち、死者の住みかは地下か、天上——より正確には、星のあいだ——のいずれかであった。死後、魂は星にまでたどり着き、星の永遠性にあずかった。空は母神と考えられており、死は新生、言いかえれば、星の世界における再生とひとしいものであった。空の母性ということは、死者が再び生まれなければならないという考えを示していた。死者は空で再生すると、母神(雌牛の形であらわされる)の乳で養われたのである。(29)

他界を地下に置く信仰は、新石器文化において支配的であった。農耕と結びついた宗教的伝統のなかには、先王朝時代(前四千年紀初頭)に、すでにオシリス神話-儀礼複合体という表現をとるものがあった。さて、エジプトで非業の死を遂げる唯一の神オシリスは、宮廷祭祀にも姿を現わした。われわれは、死ぬ神とファラオの不死性を明示し正当化する太陽神学との出会いの結果を、あとで検討することにしよう。

『ピラミッド・テクスト』は、もっぱら王の死後の運命に関する思想のみをあきらかにしている。神学者の努力にもかかわらず、その教説は完全には体系化されていない。われわれは、類似してはいるが、ときどき敵対する概念のあいだにある対立を、明るみに出すことにしよう。大多数の定型句は、アトゥム(ラー)の子、ファラオは世界創造以前に大神から生まれたのであり、死ぬことはありえないと力強く繰り返している。これに対しほかのテクストは、王に、その遺体が変質することはないと確言する。ここには、たしかに、まだ不充分にしか統合されていない、二つの異なる宗教的イデオロギーがある。(30)しかしながら、定型句の大多数はファラオの天への旅に言及している。ファラオは鳥——タカ、アオサギ、ガン(461-63,

890–91, 913, 1048）――、カブトムシ（366）、バッタ（890–91, etc.）などの形になって飛びまわる。風、雲、神々はファラオを助けることになっている。ファラオが空に梯子で登ってゆくこともある（365, 390, 971以下, 2083）。天に昇りながら、王はすでに神であり、人類とはまったく本質的に異なっている（650, 809）[31]。

しかしながら、ファラオは天界の住所に着くまえに、「供物の原」とよばれる東方で、いくつかの試練を受けなければならなかった。その入口は「曲がりくねる岸」の湖で守られており（2061）、渡し守は審判者の権限をもっていた。その舟に乗せてもらうためには、ファラオは浄めの儀礼をはたさなければならなかった（519, 1116）。そして、とりわけイニシエーション型の質問に答える、すなわち、合言葉の役目をもつ定型句で応答しなければならない。ファラオは、ときには弁舌に訴え（1188–89）、あるいは呪術（492以下）を用い、威嚇しさえすることがある。ファラオは神々（とくにラー、トト、ホルス）に嘆願し、太陽が毎朝その間から昇る二本のいちじくの木に、彼を「葦原」に行かせてくれと頼む[32]。

天に着いたファラオは太陽神に晴れがましく迎えられ、使者が四方に遣わされて、ファラオが死を征服した旨を告げる。天上では、王は地上での生活を続ける。つまり、玉座に座り、臣民の礼を受け、ひき続き裁きをくだし、また命令をくだす[33]。こうしたことが可能なのは、太陽の不死性を享受するのは彼のみであるとはいえ、彼は大勢の臣下、なによりも彼の家族と高官に囲まれているからである[34]。臣下や家族は星と同一視され、「栄光を授けられたもの」と呼ばれる。ヴァンディエ（『エジプトの宗教』八〇頁）によれば、「『ピラミッド・テクスト』の星について述べたくだりは、並はずれた質の詩情に溢れている。それらには、古代人の自在に神秘のなかを動きまわる、素朴で、自然に湧きあがる想像力がうかがわれる……」。

すでにわれわれが指摘したように、『ピラミッド・テクスト』の救済に関する教説は必ずしも一貫していない。ファラオをラーと同一視する太陽神学は、ファラオについての特権的な規則、すなわち、ファラオは死者たちの王オシリスの支配に服さないことを強調した。「星である汝は、天上に、星のあいだに座を占めた……汝はオシリスを見おろし、死者に命令し、死者を遠ざけ、けっして死者のあいだに加わらない」(251)。「ラー・アトゥムは汝をオシリスにひき渡さず、オシリスは汝の心を裁かず、支配しない……オシリスよ、汝、王に手を掛けるな。汝の息子(ホルス)も王に手を掛けるな」(145-146. R・ヴェイユ訳、一一六頁)。他のくだりは攻撃的でさえあって、オシリスは殺され、水中に投げこまれたゆえに死せる神である、と繰り返し述べている。しかし、ファラオがオシリスであると暗にほのめかすくだりもある。たとえば次のような定句がそうである。「オシリスが生きているように、このウナス王〔ウニス。第五王朝最後の王、前二三五〇年頃〕も生きている。オシリスが死なないように、ウナス王も死ぬことがない」(167以下)。

29 殺害された神オシリス

このような定句の意義を評価するためには、オシリスの神話と宗教的役割を簡潔に述べておかなければならない。まず、オシリス神話のもっとも完全な伝承は、プルタルコス（二世紀）が、「イシスとオシリスについて」と題する論考中に伝えたものであることに注意を促しておく。というのは、宇宙創造神話について、われわれがすでに指摘したように（26節参照）、エジプトのテクストはばらばらな逸話に言及するのみだからである。オシリスが最終的勝利を得るまえの緊張や、シンクレティズムで説明されるいくつかの不一致と矛盾はあるとしても、オシリスの中心的神話は容易に再構成できる。いかなる伝承においても、オシリスは伝説上の王で、エジプトを統治した際の活力と公正さで名高い。彼の弟セトは彼を罠に陥れ、まんまと殺害した。彼の妻で「大呪術師」イシスは、死んだオシリスの子をはらむことができた。夫の屍体を埋葬したのち、イシスはデルタに逃れ、パピルスの茂みに隠れ、息子ホルスを生んだ。成長したホルスは、まず九柱の神々の面前で彼の権利を承認させ、それから、叔父〔セト〕を攻撃した。

最初、セトはホルスの片目を奪いとることに成功した（『ピラミッド・テクスト』1463）が、戦いは続けられ、最後にホルスが勝つ。ホルスは目を奪いかえし、それをオシリスに捧げる（こうしてオシリスは生き返った。同609以下など）。神々はセトに命じて、彼が殺した者を運ばせた（たとえば、セトは舟に変えられ、ナイル川をオシリスを乗せて運ぶ[35]）。しかし、蛇アポピと同じように、セトも汲みつくしえない力の化身として、決定的な仕方では殺害されない。勝利を収めたホルスは死者の国に降り、吉報を告げる。彼は父の嫡子として承認され、王位についた。こうして彼はオシリスを「めざます」が、テクストは、「ホルスはオシリスの魂を動かす」と述べている。オシリスに特徴的な存在様態をあきらかにするのは、とくに、ドラマのこの最終幕においてである。ホルスは意識のない麻痺状態に陥っているオシリスを見つけ、彼を蘇らせる。「オシリスよ、ごらんなさい。オシリスよ、聴きなさい。起きなさい。蘇りなさい」(258以下)。

オシリスは動いているように表現されたことがない。彼はつねに無力で、受け身的な神として描かれている。[36] 即位後、危機(「混沌」)の時代を終わらせてから、ホルスはオシリスを蘇らせる――「オシリスよ！ あなたは逝ったがもどった、眠っていたがさめた、死んだが、また生きた！」(1004以下)。しかしながらオシリスは、「霊の位格」(＝魂)と生命力として生きかえるのである。それ以来、植物の繁茂とあらゆる生産力を保証するのはオシリスである。彼は大地の全体として描かれ、世界をとり囲む大洋と比べられている。前二七五〇年頃、すでに、オシリスは豊饒と成長の源泉を象徴していた。[37] 言いかえれば、殺害された王(＝死せるファラオ)オシリスは、彼の息子ホルス(新たに即位したファラオによってあらわされる)が治める王国の繁栄を保証するのである。

われわれは、ラー神とファラオとオシリス‐ホルス対偶神とのあいだの関係の概要を知ることができる。太陽と王墓は神聖性の二つの重要な源泉を成している。太陽神学によれば、ファラオはラーの息子であった。しかし、死せる王(＝オシリス)のあとを継いだので、統治するファラオはホルスでもあった。「太陽神化」と「オシリス神化」という、エジプト人の宗教精神のこれら二つの傾向のあいだの緊張は、[38]王権の機能に現われている。すでに述べたように、エジプト文明は、上エジプトと下エジプトがひとつの王国に統合された結果である。はじめは、ラーは黄金時代の王と考えられたが、中王国（前二〇四〇―一七三〇年頃）時代以後、その役割はオシリスに移譲された。最終的には、オシリス方式が宮廷イデオロギーにおいて重きをなすにいたる。というのも、オシリス－ホルス親子は、王朝の存続と、さらに、国家の繁栄とを保証したからである。世界の豊饒の源泉として、オシリスは、息子であり後継者である者の治世を栄えさせた。

　中王国の文献は、オシリスが全創造の根源としてその地位を高められたことをみごとにあらわしている――「生きようが死のうが、私はオシリスだ、私は汝のなかに入り、汝をとおして再び現われ、汝において朽ち、汝において育つ……神々は私のなかに生きる、それは、神々の食物である小麦のなかで私が生き、育つからである。私は大地を覆う。生きていようが死んでいようが、私は大麦だ。殺されはしない。私は秩序のなかに入りこんだ……私は秩序の主となり、秩序のなかに現われる[39]」。

　ここでは、死についての大胆な価値評価が重要である。それ以来、死は受肉した存在の、ある種の高揚した変容と考えられるにいたった。死は無意味なものの領域から、有意味なものの領域への移行を成しとげた。墓は人間の変貌《サク》が成就する場所である。というのも、死者は「変貌した霊」アクになるからである[40]。われわれの目的にとって重要なのは、オシリスが王のみならず臣下にとっても、しだいに範型となっていたという事実である。あきらかに、オシリス信仰は、すでに古王国時代にひろまっていた。このことは、ヘリオポリスの神学者の抵抗にもかかわらず、『ピラミッド・テクスト』にオシリスが現われているという事実を説明している。しかし、すぐあとで詳述する最初の重大な危機によって、エジプト文明の古典時代は突然終わってしまった。秩序が再確立されたときに、オシリスは倫理的関心と宗教的希望の中心となっていた。それは、「オシリスの民主化」として叙述されたことのある過程の始まりである。

事実、ファラオ以外に、オシリスのドラマと崇拝への儀礼的参加を表明する者が多くなった。ファラオのために建造されたピラミッドの玄室の壁に、昔、刻みつけられたテクストが、今や貴族や、まったく特権をもっていない平民の棺の内壁に用いられた。オシリスは死の征服を願うあらゆる人々のモデルとなる。『石棺文』(IV、276以下)には、次のように言明されている。「汝の心臓(霊)が汝のもとにあるかぎり、汝は王の息子、王子である」。オシリスの例にならって、そしてオシリスの助けを借りて、死者は「魂」に、すなわち、完全に統合されているので破壊できない霊的存在に変容することができる。オシリスは殺害され、身体をばらばらにされたが、イシスによって「復元され」、ホルスによって生きかえらされた。こうしてオシリスは、新しい存在様式をとるようになった。すなわち、無力な亡霊から「知識のある霊の位格」、正式にイニシエーションを受けた霊的存在になったのである。[41] ヘレニズムにおけるイシスとオシリスの密儀は、同じような思想を発展させたものであると思われる。オシリスはラーから死者を審判する役割をひき継ぎ、宮殿や原初の丘、つまり「世界の中心」に坐す裁きの主となる。一方ラー＝オシリス間の緊張は中王国と新王国の時代に解決されるが、それはのちに述べることにしよう（33節参照）。

30　シンコペーション——混乱《アナーキー》、絶望、そして死後の生の「民主化」

ペピ二世は第六王朝の最後のファラオであった。彼の死後まもなく、前二二〇〇年頃、エジプトは内乱で深刻な打撃を受け、国家は崩壊した。中央権力の弱さが小国の王たちの野心を鼓舞したのであった。しばらくのあいだ、無政府状態によって国土は荒廃した。あるときは、エジプトはヘラクレオポリスを首府とする北王国と、テーベを首府とする南王国の二つに分裂した。内戦はテーベ軍の勝利に終わり、第十一王朝の最後の王は国土を統一することに成功した。混乱の時代を歴史家は第一中間期（あるいは第一空位期）と名づけるが、それは前二〇五〇年頃、第十二王朝の樹立とともに終わった。中央権力の復興は真のルネッサンスの始まりを画するものであった。

死後の生活の「民主化」が起きたのは、この中間期においてであった。貴族はファラオのためだけに書かれた『ピラミッド・テクスト』を自分たちの棺に写した。この時代は、エジプト史において、ファラオがその弱さや不道徳を非難された唯一の時期でもある。いくつかのきわめて興味深い文学作品によって、われわれは危機の時代に起こった根本的な変容をたどることができる。その主要なテクストは、『メリカラー王への教訓』、『預言者イプエルの訓戒』、『ハープ弾きの歌』、『生活に疲れた者の魂との対話』の題名によって知られている。それらの作品の著者は、伝統的権威の崩壊がもたらした不幸、そして、とりわけ懐疑、失望、そのうえ自殺をも促した不正や犯罪に触れている。しかし、これらの文献は、同時に内面的変化をも示している。すくなくともいく人かの高官は、破局に対するみずからの責任を自問し、躊躇なくみずからの罪を認めている。

イプエルという人はファラオ〔ラー神とする説もある〕の前に伺候して、破滅の規模を報告する。「ごらんください。国土は少数の無責任な者たちによって、王の支配を奪われております！……ごらんください。人々は両王国の平安を維持する、王の聖蛇章〔王権のシンボル〕に対し叛逆しております……王宮はまもなく破壊されるでしょう」。属州も神殿も、内乱のために税を納めなくなった。ピラミッドの墳墓は略奪され、荒らされた。「王は貧民によって運びさられました。ごらんください。（神の）ハヤブサとして埋葬された者〔ファラオ〕は今や（粗末な）棺台に横たわり、ピラミッドの秘蔵庫は空になっております」。しかも、話し続けるにしたがって「預言者」イプエルはしだいに大胆になり、最後には、国中にひろがった無秩序についてファラオを責めはじめる。王は人民の羊飼いであるべきなのに、その治世が死を蔓延させたからである。「権威と公正はあなたのもとにあります。しかし、あなたは国中に混乱を、不和の声とともにもたらしました。ごらんください。人は隣人に襲いかかります。人々はあなたが命じたことを実行しているのです。これは、あなたがこうした事態をもたらしたこと、嘘をついたことを意味します[42]」。

これと同時代の王のひとりは、息子メリカラーのために一文を草した。王は己れの罪を正直に認める。「エジプト人は墓地のなかでさえ戦う……私も同じことをしてきた！」この国の不運は、「私の所業によってもたらされ、私は（自分の悪事に）それを行なったあとにやっと気づいたのだ」。王は息子に、「この世に生きているかぎり正義《マアト》を遂行せよ」と勧める。また、「まだ生きられる時間が長いからといって安心してはならない。というのは、（死後そなたを裁く）審判者は、一生を一刻としかみないからである」とも言う。人間とともに残るのは、その行為のみである。それゆえに、「悪事を犯すな」と言う。石で記念碑を建てるかわりに、「愛によってそなたの記念碑が永らえるようにふるまえ」「あらゆる人を愛せよ！」神々は供物よりも正義を重んじるからである。「悲しむ者を慰め、寡婦を虐げるな、他人の親の遺産を横領するな……不正な処罰をするな、殺人をしてはならない！……[43]」。

ある蛮行は、とりわけエジプト人を茫然とさせた。すなわち、盗賊たちは祖先の墓をあばき、死体を捨て、その石材を自分の墓に用いるために運び去った。イプエルが述べているように、「多くの死者は川に葬られ、川は墓になった」。そこで、王は息子メリカラーに忠告する、「他人の記念碑を壊すな……そなたの墓を、他人の廃墓を用いて築くな！」。『ハープ弾きの歌』は墓の略奪と破壊について述べているが、ただし、まったく異なる理由による。「昔、生を受けた神々（すなわち、王）はピラミッドに安らぎ、祝福された死者（すなわち、貴族）もピラミッドに埋葬された――ところが、彼らの住居は今はない。彼らがどうなったかを見よ！……彼らの家は壁を倒され、はじめからなかったかのように、もう存在しないのだ！」。しかしながら、この詩の作者にとってこれらの不法行為は、死の測りしれない神秘を再確信させるだけである。「だれもみずからの境遇を語り、その欲求を伝えるために冥界から戻って来はしない。だれも冥界に旅するときまで、われわれの心を和らげるために他界から還って来はしない」。そこでハープ弾きは結ぶ、「生きているかぎり、欲することをせよ……そしてくよくよするな！」[44]。

あらゆる伝統的制度の崩壊は、不可知論と懐疑主義、そして、深い絶望を隠しおおせない享楽の賞揚となって現われる。神聖王権の中断《シンコペーション》は、死の宗教的価値の下落をもたらさずにはおかなかった。ファラオがもはや化身した神として行動しない以上、あらゆること、とりわけ生の意味と死後の生の実在性が疑わしくなる。『ハープ弾きの歌』は、ほかの――イスラエル、ギリシア、古代インドの――絶望的危機を思い出させる。それらは伝統的価値の崩壊がもたらした危機である。

たしかに、もっとも感動させられるテクストは『自殺論』（『生活に疲れた者の魂との対話』）である。それは失意にうちひしがれた男とその魂《バー》が交わす対話である。彼は魂に、自殺するとしたら今だということを説得しようとする。「今日、私はだれに話しかけられようか。兄弟は意地が悪く、かつての仲間はいがみあっている……心は貪欲で、だれもかれもが隣人の財を奪う……心の正しい人はもはや存在しない。国土は不正な農夫にゆだねられ……大地にはびこる罪悪はかぎりがない」。こうした災いのさなかで死ということが頭に浮かび、それが彼には何よりも望ましいと感じられてきた。それは、忘れていたか、あるいはほとんど経験したことのない幸福で彼を満たしたのである。「死は今の私にとって、病人にとっての回復……没薬の香……蓮華の香……雨あがりの（野の）香……長年囚われていた者が抱くやみがたい望郷の念……のようである」。彼の魂《バー》は、まず、自殺すれば埋葬や葬儀をしてもらえないことに注意を喚起し、次いで、感覚的快楽を追求することによって悩みを忘れるようにと説得に努める、最後に魂は、彼が自殺しようと決心しても彼のそばに居続けると断言する。[45]

中間期の文学作品は、中王国（前二〇四〇―一七三〇年）のファラオが政治的統一をとり戻したのちも長く読まれ、書き写された。これらのテクストは、大きな危機についての比類ない証拠であるばかりか、それ以来拡大してやまなかったエジプトの宗教精神の一傾向を描いてもいた。この思潮を手短かに記述することは困難であるが、その主要な特徴は、ファラオの位格《ペルソナ》〔神格〕という範型の、実質的な複製である人間的位格〔人格〕に重きがおかれていることである。

31 「太陽神化」の神学と政治

中王国では一連の卓越した王が輩出し、統治したが、そのほとんどは第十二王朝に属していた。彼らの治世下のエジプトは、経済的拡張と大いなる国際的威信の時期を迎えた[46]。ファラオが戴冠式で選んだ名前は、正義《マアト》によって人々や神々にたいしてふるまおうとする彼らの意志をあらわしている[47]。ヘルモポリスで崇拝されている八神のひとつ、アメン神がアメン‐ラーとして至高神の位に浮上したのは、第十二王朝時代のことであった（王朝の始祖の名はアメン‐エム‐ハト「アメンは先頭にあり」であった）。「隠れた」神（26節参照）〔であるアメン神〕は、太陽というすぐれて「顕らかな」神に同化させられたのである。アメンが新王国の普遍神となったのは、この太陽神化のおかげであった。

逆説的であるが、この帝国〔新王国〕——帝国という名に値するのは新王国だけである——は第十二王朝滅亡後に始まった第二の危機の、すぐには現われなかったが避けがたい帰結であった。前一六七四年にヒクソスが侵入するまで、おおぜいの王が矢継早に位についた。ヒクソスの侵略より四、五十年以前にすでに始まっていた、国家崩壊の理由はよくわからないが、いずれにしても、エジプト人は馬、戦車、鎧、複合弓を用いる、恐るべき戦士たちの攻撃に長くは抵抗できなかったのであろう。ヒクソスの歴史には不明な点が多い[48]。しかし、彼らのエジプト攻撃は、前十七世紀に中近東を激動させた民族移動の結果にちがいない。

侵略者たちは勝利を収めたのち、デルタ地方に居を定めた。首都アヴァリス〔現、タニス〕から、家臣を使って彼らは下エジプトの大部分を治めたが、貢ぎ物とひき換えに、上エジプトにおけるファラオの継承を許すという過ちを犯した。ヒクソスはシリアの神々、なかでもバアルとテシュプをもちこみ、テシュプをセトと同一視した。オシリスの殺害者を至高の地位にのぼらせたことは、たしかにエジプト人にとって堪えがたい恥辱であった。しかしながら、セト信仰は第四王朝時代に、すでにデルタ地方で行なわれていたことを明記しておかなければならない。

エジプト人にとって、ヒクソスの侵略は理解しがたい破局であった。自分たちがあらかじめ神々によって特権的地位を与えられているという自信は、手ひどい打撃を受けた。さらに、デルタ地方にアジア人を入植させる一方で、侵略者は守りを固めた土地にひきこもり、エジプト文明を軽んじ、無視した。しかし、エジプト人は教訓を学びとった。彼らは征服者の武器を、しだいに使いこなすようになった。崩壊（すなわち、前一六〇〇年頃）後一世紀を経ると、第十七王朝のファラオが統治していたテーベは、解放の戦いを開始した。最終的にはテーベ軍が勝利したが、これは第十八王朝（前一五六二―一三〇八年）の王〔アフメス一世〕の即位と、新王国の確立を意味する[49]。

ヒクソスの支配からの解放は、民族主義の高揚と排外主義の拡大を招いた。ヒクソスへの復讐欲がおさまるまでに、すくなくとも百年はかかった。当初、王たちは懲罰としてヒクソスの拠点を急襲しようとした。しかし、前一四七〇年に、トトメス三世は、かつてのヒクソスの要塞に対する遠征を皮切りに、アジアにおける一連の軍事行動を開始した。異国人の占領によって生じた不安はなかなか消えなかった。トトメス三世は次々と征服を続け、ついに帝国を築いたが、これは、エジプトを外からの侵害にも屈しない国にするためであった。おそらく、治世の最初の二十二年間に耐え抜いた欲求不満が、軍事的野心をかきたてたのであろう。というのは、その間、実質的君主は王の伯母で、義母でもあるハトシェプストであったからである。このとりわけ才能豊かな大后は、征服戦よりも文化的・商業的な拡張を選んだ。しかし、彼女の没落から二週間後にはすでに、トトメスは「叛徒」鎮圧のためにパレスティナ、シリアへ向かっていた。まもなく、王はメギドで勝利を得た。帝国の未来にとって幸運なことに、トトメスは敗者に寛大であった。

それはエジプトの孤立主義の終焉であったが、また、伝統的エジプト文化の凋落でもあった。新王国が比較的短い期間しか続かなかったにもかかわらず、その影響は消すことができなかった。その対外政策の結果、エジプトはしだいに国際色に富む文化に開かれていった。メギドの勝利後一世紀を経たころ、多数の「アジア人」がいたるところに、役所や王宮にさえ居たことが認められる[50]。多くの異国の神々が寛容な扱いを受けたばかりではなく、エジプトの神々に同化された。そのうえエジプトの神々は異国で礼拝されはじめ、アメン-ラーは全世界的な神となった。

アメンの太陽神化は、諸宗教の融合《シンクレティズム》と、太陽神の至高神としての回復を容易にした。太陽はどんな民族にも受けいれられる唯一神であった[51]。アメン-ラー神を、宇宙の創造神にして宇宙支配神と称揚するもっとも美しい讃歌が、「帝国」時代初期に作られた。また、太陽神をとりわけ至高の神とする信仰は、宗教的統一への準備となった。すなわち、ナイル川流域からシリアとアナトリアにいたるまで、同じ神的原理の支配がしだいにひろまっていった。エジプトでは普遍主義的傾向をもつこの太陽神学が、政治的緊張に関与していたが、これは避けられないことであった。第十八王朝期に、アメン‐ラー神殿は相当拡張され、その収入は著しく増加した。ヒクソスの占領と、とりわけテーベのファラオによるエジプトの解放の結果、神々はいっそう直接的に国事を統べるようにしむけられた。これは神々――とりわけアメン‐ラー――が、祭司集団をとおして助言を伝えることを意味した。アメン神に仕える祭官の長は相当な権威を獲得し、ファラオのすぐ下に位置づけられた。エジプトは神権国家になりつつあったが、これはまた大祭司とファラオとのあいだの権力闘争を和らげはしなかった。祭司階級の過度の政治介入こそが、ときには、解消できない敵対関係にあった、相異なる神学的姿勢間の緊張を硬化させたのである。

32 アク‐エン‐アテンの改革の挫折

いわゆる「アマルナ改革」（前一三七五―一三五〇年）、すなわち太陽神アテンが至高の唯一神として高められたことは、大祭司の支配から自由になろうというアメンヘテプ四世の意志から部分的には説明がつく。実際、若い君主は即位するやいなや、アメンの大祭司から神の財産の管理権を剝奪し、彼の権力の源をこうしてとり除いた。ついで、ファラオは自分の名前「アメンは満足する」（アメン‐ヘテプ）を「アテンに仕える者」（アク‐エン‐アテン）に変え、「アメンの町」古都テーベを捨て去り、五百キロ北方に都を建設し、アク‐エト‐アテン（テアンの地平線〕（現在のテル-エル-アマルナ）と命名、また、宮殿とアテン神殿を築いた。アメン神殿と異なり、アテン神殿は屋根がなかったので、太陽をそのまったき輝きにおいて礼拝することができた。アク-エン-アテン〔イクナートン〕の改革は、これにとどまらなかった。造形美術においては、王は、のちにアマルナ「自然主義」とよばれる様式を奨励し、また、王室文書や政令にはじめて口語が導入された。さらに、王は行儀作法が押しつける因習主義を廃し、王族や腹心たちとの関係を自然に任せた。

これらの全改革は、アク-エン-アテンが「真理《マアト》」に、したがって生のリズムに合致する、「自然」なものすべてに与えた宗教的価値によって正当化された。こうしたことが可能であったのは、若くして死ぬ運命にあった、病気がちで身体に障害を負っていたこのファラオが、「生の喜び」の宗教的意義、すなわちアテンの無限の創造、なかでも神聖な光を享受することの幸福を発見したからであった。「改革」を強要するために、アク-エン-アテンはアメンと他の神々を追い出し[52]、生〔アンク〕の普遍的源泉であり、太陽神と同一視された至高神であるアテンを崇めた。アテン神は、それが発する光の先が手の形をしており、この手で礼拝者に生の象徴《アンク》を渡すという姿で表現された。現存するアテン讃歌は二篇だけであるが、そこにはアク-エン-アテンの神学の本質が見いだされる。それらは、疑いもなく、エジプトのもっとも崇高な宗教的表現の一例である。太陽は「生のはじめである」、その光線は「あらゆる国土を抱擁する」[53]。「御身は遠くにありても、光は地に注ぐ。御身は人の顔に当たりても、その跡は見えず」。アテンは「女のうちに胚種を創る者」、そして彼こそが胎児に生命を与え、子の誕生と成長を見守る——アテンはそのうえ、卵の中の雛鳥に息を吹きこみ、のちに、同様にそれを保護することもする。「御身のみわざは、なんとさまざまであろう！　それらは人の眼には隠されている、おお！　唯一の神よ。御身のほかに神はない[54]」。アテンこそ諸国を、男と女を創り、各創造物にそれぞれにふさわしい場所を与え、その欲求を満たしたのである。「世界は御身によって存続する！」「だれもが食物にこと欠かない」。

当然のことながら、この讃歌は〔旧約聖書の〕「詩篇」一〇四に比較された。アク‐エン‐アテンの改革の「一神教的」性格についてさえ議論されたことがある。ブレステッドはアク‐エン‐アテンを「最初の歴史的個人」と名づけたが、この王の独創性と重要性は今なお論争の的である。しかし、彼の宗教的熱情は疑う余地がない。彼の王棺で発見された祈願文は次の詩句を含んでいる、「私は御身の口の、甘い息を吸いにゆく。毎日、私は御身の美しさを見るであろう……御身の霊に満ちた手を貸したまえ、私が御身を受けいれ、御身の霊によって生きるために。永遠にわが名をよび続けたまえ、わが名は御身のお召しに答えぬことはけっしてないであろう！」三千三百年たった今も、この祈りは人を感動させる力をもっている。

アク‐エン‐アテンの在位中にエジプトは、まさしく彼の政治的、軍事的消極性のために、アジアの領土を失った。彼の後継者ツタンカーメン〔トゥト‐アンク‐アメン〕（前一三五七—一三四九年）はアメンの大祭司との関係を旧に復し、テーベに帰った。「アテン主義的改革」の跡はほとんど抹消されてしまった。その後まもなく、長い栄光ある第十八王朝の最後のファラオは死んだ。

研究者が一般に受けいれている見解によれば、第十八王朝の断絶は、同時にエジプト的才能の創造性の終焉《しゅうえん》をも示している。宗教的創造が、イシスとオシリスの密儀の確立まで目立たなかったことは、新帝国時代に実現された総合の偉大さと効力によって説明されるように思われる。(55)というのは、ある観点からみれば、これらの総合はエジプトの宗教思想の極致を示しているからである。それらは完全にかみあった体系を成し、この体系は様式上の革新のみを促したのである。

これらの神学的総合の重要性をよりよく理解するために、しばらく「アテン唯一神論」にもどってみよう。まず、アク－エン－アテンが讃歌に用いた表現――「他に比類なき唯一の神」――は、アマルナ改革の千年前に、すでにアメン、ラー、アトゥム、その他の神々に用いられていた。そのうえ、ジョン・ウィルソンが指摘しているように、すくなくとも二柱の神が存在していた、というのは、アク－エン－アテン自身が神として崇められていたからである。(56)信者（すなわち、宮廷の役人や高官からなる少数のグループ）の祈りは、アテンではなく、アク－エン－アテンに直接よびかけられた。ファラオはそのすぐれた讃歌のなかで、アテンが彼個人の神であると明言している、「御身はわが心にあり、御身の計画と力を知る息子（すなわちアク－エン－アテン）以外に、御身を知るものはだれもいない！」これゆえに、「アテン主義」はアク－エン－アテンの死後、ほとんど時を移さずに消滅したのである。要するに、それは王室と廷臣にかぎられた信仰であった。

アテンはアマルナ改革のかなり前から知られ、崇拝されていたことをつけ加えておこう。(57)

『他界の書』では、ラーは「円盤《アテン》の主」とよばれる。第十八王朝の他のテクストでは、アメン（「隠れた神」）は言及されないのに対し、ラーは「顔を隠す神」、「他界に隠れる神」として描かれる。言いかえれば、ラーの神秘性と不可視性は、太陽の円盤として完全に顕わになった神アテンの、相補的な側面であることが明言されているのである。(58)

33 最後の総合――ラーとオシリスの結合

新帝国の神学者たちは相対立し、さらには相反目する神々の補完性を強調する。『ラー神連禱』のなかで、太陽神は「結びあわされた者」とよばれている。(59) ラーは上エジプトの王冠をかぶった、オシリスのミイラの形であらわされる。言いかえれば、オシリスにはラーの魂が浸みとおっている。二神の合体は、死んだファラオの位格のなかで完成する。つまり、王はオシリスになったのちに、若いラーとして蘇《よみがえ》る。というのは、太陽の運行が人間の運命のすぐれた範型をあらわしているからである。ある存在様式からもうひとつの存在様式へ、生から死へ、そしてそれから新生という変化がそれである。ラーの冥界下降は、同時に彼の死と復活を意味する。あるテクストは、「オシリスのうちに安らいに赴くラー、ラーのうちに安らいに赴くオシリス」について語る。(60) 無数の神話的な引喩が、ラーの太陽性とオシリス性の二面性を強調している。冥界へ下降することによって、王はオシリス‐ラーの双名神とひとしい者となる。

さきに引用した文書のひとつによれば、ラーは「他界に身を隠す」。『連禱』のなかのいくつかの祈り（二〇―二三）はラーが水の性質をもつことを強調し、太陽神と原初の大海を同一視する。しかし、対立物の統一はラーとオシリス、もしくはホルスとセトの神秘的連帯に主としてあらわされている。[61] ランドル・クラークの鮮やかな公式を用いれば（『神話とシンボル』一五八頁）、現世を超越する神ラーと現世に現われる神オシリスは、神性の相補う二つの現われである。つまり、問題なのは同一の「神秘」、とくに、唯一神から発生する諸形態の多様性である。[62] アトゥムによって営まれた神々と宇宙の創成を述べた神話によれば（26節参照）、神はひとつであると同時に多数である。創造とは神の名と形態の増殖にほかならない。

神々の連合と合体は、太古からエジプトの宗教思想によくみられた操作である。新帝国の神学の独創性を成すものは、一方ではラーのオシリス化とオシリスの太陽神化という二重の過程の要請、他方ではこの二重の過程が、人間存在の秘められた意味を、そしてまさに、生と死の相補性をあきらかにするという確信である。[63] ある見地からすれば、この神学的総合はオシリスの勝利を確定すると同時に、オシリスに新しい意味を与えている。殺害された神の勝利は、中王国のはじめにすでに完成されていた。第十八王朝以来、オシリスは死者の審判者となる。死後のドラマの二場面――「裁判」と「魂の計量」――は、オシリスの前で展開される。『石棺文』では区別されていた「裁判」と「魂の計量」が、『死者の書』では混同されがちである。[64] これらの葬儀文書は新帝国時代に編集されたが、それ以前の資料を含んでいる。それらは、エジプト文明が終わるまで非常に多くの人々に受けいれられたが、これは他に例をみないことであった。『死者の書』は、他界における霊魂の最高のガイドである。そのなかの祈りや呪文は、霊魂の旅を助けること、とりわけ「裁判」と「魂の計量」という試練に、充分に耐えることを保証する意図をもっている。

『死者の書』のアルカイックな要素のうち、「第二の死」の危険（四四、一三〇、一三五—一三六、一七五—七六章）と、記憶を保持し（九〇章）、自分の名前を記憶する（二五章）ことの重要性に言及しておかなければならない。これらは「未開」民族ばかりではなく、ギリシアや古代インドにも数多く認められる信仰である。しかしながら、この作品は新帝国の神学的総合を反映している。「ラー神に捧げられた讃歌」（一五章）は、太陽の日ごとの旅を描いている。ラーは地下界に入ると喜びを発散する。死者は「御身が永遠の主、偉大なるオシリス神のために輝くとき、喜ぶ」。死者がラー、ホルス、オシリス、アヌビス、プタハなどの神と自分を同一視したがることも、同様に意義深い。このことはけっして呪文の使用と矛盾しない。事実、神の名を知ることは、その神に一定の力を及ぼせるということにひとしい。名前、一般的には言葉の呪術的価値は、先史時代から知られていた。エジプト人にとって、呪術は神々が人間を守るために創った武器であった。[65]新帝国時代には、呪術は太陽神の属性であり、船に乗ったラーに従う神の形であらわされていた。つまり、ラーの冥界への夜の旅は、多くの障害物に阻まれた危険な下降であるのだが、これは各死者が裁きの場へ旅するときのすぐれた範型を成すのである。[66]

『死者の書』のもっとも重要な章のひとつである一二五章は、「二つのマアト」[67]と名づけられた、大広間で行なわれる霊魂の審判を叙述している。死者の心臓は天秤の一方の皿にかけられる。もう一方には、マアトのシンボルである羽か眼が置かれる。その作業中、死者は祈りを唱えて、彼の心臓が不利な証拠にならないように嘆願する。次に、彼は潔白を宣言しなければならない。それは「否定的告白」と名づけられているが、適切なよび名とは言えない。

私は人にたいして不正を働いたことはありません……
私は神を冒瀆したことはありません。
私は貧しい人からものを奪ったことはありません……
私は殺したことはありません……
私は誰をも苦しませたことはありません。
私は神殿へ寄進する食物を減らしたことはありません、等々。
私は潔白です。私は潔白です。私は潔白です。私は潔白です。

死者は裁判官である四十二神によびかける、「ご臨席の神々様にご繁栄あらんことを！私は神々様を、そのお名前を存じています。私は神々様に打たれて倒れることはないでしょう。神々様がつき従っていられるあの神様〔オシリス〕に、私が邪魔であったとご報告なさらないでください……宇宙の主の御前で、マアトは私に当然与えられるべきだとおっしゃってくださるでしょう。私はエジプトでマアトを実践してきたのですから」。彼は自己を讃美する、「私は神様が（その実行を見ることを）好まれる行ないによって、神様に満足していただいてきました。私は飢える者にパンを、渇く者に水を、裸の者に衣服を、舟を持たない者には舟を与えました……ですから、私をお助けください、お守りください。大神様の御前で、私に不利な報告をなさらないでください！」。最後に、彼はオシリスにむかって言う、「台座に高くおられる神様……不都合をふりまき、不安をかきたてる、これらの通告者から私をお守りください……マアトの主のために、私はマアトを実践してきたのです。私は潔白です」[68]。さらに、死者はイニシエーション型の尋問を受ける。彼は門や入口のさまざまな部分、広間の門番、神々の秘密の名前を知っていることを立証しなければならない[69]。

死の神秘を思索することによって、エジプト人はその天才によって、最後の宗教的総合を実現した。これは、エジプト文明の終焉まで、その優位を保った唯一の総合である。それがさまざまに解釈され、適用されるひとつの創造であることは言うまでもない。ラー－オシリス双名神、もしくは、生・死・変容の連続性の深い意味は、呪文の効力を確信する信者には必ずしも理解されなかったが、その呪文は同じ終末論的グノーシス〔霊的認識〕を反映していた。新帝国の神学者たちは、死を魂の変化とする古い観念を発展させつつ、この「神秘」のモデルを、ラーの日ごとの偉業とオシリスの原初のドラマに見いだした。彼らはこうして、とりわけ、永遠で不朽にみえるもの（太陽の運行）、悲劇的だが結局は偶発的なエピソードに過ぎないもの（オシリスの殺害）、そして、当然のことながら、はかなく無意味だと考えられたもの（人間存在）の三者を、同一の体系のなかに表現した。この救済論の体系化に際して、オシリスの役割は重要であった。オシリスのおかげで、それ以降、死者は他界での「ファラオ的な運命」を希求することができた。ファラオは、最後には、すべての人々にとってのモデルとなったのである。

「特権」と「イニシエーション的な知恵」と「善行」のあいだの緊張は、ときに欺瞞的な方法で解消される。というのは、もし「公正」がつねに保持されていれば、「イニシエーションで試される知恵」は、呪文を知っているかどうかの問題に還元することができるからである。すべては『死者の書』、およびその他の類書にぎこちなく表現された終末論の全体にたいして、どのような観点をとるかによっている。これらのテクストは、異なる層位でなされる多様な「読み」を促している。言うまでもなく、「呪術的な読み」がいちばん容易であった。それは言葉の全能を信じることにすぎない。新しい終末論によって、「ファラオ的運命」がだれにでも手の届くものになるにしたがい、呪術の権威は高まるばかりになる。エジプト文明のたそがれには、呪術的な信仰と実践が支配的となる。[70] しかし、メンフィス神学（26節参照）において、プタハが神々と世界を言葉の力で創造したことをわれわれは思い出すべきである。

第五章　巨石・神殿・祭祀センター——ヨーロッパ、地中海地域、インダス川流域

34 石とバナナ

北欧や西欧の巨石構築物は、研究者を一世紀あまりも惹きつけてきた。カルナック〔フランス西部モルビアン県〕の列石《アリニュマン》やストーンヘンジ〔イギリス、ソールズベリー〕の巨大な三石塔《トリリート》〔二本の立石上に横石をのせたもの〕のすばらしい写真を見れば、それらの目的や意味を探求せずにはいられない。磨製石器時代の、これらの農民の技術力には驚嘆するばかりである。彼らはどのようにして三百トンの石塊を直立させ、また百トンの平石を持ちあげることができたのだろうか。しかも、これらの構築物は孤立してはいない。それらは、スペインの地中海沿岸からポルトガル、フランスの半分、イギリス西海岸におよび、さらにアイルランド、デンマーク、スウェーデン南岸にまで延びる、巨石複合群の一部を形成する。たしかに、そこには重要な形態的変化が認められる。しかし、先史学者は二世代にわたって、ヨーロッパにあるすべての巨石文化の連続性、すなわちアルメリア地方ロス・ミリャレス〔スペイン南東部〕を中心とし、そこから巨石複合群が伝播したとしか説明のつかない連続性を実証するために、あらゆる努力を傾けてきた。

巨石複合群は構造上、三つのカテゴリーにわかれる。(1)メンヒル〔立石〕（低地ブルターニュ語で *men* は「石」、*hir* は「長い」に由来）は地面に垂直に立てられた大きな石で、ときにかなりの高さになる。[1] (2)クロムレック〔ストーンサークル、環状列石〕（*crom* は「円、曲線」、*lech* は「場所」）は円または半円状に置かれたメンヒル群（もっとも巨大なものはソールズベリー平原のストーンヘンジを指す）。ブルターニュ地方カルナックにみられるように、メンヒルが平行に並んだ例もある(2)〔アリニュマン、列石〕。(3)ドルメン〔支石墓、卓石墳〕（*dol* は「テーブル」、*men* は「石」）は、一種の囲いか部屋を作るように並べられた数個の立石が巨大な冠石を支えているもので、元来、これは塚で覆われていた。

　ドルメンは、厳密に言えば墳墓である（後になって、ある地域――西ヨーロッパ、スウェーデン――では、ドルメンは冠石で覆われた長い廊下を、一種の玄関としてつけ加えられ、「羨道墳《せんどうふん》」に変容した）。ソト（セビリャの近く）のドルメンのように巨大なものもある。その長さは二十一メートルで、正面には高さ三・四メートル、幅三・一メートル、厚さ〇・七二メートル、重さ二十一トンの花崗岩の塊がある。ロス・ミリャレスでは、約百の「羨道墳」から成る大墓地が発掘された。大部分の墓は、巨大な塚の下にある。ある墳墓は百人もの遺骸を収め、「同一氏族」〔*gens*〕が数世代にわたっていることがわかる。墓室の中心に柱が立てられ、内壁には絵画の痕跡が今なお認められるものもある。ドルメンは大西洋沿岸、とくにブルターニュ地方に、そして、オランダにまで見いだされる。アイルランドでは、天井の比較的高い墳室の壁が彫刻で飾られている。

　これは、まちがいなく、死者儀礼が非常に重要であったということを意味する。これらの構築物を建てた新石器時代の農民の家が粗末で、一時凌ぎのものであった（そして、事実、ほとんど跡形も留めていない）のに対して、死者の住居は石造りであった。あきらかに、そこには時間に対抗できる、堂々とした頑丈な作品を作ろうとする意図があった。石のシンボリズムの複雑さと、石や岩の宗教的価値はよく知られている。(3) 岩、石板、花崗岩の塊は、際限なき持続、永遠、不朽、つまり時間的生成を超えた「存在」様態をあらわしている。

ヨーロッパ最初期の農民の、壮大な巨石構築物の意味について考えを巡らす際、われわれはあるインドネシア神話を思いださずにはいられない。原初において天が地にとても近かったとき、神は原初の夫婦に、天から紐で吊りさげて贈物を与えた。ある日、神が彼らに石を送ると、先祖たちは驚き、怒り、それを受けとらなかった。しばらくしてから、神はまた紐をおろした。今度はバナナが吊るされてきたので、彼らはすぐさま受けとった。すると、先祖たちは創造主の声を聞いた、「汝はバナナを選んだので、汝の生命はその果実の生命とひとしくなるであろう。もし石を選んでいたならば、汝の生命は石のように、不死不変になっていたであろうに(4)」。

すでに述べたように（12節参照）、農耕の発見は人間存在の概念を根本的に変えた。それは植物の生命のように脆く、はかないものとして現われるようになった。しかし、他方では、人間は植物の循環的運命——誕生、生、死、再生——を共有することになった。巨石記念物は、前述のインドネシア神話への答えとして解釈できる。人生は穀類の生命と同じなので、力と永続は死を通じて得られるのである。死者は蒔かれた種の運命にあずかる希望を抱いて、地母神の胎内に帰ってゆく。しかし、彼らはまた、墳墓の石塊に神秘的に結びつき、その結果、岩のように強く、破壊されえない存在と成る。

実際、巨石文化の死者儀礼は、霊魂の死後の存続についての確信ばかりではなく、とりわけ祖先の力への信頼、彼らが生きている者を守りたすけるだろうという期待をも含んでいるように思われる。そのような確信は、他の古代民族（メソポタミア人、ヒッタイト人、ヘブライ人、ギリシア人など）にみられる概念とは根本的に相違する。後者にとって、死者は不幸で無力な、そして哀れな霊魂であった。さらに、アイルランドからマルタ島、エーゲ海諸島まで、巨石記念物を作った人々にとって先祖との儀礼的交わりがその宗教活動の要《かなめ》を成すのに対して、古代近東や中央ヨーロッパの原歴史的文化においては、死者と生者の分離がきびしく定められていた。

巨石文化の死者祭祀には、さまざまな儀礼（行列、踊りなど）のほかに、供物（飲食物など）、巨石群近くで行なわれる供犠、墓の上での儀礼的な食事がある。いくつかのメンヒルは、埋葬とは無関係に築かれていた。[5] おそらく、これらの石は一種の「身体の代用」であり、そこに死者の霊が宿るのである。つまり、石によるこの「代用」は、死者がいつまでも永らえるように作られた身体なのであった。メンヒルが人間の像で飾られていることがある。言いかえれば、それらは死者の「住居」、「身体」である。同様に、ドルメンの内壁に描かれた、様式化された人物像は、スペインの巨石墳墓から発掘された小像とともに、おそらく先祖をあらわしているのであろう。先祖の霊魂がときどき墓を出ることができるという、類似した信仰を解読できる場合もある。[6] いくつかの巨石墳墓の入口をふさぐ石の穴は、「魂の穴」とよばれ、生者との交流を可能にしている。

メンヒルの性的意味も考慮しなければならない。というのは、それはいたるところに、しかも、文化のさまざまなレベルに認められるからである。エレミア（「エレミア書」二・二七）は、「木に向って『あなたはわたしの父』と言い、石に向って『あなたはわたしを産んだ母』と言う」人々について述べている。[7] メンヒルの豊饒の力の信仰は、今世紀初頭のヨーロッパの農民のあいだにもまだみられた。フランスでは、子供を授かりたい若い女は、「滑降《グリサード》」（石の面を滑り降りる）と「摩擦《フリクシヨン》」（ひとつの立石の上に坐るか、腹を特定の岩にこすりつける）を行なった。[8]

メンヒルの男根シンボリズムを確認できる文化があるとはいえ、この子授けの機能をそのようなシンボリズムで説明してはならない。その本来の基本的観念は、先祖の石への「変容」であった。その変容は、「身体の代用」であるメンヒルを介するか、死者の本質的要素――遺骸、遺灰、「魂」――を、構築物の構造そのものの中にとり込むことによって行なわれた。いずれにしても、死者は石を「生気づけた」のであり、鉱物質であるがゆえに不滅の、新しい身体に住むことになった。こうして、メンヒルや巨石墳墓は、生命と力の尽きることのない貯蔵庫となった。それらが墓石の諸構造に投影されるがために、死者は豊饒と繁栄の主となった。インドネシア神話に従って言えば、彼らは石とバナナの両方を手に入れることに成功したのである。

35　祭祀センターと巨石構築物

カルナックやバークシャーのアシュダウン〔イングランド南部〕（一辺が二百五十メートル、他の一辺が五百メートルの平行四辺形を形づくる八百基の巨石を含む）のようないくつかの巨石複合群が、重要な祭祀センターであったことは疑いの余地がない。祭りにおいては、犠牲が捧げられ、おそらく踊りや行列も行なわれたであろう。事実、カルナックの列石に沿った広い通路は、数千の人間が行列して歩くことができた。おそらく、ほとんどの祭りは死者儀礼に関係していたであろう。イギリスにある他の同種の構造物と同様に、[9] ストーンヘンジのクロムレックは、埋葬塚がひろがっている野原の真ん中に位置している。この有名な祭祀センターは、すくなくともその本来の形態においては、[10] 先祖との関係を保証するために建てられた聖域を構成していた。構造からいえば、ストーンヘンジは、他の文化における神殿や町のような、聖所から発達した巨石複合群と比較できる。どちらにおいても、聖域は「世界の中心」として意味づけられている。「世界の中心」とは、天界や冥界との、神々や地下の女神たちや死者の霊との交流が実現される特権的な場のことであった。

フランスのある地域、イベリア半島その他の地域でも、死者の守護神である大女神への信仰の跡が見いだされている。しかし、マルタ島ほど巨石建造物、死者儀礼、女神崇拝がめざましく表現されているところはない。発掘では家はほとんど現われなかったが、これまでに十七の神殿が発見され、その数はますます増えると思われる。これは新石器時代にマルタは「聖なる島」であったという、いく人かの学者の説を立証している。(11) 聖所の前やあいだに拡がる広大な楕円形のテラスは、行列や儀礼的舞踊に用いられたに違いない。神殿の壁はみごとな渦巻き模様の浅い浮き彫りで飾られ、横臥した女性をあらわす石像がいくつか発掘された。しかし、もっとも驚くべき発見は、女性――まちがいなく女神――の巨大な坐像である。発掘によって、祭儀は動物の供犠、食物の供進と献酒、夢のお告げと占いの儀礼を伴う、発達したものであることがあきらかになった。これは、よく組織された、大きな聖職者集団の存在を示すことをあきらかにした。死者儀礼は、多分中心的役割を演じたのであろう。ハル・サフリエニの有名な墓地は今日、地下墳墓《ヒポゲウム》とよばれている。岩をえぐった多くの墓室があるが、そこでは七千体ほどの遺骸が発掘された。籠《インキコベーション》りの儀礼を思わせる横臥女性像が出土したのもここである。他の巨石記念物とまったく同様に、墓室の内壁は彫刻や彩色が施されている。これらの広間は、祭司と入信者のための特定な宗教儀礼に使われた。というのは、それらは粘土で形づくった衝立《ついたて》で隔離されているからである。(12)

ヒポゲウムは墓所であると同時に礼拝所でもあったが、神殿内に墓は発見されていない。マルタ島の聖所の曲線構造は、他に例を見ないものであるらしい。考古学者たちはそれを「腎臓の形をした」と形容しているが、ズンツによれば、その構造はどちらかといえば子宮の形を連想させる。神殿は屋根で蔽われ、部屋は窓が無く、とても暗いので、聖所に入ることは「大地の母胎」、すなわち地母神の子宮に入ることにひとしかった。しかし、岩をくり抜いた墓も子宮形である。死者は新たな生のために、大地の胎内にもどされると言いうるであろう。「神殿は同じ子宮モデルを、大きな規模であらわしていた。そこに入る者は女神の体内に入るのである」。そこで、ズンツは結論として、これらの建造物は「語の正確な意味での密儀」がとり行なわれる場であると述べた。(13)

イベリア半島、西ヨーロッパのドルメンやメンヒルの表面には、その他の呪術‐宗教的な徴《しるし》や象徴——たとえば、光り輝く太陽の像、斧の徴（嵐神に特有）や生の象徴であり、先祖をあらわす形象と結びついた蛇の徴、鹿の徴など——が見られることを付言しておこう。たしかに、これらの図像はさまざまな地方で発見され、さまざまな時代の文化に属すが、それらが同じ巨石複合群と固く結ばれている点では同じである。これはさまざまな「巨石文化的」諸民族が抱く宗教思想の多様性によって、あるいは祖先祭祀が、その重要性にもかかわらず、さまざまの宗教複合群に合体されたという事実によって説明されるであろう。

36 「巨石の謎」

十年ほど前には、考古学者たちは巨石文化を、地中海東部地域から来た入植者の影響として説明した。(14) 実際そこでは、前三千年紀に、すでに集団埋葬が認められる。西ヨーロッパへの伝播途上、ドルメン（チェインバー・トゥーム〔巨石墓文化の墓室〕）は巨大な建造物に変容したというのである。グリン・ダニエルによれば、この変容は、マルタ島、イベリア半島、南フランスで起こった。彼は、巨石建造物の伝播を、ギリシア人、フェニキア人の地中海地域での植民や、イスラム教徒のスペインへの拡張と比較している。「彼らが非常に苦労して、巨大な墓（あるいは墓廟？）を作り、守護神であり葬儀神である女神のイメージを抱き続けたのは、エーゲ海地方からもたらされた強力な宗教のためであった。女神像、斧、角その他のシンボルは、われわれをパリ盆地、ガヴリニス島〔ブルターニュ半島南岸の島〕、クレタ島のアンゲル・ルイユからエーゲ海、さらにトロイへと連れもどす。巨石墳墓を造った人々が西ヨーロッパに移民した際、地中海東部地域に発した堅固な信仰が彼らに理念を与え、彼らを導いていたことは議論の余地がない[15]」。しかし、宗教が彼らの移住の第一要因ではなかった。宗教は、「ヨーロッパの極西部や北部への彼らの流浪を慰めるもの[16]」にほかならなかった。移住者たちは生きるための新天地と交易のための鉱石を求めていたのである。

　ゴードン・チャイルドは最近の著作で、地中海地域の探鉱者や植民地建設者たちによる「巨石宗教」の伝播について述べた。いったん受容されると、巨石墳墓を築く考えは、さまざまな社会にとり入れられたが、それにもかかわらず、それら社会の独特な構造に影響を与えることはなかった。墳墓はたぶん貴族か族長のもので、労働は随身たちが提供した。「巨石墳墓は、城というよりは教会に、その住人はノルマン人貴族よりはケルト人聖者にたとえられるべきである[17]」。すぐれて地母神の宗教である巨石信仰の「伝道者」は、多数の農耕民を彼らの共同社会にひき入れた。事実、ドルメンとクロムレックは、新石器時代の農耕にもつともふさわしい地域に位置しているのである。[18]

巨石複合群について同様な説明が、他のすぐれた先史学者によっても提起された。[19] しかし、この種の説明は、放射性炭素年代測定法や年輪年代学の発明によって、誤りであることが判明した。[20] ブルターニュ地方の巨石墳墓（チェインバー・トゥーム）は前四〇〇〇年以前に造られ、イギリスやデンマークの石墓は前三〇〇〇年以前に造られたことが判明したのである。[21] ストーンヘンジの巨大な複合群は、ミュケナイ文明に従属するウェセクス文化の所産と考えられていた。しかし、最近の測定法にもとづく分析は、ストーンヘンジはミュケナイ以前に完成し、その最後の改変（ストーンヘンジ第III期）は、前二一〇〇—一九〇〇年に遡ることが立証された。[22] マルタ島に関しても同様で、タルキシエンの神殿やハル・サフリエニの墳墓によって代表される時代は、前二〇〇〇年以前に終わっていたので、その特徴のいくつかについては、ミノス文明の青銅器時代の影響によって説明することはできないであろう。[23] それゆえ、ヨーロッパの巨石複合群は、エーゲ海文明からの寄与に先立つと結論せざるをえない。それらは、一連の本源的土着的な創造なのである。

しかしながら、年代学的革命とヨーロッパ人の独創性の証明は、巨石構築物の意味の解釈を推し進めることにならなかった。ストーンヘンジに関しては充分に論議されてきたが、いくつかのすぐれた業績の公刊にもかかわらず、[24] その宗教的機能やシンボリズムについてはいまだに決着をみていない。そのうえ、冒険を恐れぬ仮説（たとえば、すべての巨石構築物は、ファラオ時代のエジプトという単一の源泉から派生したとするグラフトン・エリオット・スミス卿の仮説）に対する反動で、研究者たちは、もはやこの問題をその総体において取り組もうとしない。しかし、「巨石宗教《メガリシスム》」は範例的な、しかもおそらくほかにはないであろう研究対象であるので、彼らが臆病になっているのは残念なことである。実際、十九世紀にもまだ栄えていた多くの巨石文化の分析が、先史時代の建造物を造った人々が共有する宗教的観念を理解するのにどれほど有益であるかを、比較研究は示すことができるであろう。

37　民族誌と先史

先史的・原歴史的起源をもつ巨石構築物は、地中海地域と北欧・西欧以外にも、マグレブ〔アフリカ北西部〕、パレスティナ、アビシニア〔エチオピア〕、デカン高原、アッサム地方〔インド〕、セイロン〔スリランカ〕、チベット、朝鮮など広大な領域に分布している。今世紀初頭にまだ存続していた、巨石文化のもっとも有名なものは、インドネシアとメラネシアで確認されている。ロベルト・ハイネ゠ゲルデルンはこの問題の研究に半生を捧げたが、巨石文化の二つのグループ——先史時代の巨石文化と民族誌レベルの巨石文化——は、歴史的に連続していると主張する。というのは、彼の見解では、巨石複合群は、ただひとつの中心（おそらくは、地中海東部地域）から伝播したからである。

われわれはまたあとで、ハイネ－ゲルデルンの仮説に触れることにしよう。さしあたって、われわれは、現存する巨石文化社会に特有な信仰に関して、彼が引き出した結論を繰り返し述べておくべきである。巨石は、死後の存続に関するいくつかの観念と関係がある。巨石の大部分は、他界へ旅する霊魂を守るためになされる儀礼の過程で造られている。しかし、それらは在世時に巨石を立てた人にも、死後巨石を立ててもらった人にも、ひとしく死後の永遠の生を約束する。さらに、巨石は生者と死者のあいだの比類なき絆を構成する。それらは巨石を立てた人か、立ててもらった人の呪力を永続させ、人間や家畜や収穫の豊かさを保証すると信じられている。現存する巨石文化すべてにおいて、祖先崇拝は重要な役割を演じている[25]。

　巨石記念物は死者の魂が帰ってきて村を訪れたとき、宿るべき座として役だつのであるが、生者もまたそれを使う。巨石の立つ場所はすぐれて祭儀（儀礼的舞踊、供犠など）にふさわしい場であるとともに、社会活動の中心地でもある。巨石文化型の死者儀礼においては、系図が重要な役割をはたす。ハイネ－ゲルデルンによれば、先祖たち、すなわち村やある氏族の創始者たちの系図が儀礼中に朗誦されたらしい。次の事実を強調することが大切である。すなわち人間は自分の名前が石を介して想起されることを望む。言いかえれば、祖先との結びつきは祖先の名前と偉業の記憶、巨石に「凝固した」記憶によって保証されるのである。

　先に述べたように、ハイネ－ゲルデルンは前五千年紀から現代の「未開」社会にまで及ぶ巨石文明の連続性を主張する。しかし、彼は、G・エリオット・スミスとW・J・ペリーの汎エジプト仮説には反対である。さらに、彼は「巨石文化的」信仰や概念が、原初的であるのみならず高度に発達した、多数の宗教形態とも結びついた形で認められるという単純な理由のもとに「巨石宗教」の存在を否定する。このオーストリアの学者は、巨石複合群をある「密儀的」宗教運動、たとえばタントリズム――ヒンドゥー教のそれでも仏教のそれでもよい――と比較している。彼はまた、一部の研究者が独特な神話と社会・経済制度をもつと主張する「巨石文化圏」の存在をも否定する。実際のところ、巨石文化の思想や実践は、社会形態や経済構造や文化制度についてきわめて多様な諸民族に見いだされる[26]。

ハイネ-ゲルデルンが行なった巨石複合群分析は、今もなお価値がある。しかし、彼が主張する考古学的な巨石文化と現代の巨石文化との統一性は、今日、多くの研究者に否認されているか、単に無視されている。巨石複合群の「連続性」の問題は重大であり、未解決のままであろう。というのは、最近ある人が述べているように、それは「先史学の最大の謎」だからである。いずれにしても、そして、連続性もしくは並行性いずれかの説がとられるにしても、ひとつの巨石文化を語ることは不可能である。われわれの目的にとっては、次のことを指摘しておくことが重要である。すなわち、巨石宗教において、石の聖性は主として死後の生存との関連において価値が定められるのである。人々は石に固有な存在の顕われ《オントファニー》を介して、死後の特殊な存在様式を「確立」しようとする。西ヨーロッパの巨石文化において、巨大な石塊が人々を魅惑したことは明白であるが、それは集合墳墓を、目を見はらせる不滅の構造物に変容させようという欲望に由来する魅惑である。巨石構造物のおかげで、死者は並はずれた力を得るが、祖先との交流は儀礼で保証されているので、この力は生者にもわかち与えられる。祖先崇拝には他の形体も存在することはたしかであるが、巨石宗教の特徴は、永遠性および生と死のあいだの連続性の思想が、石と合一または結合したものとしての祖先を崇拝することを通じて、理解されているという事実である。しかしながら、この宗教思想はただかぎられた種類の創造にしか、充分に実現され完全に表現されなかったことを、付言しておこう。

38　インドの最初の都市

インド文明の先史時代に関する最近の研究は、二、三十年以前には予想もされなかった展望を開いた。その展望が提起した問題は、いまだに満足すべき解決を得ていない。ハラッパーとモヘンジョ・ダロの二つの城塞都市の発掘によって、商業的で「神政的」な、かなり高度の都市文明の存在があきらかになった。その年代についてはいまだに異論があるが、インダス文明が前二五〇〇年頃、開花したことはたしかだと思われる。最初の何回かの発掘の際、考古学者を驚かしたのは、ハラッパー文明の単調さと停滞性であった。その一千年の歴史に、なんらの変化も改革も認められなかったのである。二つの城塞都市は「帝国」の首都であったのだろう。この文化的な画一性と連続性は、ある種の宗教的権威にもとづいた政体を仮定してはじめて説明できる。[27]

今日では、この文化がインダス川流域をはるかに超えてひろがっており、やはりいたるところで同じ画一性を示していることが知られている。ゴードン・チャイルドは、ハラッパーの技術文明がエジプトとメソポタミアのそれに匹敵すると考えた。しかし、ほとんどの製作物は想像力に欠けていて、「これはハラッパーの住人が現世の事物には関心を注がなかったことを示している[28]」。

インドで発達したこの最古の都市文明の起源を、研究者たちは一致してバルチスタン〔パキスタン西部の州〕に認めている。フェアサーヴィスによれば、ハラッパー人の祖先はイランの先アーリア農耕民の子孫であった。先ハラッパー文化のいくつかの時期がバルチスタン南部での発掘結果によって知られるようになった。注目に値することは、初期の大きな集落が、祭祀用の構築物の近くに造られていたことである。ポラリ川流域〔パキスタン南部〕で発掘され、「エディット・シャフル・コンプレクス」と命名された大きな考古学的複合群で、高さ七—十二メートルの盛土が、周囲に壁をめぐらした多数の建造物とともに出土した。盛土の頂部にはジグラット形に構造物が建てられており、いくつかの階段が壇上に通じていた。石造建造物には人がほとんど住まなかったか、住んだとしても不定期的であったと思われる。このことは、その建物全体が祭祀のためのものであったことを示している。同複合群《コンプレクス》の第二期（*phase B*）は、大環状列石および幅三—八メートルの百以上の建物の出現、そして白い石の「大通り」[29]がその特徴をなしている。これらの構築物もまた、宗教的な目的にのみ用いられたと思われる。

フェアサーヴィスは、これらの聖所、一般的には、クエッタ峡谷で、発掘された建造物（シンド〔インダス川下流域〕、バルチスタンの先ハラッパー期を代表する）全体を、始めから祭祀用に造られたと彼が考える都市モヘンジョ・ダロ、ハラッパーと結び合わせて考える。「城砦」、すなわち特徴ある構築物を含む基壇（これはこれら二都市に共通する）が、宗教的機能をもっていることについては疑いの余地はないものの、この仮説の正しさについては決着がついていない。われわれの目的にとって、この仮説をめぐる論争はあまり得るところがない。というのは、一方では、先ハラッパー集落（したがって、最古の町邑！）が本来、祭祀のために造られたのは確実であり、他方では、今日の学者は最古の都市に、祭祀用建造物の複合体を認める点で一致しているからである。ポール・ウィートリは、中国、メソポタミア、エジプト、中米などの古代都市が、宗教的な目的と機能をもっていることを鮮やかに証明した。[30] もっとも古い時期の都市は聖所の周辺、すなわち、天、大地、地下の三界の交流が可能だと考えられる聖なる空間、「世界の中心」に近いところに造られた。[31] インダス川流域の二都市がその先ハラッパー的原型（および他の古代都市）とはっきり相違することがわかれば、ハラッパーとモヘンジョ・ダロは、すぐれて現代的現象である都市的構造の世俗化の最初の例とみなされねばならないであろう。

　さしあたって強調する必要があるのは、聖なる空間と儀礼的中心の形態的多様性である。地中海地域と西欧の巨石文化において、死者儀礼と結びついた祭祀センターはメンヒルやドルメンによって、まれには聖所によって聖化されていた。集落は村落の範囲を超えていなかった[32]。すでにあきらかにされたように、真の巨石文化的「都市」は死者のために造られた、すなわち、それらは死者の都《ネクロポリス》であったのである。

39　原歴史的宗教概念とヒンドゥー教におけるその対応物

ハラッパーの宗教、すなわちインド最古の都市文明の宗教は、別の理由、とりわけヒンドゥー教との関係においても同様に重要である。何人かの懐疑的な研究者もいるが、モヘンジョ・ダロとハラッパーの宗教生活は、すくなくともその概略については知ることができる。たとえば、そこに見られる多数の小像と、印章に刻まれた多くの図絵は、地母神信仰があったことを示している。さらに、ジョン・マーシャル卿がすでに認めたように、「ヨーガ」の姿勢で坐り、野獣に囲まれている直立男根《イテイフアリツク》をもつ像は、シヴァ神の原型らしい大神をあらわしている[33]。フェアサーヴィスは、印章に多くの礼拝と供犠の場面が描かれていることに注意を喚起している。もっとも有名なのは、それぞれコブラに護衛された二人のひざまずく嘆願者のあいだで、台座に坐って（あるいは踊って？）いる姿を示すものである。他の印章は、ギルガメシュのように、二匹の虎を締めあげている人物を主人公にしたもの、あるいはメソポタミアのエンキドゥを思わせる、角を生やし、雄牛の脚と尾をつけた神を描いたもの、また、生贄や「旗」を捧げた人々が行列している、さまざまな木の精霊、などである[34]。ハラッパー出土の壺に描かれた場景に、ヴァッツは、小川を渡ろうとしている死者の霊魂が認められると考えた(35)。

ジョン・マーシャル卿以来、研究者たちはハラッパーの宗教の「ヒンドゥー教的」性格を強調してきた。先にあげた例――大女神、ヨーガの体位をとる原シヴァ神、木、蛇、男根像《リンガム》の儀礼的価値――以外に、近代ヒンドゥー教寺院の沐浴漕に似たモヘンジョ・ダロの「大浴場」、ピパル樹、ターバンの使用（ヴェーダのテクストにはみられず、ブラーフマナ時代が終わってはじめて確認できる）、鼻飾り、象牙櫛などがあげられている(36)。ハラッパー文化の遺産の一部がヒンドゥー教に伝承され、摂取されるようになった歴史的過程はよくわからない。研究者たちはいまなお、両都市の衰退と最終的崩壊の原因について論議している。インダス川の破局的な洪水、乾燥化がもたらしたさまざまな影響、地震(37)、アーリア人侵入者の襲撃などがあげられている。衰退の原因は複合的なものであっただろう。とにかく前一七五〇年頃には、インダス文明は終焉を迎えつつあったのであり、インド・アーリア人はそれにとどめを刺したにすぎない（本書2巻64節参照）。しかし、次のことは明確にしておく必要がある。すなわち、一方ではアーリア人部族の侵略が数世紀にわたり徐々に進行し、他方、南部つまりサウラシュトゥラとかってよばれた地域〔現在のカチャワール半島〕では、ハラッパー複合群の中核から派生した文化がアーリア人侵入後も発展し続けた(38)。

二十年前に、私はインダス文明の崩壊について、次のように書いた。

都市文明の崩壊は、その文化が単に完全に絶滅したということではなくて、それが村落的、幼生的、「民衆的」形態に退化したということであるにすぎない（これは異民族が大挙して侵入した時期やその後に、ヨーロッパでよく見られた現象である）。しかし、まもなく、パンジャブ地方（インダス川上流域）のアーリア化は、のちにヒンドゥー教になるはずの大総合運動をひき起こした。ヒンドゥー教に相当数の「ハラッパー的」要素が見られるのは、とりもなおさず、インド・ヨーロッパ系征服者とインダス文明の代表者とが、かなり早くから接触を始めていたことを示している。これらの代表者はインダス文化の創始者、ないしその直系子孫では必ずしもなく、ハラッパー的文化形態の、伝播による傍系に属している可能性がある。彼らはハラッパー文化を、アーリア化の最初の波を免れた周辺地域で保持していたのである。これは次の、一見奇妙な事実を説明してくれるだろう。大女神とシヴァ神への信仰、男根崇拝と樹木信仰、苦行とヨーガなどは、インダス文明という高度の都市文明の宗教的表現として、インドにはじめて現われたが、他方では、中世、近代インドでは、これらの宗教的要素は「民間」信仰の特徴である。たしかに、ハラッパー時代以降、土着民と都市文明創造者である「主人」とのあいだに宗教思想の総合があった。しかし、保持されたのはこの総合ばかりではなく、「主人」側の独自な、ほとんど他に例のない貢献（とりわけ彼らの神政の概念に関する寄与）でもあったと推測せざるをえない。さもなければ、ヴェーダ時代以後、バラモンが相当の勢力を得たことを説明できないであろう。これらすべてのハラッパーの宗教概念——インド・ヨーロッパのそれとはきわめて対照的なものであるが――は、アーリア系言語を話す新しい支配者の社会と文明の周縁で、「民衆」層に、退化を余儀なくされながらも保持された可能性が高い。ハラッパーの宗教概念が、後にヒンドゥー教の形成に帰着したあとの、総合の過程のなかで、繰り返し汲みあげられたのは、この周縁からであった。(39)

一九五四年〔『ヨーガ』刊行〕以後、連続性を示す証拠がさらにあげられた。(40) そのうえ、類似した過程が他の地域で、とくにクレタ島、エーゲ海地域、ギリシア大陸部で実証されている。実際、ギリシアの文化と宗教は、地中海的底流と北部から南下したインド・ヨーロッパ人征服者の共生の結果なのである。ここでも、インドと同様に、土着民の宗教思想や信仰はおもに考古学的資料をとおして知ることができるのであるが、これに反し、最古の文献、とくにホメロスとヘシオドスは、アーリア系言語を話す侵入者の伝承を部分的に反映している。しかしながら、ホメロスとヘシオドスがすでにギリシア的総合の最初の段階を代表していることを、明記しておかねばならない。

40 クレタ島――聖なる洞窟、迷路、女神

前五千年紀まで遡るクレタ島の新石器文化は、前三千年紀中頃に、南方と東方からやって

来た移住者が島を植民地化したときに終わった。新来者は銅と青銅の冶金術に巧みであった。アーサー・エヴァンズ卿はこの文明を、伝説が伝えるミノス王にちなんで「ミノス」文明と名づけ、三期に分けた(41)。すなわち、初期（前三千年紀終わり頃）、中期（クノッソスとマリアの宮殿建造以後、前二〇〇〇—一五八〇年）、後期（前一五八〇—一二五〇年）である。ミノス文明中期にクレタ人は絵文字を用いていたが、これは前一七〇〇年頃に線状の文字（線文字A）に変わった。しかし、そのどちらもいまだに解読されていない。ギリシアの大陸部に、最初のギリシア人、ミニュアス人が侵入したのはこの時期（前二〇〇〇—一九〇〇年）である。彼らはインド・ヨーロッパ諸民族の先遣隊で、数次にわたり次々と、ギリシア本土、小アジアの島々や沿海地域に住みついた。ミノス文明後期の第一期（前一五八〇—一四五〇年）は、ミノス文明最盛期にあたる。まさにこの時期に、ペロポネソス半島でアーリア系言語を話す侵略者がミュケナイを築き、クレタと関係を保ったのである。まもなく（前一四五〇—一四〇〇年）、ミュケナイ人（またはアカイア人）がクノッソスに定着し、線文字Bと呼ばれる文字をもち込んだ。ミュケナイ時代（前一四〇〇—一一五〇年）と呼ばれるミノス文明後期の最後の時期は、ドーリア人の侵入（前一一五〇年頃）で終わり、クレタ文明〔ミノス文明〕は決定的な仕方で崩壊する。

一九五二年にヴェントリス〔一九二二—五六年。イギリスの考古学者、建築技師〕が線文字Bを解読するまでは、ミノス文化と宗教の唯一の資料は、考古学の発掘が与えたものであった。それらは今日でも、もっとも重要な資料である。宗教的意図をもつ行為の最初の証拠は、洞窟で発見された。地中海地域のいたるところでそうであるように、クレタ島でも、洞窟が長いあいだ住居の役目をはたしていたが、とくに新石器時代以降は、墓所としても用いられた（この風習は近代にいたるまで残っていた）。しかし、相当数の洞窟は、さまざまな土地の神々に捧げられていた。これらの聖なる洞窟にまつわる儀礼、神話、伝説は、のちにギリシア人の宗教伝承にとり込まれた。クノッソスに近いアムニソスの洞窟は、そのような洞窟のもっとも有名なもののひとつであるが、これは、先ギリシア時代のお産の女神エイレイテュイアに捧げられている。ディクテー山の洞窟は[42]、生後まもないゼウスの隠家として知られている。のちのオリュンポスの主神が生まれ、その新生児の泣声を、〔クロノスが聞きつけないように〕クーレーテスが楯を打ち叩いてかき消したのはこの洞窟であった。クーレーテスの武装した踊りは、若者集団が行なうイニシエーション儀礼であったのだろう（本書2巻83節参照）。というのは、いくつかの洞窟は、若者集団が秘儀を営むのに用いられたからである。たとえば、イダ山の洞窟は、冶金師集団の神話的人格であるダクテュロスたちが集まった所であった。

よく知られているように、洞窟は旧石器時代から宗教的役割をはたしていた。迷路はこの役割をひき継ぎ、拡大するものである。洞窟や迷路に入ることは、冥界下降、つまりイニシエーション型の儀礼的死にひとしいのである。ミノスの有名な迷宮についての神話は漠然としており、断片的だが、そのもっとも劇的なエピソードはイニシエーションと結びついている。神話・儀礼的シナリオの原初の意味は、それを立証する最古の文献の成立よりはるか以前に忘れられてしまったのであろう。テセウスの冒険物語、なかでも彼が迷宮に入り、〔牛頭人身〕

ミノタウロスとの戦いに勝つ話は、後にとり上げることにしよう（本書２巻94節参照）。しかし、ここで、迷路がイニシエーションの試練としてはたす儀礼的役割を指摘すべきである。

ダイダロスが造ったと言い伝えられる迷宮は、クノッソスの発掘では現われなかった。しかし、迷宮は古典時代のクレタの硬貨に見られ、他の都市については迷宮の存在が指摘されている。「迷宮／路」〔*labyrinthe*〕の語源については、それは「両刃の斧の館」〔*labrys*〕、すなわちクノッソス宮殿のことだと説明されていた。しかし、斧を意味するアカイア方言はpelekysであった。ラビュリントスは、「石」、「洞窟」を意味するアジア系言語のlabra／lauraから派生したと考える方がより妥当である。ラビュリントスは、それから、人間の手で切り出した地下の石切場をあらわした。そして、今日でも、ゴルテュナに近いアンペルシアの洞窟は、「ラビュリント」とよばれている。[43] ここでは、われわれは洞窟の儀礼的役割の原初性《アルカイスム》を指摘しておこう。この役割が長く存続することについては、また後で述べよう。というのは、それは先史時代から近代まで、ある宗教的観念とイニシエーションのシナリオが連続していることを、みごとに例証しているからである（42節参照）。

新石器時代に女性小像の数は増加する。それらの特徴は鐘状のスカート、胸を開け《はだ》、腕を、何かを礼拝しているような形で差し上げている。これらの小像は、奉納用であれ「偶像」であれ、女性の宗教的優越、とりわけ女神の至高性を示すものである。後代の資料もこの優越性を確認し、正確に示している。行列、宮廷の祭事、供犠の場面を描いた図像から判断すれば、女性は相当大きな役割を演じていた。[44] 女神はヴェールで覆われていたり、部分的に裸であったり、また胸をおさえていたり、祝福の徴に腕をあげていたりする姿で表現されている。[45]女神を「野獣の女王」(*potnia theron*)としてあらわしている像もある。クノッソス出土の印章は、山の女王が目を覆う男性礼拝者の方に、杖を傾けている図を見せる。[46]彫り込み模様にはライオンを先導させる女神、雌鹿や雄羊を抱えている女神、二頭の動物の間に立つ女神などが描かれている。「野獣の女王《ポトニア・テーローン》」は、ギリシアの神話や宗教のなかで後に見ることになるように、生きながらえる(本書2巻93節参照)。

祭祀は、山頂、王宮の礼拝堂、個人の家のなかなどで営まれた。そして、女神はいたるところで宗教活動の中心に見いだされる。ミノス文明中期の始め(前二一〇〇―一九〇〇年)、最古の聖所が高所に作られた。最初は、それらは簡素な囲いが付けられているにすぎなかったが、後に小さな建物をもつようになった。ユクタス山上と同様に、ペトソファの聖所では厚い灰の層のなかから、人間や動物を型どったテラコッタ製の小像が多数出土した。ニルソン〔一八七四―一九六七年。スウェーデンの古典文献学者、古代ギリシア宗教史専攻〕は、人々が周期的に焚かれる火の中に、奉納の像を投じて自然の女神を礼拝していたと主張する。[47]いわゆる農耕や植物栽培の儀礼は、より複雑で、しかも謎が多い。それらは農民のあいだで始まり、すくなくとも象徴的な仕方では、王宮の儀式にとり込まれた。しかし、それらは主として聖なる囲いの中で営まれた。壺の彫り込み模様、絵、浮き彫りから判断すると、これらの祭祀は舞踊、とりわけ聖なる諸物の行列、浄めを含んでいた。

樹木は中心的役割をはたした。図像的資料は、人が葉に触れたり植物の女神を礼拝したり、儀礼的舞踊を演じたりするところを描いている。いくつかの場景は儀礼の常軌を逸したエクスタシー的な性格が強調されている――裸の女性が情熱的に木の幹に抱きつき、祭司は顔をそむけて木を引っぱり、その部下は墓の上で泣いているように見える(48)。研究者のなかには、この種の場景に年ごとの植生のドラマのみならず、人間と植物の神秘的連帯性を発見することによって呼びさまされる、宗教体験を正当にも見抜いていた人がいた（12、14節参照）(49)。

41 ミノス宗教の特色

ピカール〔一八八三―一九六五年、フランスの考古学者〕によれば、「成人男性神の存在を示す証拠は、まだまったく見つかっていない」(50)。女神はときに武装した従者を従えていることがあるが、その役割は不明である。しかしながら、何柱かの男性の植物神はたしかに知られている。というのは、ギリシア神話が、農耕宗教に特徴的な聖婚がクレタで営まれていたことを示唆しているからである。ペルソン〔一八八八―一九五一年、スウェーデンの古代学者〕は図像的表現にもとづいて、植物の周期的な死と再生の儀礼シナリオを再構成しようとした。このスウェーデンの学者は、農事サイクルの季節、すなわち春（自然の女神の顕われと祭司の礼拝など）、夏（植物神の顕われなど）、冬（儀礼的泣哭《きゅうこく》、神々の別離をあらわす場面など）(51)にさまざまな祭儀場面をあてはめられると考えた。魅力的な解釈も含まれているが、全シナリオを再構成するのには問題が多い。

確実だと思われることは、図像的資料の大部分が宗教的意味をもっていること、祭祀の中心が生と死と再生の「神秘」に置かれ、それゆえ、イニシエーション、葬儀の泣哭、オルギー的でエクスタシー的な儀礼を含んでいることである。フランシス・ヴィアン〔一九一七―、ギリシア史学者〕の主張は当を得ている。

宗教的活動に使われた場所が小さいからといって、宗教が王宮でほとんど役割をもたなかったと結論するのは誤りであろう。事実は、その宮殿全体が神聖なのである。なぜなら、それは守護女神と、守護女神と人間の仲介者として働く神官‐王の住居だからである。階段座席にとり囲まれた舞踏場、祭壇が立つ中庭、貯蔵庫は、それ自体宗教施設である。クノッソスやピュロスでは、象徴的グリフィン〔ワシの頭・翼、ライオンの胴体を持つ怪獣〕がその両脇を守っていることから明白であるように、玉座は崇敬の対象であった。たぶんそれは君主のためというよりも、むしろ儀礼に際して、そこに女神が顕われるためのものであったであろう。(52)

祭祀センターとしての、宮殿の機能を強調することは大切である。神聖な闘牛が、階段座席で囲まれた敷地、いわゆる「劇場」で厳かにとり行なわれたが、牛は殺されることがなかった。クノッソスの絵には、雄牛の上を男女が跳躍するアクロバットが描かれている。ニルソンは懐疑的だが、「アクロバット」の宗教的意味は疑う余地がない。走る雄牛の上を跳び越えることは、すぐれてイニシエーション的な試練である。(53)〔ミノタウロスを斃した〕テーセウスの仲間、七人の少年と七人の少女がミノタウロスに「献上」されたという伝承は、おそらくこのようなイニシエーション的試練の記憶を反映しているのだろう。不幸にして、聖なる雄牛と儀礼におけるその役割に関する神話は知られていない。クレタ独特の祭具「聖なる角」は、雄牛の額を様式化したものであろう。それがいたるところに見られるということは、その宗教的機能の重要性を確認するものである。二本の角は、その間に置かれたものを聖化する役割をはたしている。

いくつかの祭具の宗教的意味やシンボリズムは、いまなお論議されている。両刃の斧は供犠において、たしかに使われていた。それはクレタ島を超えたかなり広い領域に見いだされる。小アジアでは、それは稲妻のシンボルとして、嵐神の持ち物である。しかし、それはすでに旧石器時代に、イラク〔北部〕のテル・アルパチアで裸身の女神の傍らに見いだされている。クレタ島でも、両刃の斧は巫女ないしは女神の手に握られている——か、あるいは頭上に置かれている。エヴァンズは、両刃であることを考えて、それが相補いあう男性原理と女性原理の統一を象徴する標識であると説明している。

円柱や柱は先史時代以来その存在が確認されている、世界軸《アクシス・ムンディ》の宇宙論的シンボリズムにあずかっているのだろう。鳥は女神の顕現も霊魂もあらわすことができるので、それが上にとまっている小円柱はさまざまな解釈を許すのである。いずれにしても、円柱や支柱は女神の代りをする。「というのは、しばしば見られるように、その小円柱は女神と同じく、紋章のようにつけられたライオンやグリフィンに守られているからである」[54]。

死者儀礼は重要な役割をはたしていた。死体は上から、納骨堂の深い墓室に入れられた。小アジアや地中海の他の地域におけるのと同じように、地下で酒が死者の上に注がれた。生者は儀礼のための長椅子を備えた、いくつかの部屋に降りてゆくことができた。たぶん、葬送の儀式は女神の庇護のもとに営まれたのであろう（35節参照）。事実、岩をくり抜いて造ったクノッソスの神官－王の墓では、柱のある地下礼拝堂があり、その天井は青く彩色され、蒼穹をあらわしている。上には、王宮の聖所と似た地母神の礼拝所が建てられていた。(55)

クレタ宗教にかかわるもっとも貴重だがもっとも謎の多い資料は、ハギア・トゥリアダ〔クレタ島南部メッサラ平原宮殿址〕で発掘された石棺の二枚の装飾パネルである。たしかに、この資料はそれが製作された時代（前十三―十二世紀）つまりミュケナイ人がすでにクレタに定着した時代の宗教思想をあらわしている。しかしながら、パネルに描かれた場景について一貫した解釈が可能である点では、それらは、ミノスやオリエントの信仰や慣習の痕跡をとどめている。パネルの一枚は雄牛の供犠を描いている。三人の巫女が並んで、それに向って進みつつある。喉を切って殺された生贄のもうひとつの側には、聖木の前でとり行なわれている血なまぐさい供犠が描かれている。もう一枚のパネルには葬儀の灌奠《かんてん》が終わった場面が描かれ、巫女は赤い液体を広口の器から大きな甕にあけている。最後の場面はもっとも神秘的で、長い衣を着た死者が葬儀の供物の前にすわり、三人の供犠官が死者に舟と二頭の子牛を運んでいる。(56)

多くの学者が、その姿から判断してその死者は（ピカールによれば、「ミイラだと言われていた」のであるが）、神格化されていると考える。この仮説はもっともらしい。その場合には、その死者はクノッソスの神官-王や、ギリシアのいく人かの英雄たち（ヘラクレス、アキレウス、メネラーオス）のような特権者なのであろう。しかしそれらの場面は、死者の神格化ではなく「密儀的」宗教の儀式であり、死後の幸福な生存を保証できる、死者のイニシエーションの成就だというのが真実に近いように思われる。事実、ディオドロス（前一世紀）は、すでにクレタ宗教と「密儀」宗教の類似に気づいていた。ところで、この類型に属す宗教は、のちに「ドーリス」（小アジア西南部州で古代ギリシア領）とよばれるギリシアで抑圧され、ティアソイ（おそらく、先ギリシア語）とよばれる閉鎖的結社のなかでしか生きのびなかった。[57] ディオドロスが伝える伝承は、オリエントと地中海沿岸地域の宗教思想が、インド・アーリア語族の侵略者に同化される過程の限界を示している点でますます興味深い。

42　先ギリシア宗教構造の連続性

線文字Bの解読によって、前一四〇〇年頃、ギリシア語がクノッソスで話され、書かれていたことが証明された。したがって、ミュケナイ人侵略者は、ミノス文明破壊ばかりではなくその文明末期にも、決定的役割をはたしたことになる。言いかえれば、クレタ文明はその最後の段階では、ギリシア本土にもひろがっていたのである。ミュケナイ人侵入前、エジプトや小アジアの影響が、[58] アジア・地中海文化の総合に結実していたという事実を考慮すれば、ギリシアの文化現象の古さと複雑さが測り知られる。しかし、ヘレニズムはその根をエジプトやアジアに下ろしているが、それは「ギリシアの奇跡」を生み出すことになった征服者の貢献によるものであった。

クノッソス、ピュロスならびにミュケナイで出土された書板《タブレット》は、ホメロスの神々をゼウス、ヘラ、アテナ、ポセイドン、ディオニュソスといった古典名でよんでいる。不幸なことに、神話と儀礼についてそれらがもたらす知識は乏しいが、ディクテー山のゼウス、ダイダロス、「神の奴隷」、「アテナの奴隷」、巫女の名前などがあげられている。古典時代ギリシアの神話と宗教におけるクレタの名声は、はるかに明白である。ゼウスが生まれ、死んだと伝えられる地はクレタである。ディオニュソス、アポロン、ヘラクレスが「幼時」を過ごしたのもクレタであった。デメテルがイアソンを愛したのも、ミノス王が法を与えられ、ラダマンテュスとともに冥界の審判者となったのもクレタである。古典時代全盛期でも、資格を有する浄め人はつねにクレタから迎えられた[59]。クレタ島は原初の時代の不思議な力で満ちていた。古典時代ギリシアにとって、ミノス文明のクレタ島は、「始源」と「土着」の不思議に満ちていたのである。

ギリシア人の宗教的伝統が、エーゲ海諸地域およびクレタ島で、土着民との共生によって変容させられたことは間違いない。ニルソンは、ギリシアの四宗教中心地――デルポイ、デロス、エレウシス、オリュンピア――のうちの、はじめの三か所はミュケナイ人から継承されたものだと指摘した。好都合なことに、ミノスの宗教構造のいくつかが存続していたことがあきらかにされた。ミノス‐ミュケナイ期の礼拝堂がギリシアの神殿に発展し、クレタのかまどの儀礼とミュケナイ王宮の儀礼がつながっていることが証明された。霊魂《プシュケー》‐蝶のイメージは、ミノス人に馴染みのものであった。デメテル信仰の起源はクレタにみられ、エレウシスの最古の聖所はミュケナイ時代に遡る。「古典時代の密儀の、神殿の建築やその他の設備は、多かれ少なかれ、先ギリシア時代のクレタで確認される構築物に由来すると思われる[60]」。

先アーリア時代インドでも同じであったが、いつまでも存続したのは、とりわけ女神崇拝および豊饒、死、死後の霊魂の存続に関する儀礼と信念である。連続性が先史時代から近代まで証明されることもある。ただひとつ例をあげるならば、スコティノ洞窟は、「クレタ島でもっとも壮大で、目を見はるもののひとつ」であり、深さ六十メートルで、四層より成っている。第二層のはずれに、「石壇の上部と前方に据えられた偶像」二体が発見された。ひとつは女性像、もうひとつは「皮肉な笑いを浮べた若者の胸像」である。これら二像の前に「壺の破片が何メートルも積もっており、第三層基底に散らばっている破片もある（中略）。年代的には、それらは前二千年紀始めからローマ時代末まで、間断なくつながっているのである[61]」。洞窟の神聖性は今日にいたるまで続いている。そのすぐ近くに、聖金曜日《パラスケーヴ》のための白い小礼拝堂がある。七月二十六日には、洞窟の入口に「アポセレミ川流域とケルソネソス地方の全住民」が集り、「戸外の二つの場所で踊り、痛飲し、隣りの礼拝堂でミサに参列したのと同様に、儀礼的に愛の歌を唱う[62]」。

クレタのアルカイックな宗教性に特有の諸表現のなかには、同様に連続性が認められる。アーサー・エヴァンズ卿は、樹木崇拝と聖石崇拝の関連性を強調した。アテネのアテナ・パルテノス〔処女神〕崇拝にもそれに類似した関連性が見いだされる。すなわち、柱が聖木〔オリーブ木〕、およびアテナ女神を象徴する鳥フクロウと結びつけられているのである。エヴァンズは、さらに、近代まで聖柱信仰が存続していることをあきらかにした。たとえば、スコピエ〔現在、マケドニアの首都〕近くのテケキオイの聖柱はミノス円柱の模造であるが、キリスト教徒もムスリムも崇拝している。聖泉が女神とかかわっているという信仰も古典時代ギリシアにみられ、泉はネーレイス〔海の老神ネーレウスの娘たち、美しい海の精〕として崇められていた。この信仰は今日にいたるまで存続し、妖精は今でもネレイドとよばれている。

これ以上、実例を列挙する必要はないだろう。アルカイックな宗教構造の連続性に類似した過程が、西ヨーロッパ、地中海地域からガンジス川平原、中国にいたる、あらゆる「民衆」文化の特徴となっていることに注意を促しておくことにしよう（14節参照）。この宗教複合群――豊饒と死の女神、イニシエーションと霊魂の死後存続に関する儀礼と信仰――は、ホメロスの宗教のなかにとり込まれなかったという事実を強調することがわれわれにとっては大切である。無数の先ギリシア的伝統との共生的関係にもかかわらず、アーリア人侵略者は彼らのパンテオンを押しつけ、彼ら独自の「宗教様式」を維持するのに成功したのである（本書2巻十―十一章参照）。

第六章　ヒッタイト人とカナン人の宗教

43　アナトリアの文化共存とヒッタイト人のシンクレティズム

前七千年紀以降、キリスト教伝来にいたるまで、アナトリアには驚くべき宗教的連続性が保持されていたと、ある研究者は指摘している。「実際、チャタル・ヒュユック〔アナトリア高原南部のコニア南東約四十キロメートルにあるチュムラの近くのテル〕の第四層（前六〇〇〇年頃）で発見されたような、雄牛の上に立つ不恰好な男神小像と、ヒッタイト期の嵐神の図とローマ軍団《レギオン》の兵士が崇めたドリッヒェのユピテル像の三者、あるいは、チャタル・ヒュユック出土のヒョウを従えた女神とヒッタイト女神ヘパトと古典期のキュベレ女神の三者のあいだには、決定的な断絶がみられない[1]」。

この連続性は、すくなくともいくぶんかは、この地の人々の資質が重層信仰《シンクレティズム》に驚くほど向いていたことの結果である。近代の歴史家がヒッタイト人と名づけた民族（言語はインド・ヨーロッパ系）は、前二千年紀のあいだ（古王国期・前一七四〇—一四六〇年頃、帝国期・前一四六〇—一二六〇年頃）アナトリアを支配した。ハッティ人——言語が知られているアナトリアの最古の住民——を征服した際に、アーリア人侵略者は文化的共存の営みを開始し、この営みは彼らが築いた政治体制が崩壊したあとにも長く続いた。ヒッタイト人はアナトリア侵入後まもなく、バビロニア文化の影響を受けた。その後、とりわけ帝国期に、ヒッタイト人はメソポタミア北部とシリア北部に居住していた、インド・ヨーロッパ系言語を話さないフリ人の文化の本質部分を同化した。したがって、ヒッタイト人のパンテオンには、シュメール・アッカド系の神々が、アナトリアやフリ系の神々と共存している。現在までに知られているヒッタイト神話と儀礼の大半は、ハッティ人あるいはフリ人の伝承に相似し、さらには、それらをモデルとしている。インド・ヨーロッパ的遺産が占めている割合がもっとも小さいことがわかったのである。とはいえ、その源泉がどんなに多様であっても、ヒッタイト人がその才能によって生み出したもの——とりわけ宗教芸術——は、独創性に欠けるものではない。

ヒッタイトの神々は、みずからが発する恐ろしい力、光の力を特徴とする（E・カッサン『神の光輝』20節参照）。パンテオンに神々は無数にいるが、名前しかわからない神々もいる。主要都市のそれぞれはある神の主要な住居であって、その神は、また他の神々にとり巻かれていた。古代近東のいたるところでそうであるように、神々は神殿に「住んでいた」。そして神官とその侍者は、神々を沐浴させ、服を着せ、食事を供し、踊りと音楽で楽しませるのを務めとした。時折、神々は神殿を出て旅をしたが、神の不在は、ときには、ある祈願がかなえられなかった場合の言いわけに用いられることもできた。

パンテオンはひとつの大家族とみなされた。その頂点にヒッタイト国土の守護神で、最初の対偶神である嵐神と大女神がいる。嵐神はテシュプ〔テシュプ〕というフリ語でおもに知られていたので、本書でもとくにそう呼ぶことにしよう。テシュプの対偶神は、フリ語でヘパト〔ヘバト〕とよばれた。彼らの聖獣——テシュプは雄牛、ヘパトはライオン（またはヒョウ）——は、先史時代からのつながりを示す（13節参照）。もっとも名高い大女神は、アリンナ（ハッティ語ではウルセマ）の「太陽」神という名で知られていた。事実、この女神は、「国の女王、天地の女王、ハッティ国の王と王妃の守護神」などと讃えられているので、同じ地母神の顕われであった。(2) おそらく、「太陽神化」は、アリンナの女神がヒッタイト王国の守護神になったときに捧げられた、崇拝行為をあらわしているのであろう。

バビロニアの「イシュタル」という表意文字は、アナトリア名のわからない無数の地域的女神を指すために用いられた。フリ語名はシャウシュカであった。しかし、バビロニアの、愛と戦いの女神イシュタルがアナトリアで知られていたという事実は、考慮にいれなければならない。したがって、場合によっては、アナトリア・バビロニア重層信仰が問題になることもある。テシュプの息子である太陽神は、シャマシュ〔古代アッシリア、バビロニアの太陽神で、正義と豊饒の神〕と同様に、正義と公正の擁護者と考えられていた。同じくテシュプの息子であるテリピヌも有名であるが、その神話は次節で考察しよう。

宗教生活については、資料は公式祭祀について伝えるのみである。現存テクストに記された祈りは、王族に関係するものである。言いかえれば、庶民の信仰や儀礼については何もわからない。しかし、豊饒の女神と嵐の男神の担った役割について疑うことはできない。季節祭、とりわけ新年祭（プルリ〔ヤシユ〕）は、アーリア人征服者を代表する王がとり行なったが、これに似た儀式は、新石器時代以来その国で行なわれていたのである。「黒魔術」は法典によって禁じられ、それを犯す者は処刑された。これは、庶民のあいだでアルカイックな慣習が異常なほどの信望を集めていたことを、間接的に裏づけている。これに対し、現在までに発見された相当数のテクストは、「白魔術」が公然と、しばしば行なわれていたことを示しているが、それは、おもに浄めと「魔除け」の儀礼を含んでいた。

国王の権威と宗教的役割は重要である。王権は神々の贈物である。「嵐神と太陽神は、王たる私に、国と宮殿を委ねた……神々は王たる私に多くの年を与えた。その年は限りを知らない」(3)。王は大神に「愛される」(しかし、メソポタミア型の「神の降臨」の擬構は認められない)。王の繁栄は、とりもなおさず全臣民の繁栄である。君主は地上で神の代理を務め、パンテオンの前では臣民を代表して立つのである。

王の聖別式を叙述するテクストは発見されていないが、君主は聖油を塗られ、特別な衣をまとい、戴冠され、最後に王にふさわしい称号を与えられたことが知られている。君主はまた、大神官を兼ね、単独で、ないしは王妃とともに、もっとも重要な年中行事の祝祭を主宰した。王は死後、神格化された。王の死が語られるときは、「王は神となった」といわれた。王の像は神殿に置かれ、在位中の王が供物を捧げた。あるテクストによれば、王は在世中、神格化された王室の先祖の化身と考えられていた(4)。

44 「姿を隠す神」

「ヒッタイト」(5)宗教思想の独創性は、いくつかの重要な神話の再解釈に、とりわけ認められる。そのもっとも注目すべきテーマのひとつは、「姿を隠す神」である。もっともよく知られた版では、主役はテリピヌである。他のテクストはその役をテリピヌの父の嵐神か太陽神、またはある女神に与えている。テリピヌという名が示すように、その素性はハッティ系である。このテーマのヒッタイト版は、多様な儀礼との関係で編集されている。言いかえれば、その神話の朗誦が儀式において根本的役割を演じるのである。

物語の冒頭が欠損しているので(6)、テリピヌがなぜ「姿を隠す」決心をするのかわからない。たぶん、人間が彼を怒らせたからであろう。だが、彼が姿を消したことの影響は直ちに現われる。かまどの火は消え、神々も人間も「打ちひしがれた」と感じる。雌羊は子羊を、雌牛は子牛の世話を怠る、「大麦も小麦も実らず」、動物も人間も愛の営みをやめ、牧場は乾き、泉も涸れる(これは、おそらく、聖杯伝説によって有名になった「荒地」という、よく知られた神話モチーフの最古の文献資料であろう)。そこで、太陽神はテリピヌを捜すために急ぎの使者――まずワシ、それからほかならぬ嵐神――を送るが、失敗に終わる。ついに、母神は蜜蜂を遣わす。蜜蜂は茂みで眠っているテリピヌを見つけ、ちくりと刺してめざめさせる。怒り狂ったテリピヌは国土にひどい災害をもたらしたので、神々は恐れをなし、その怒りを鎮めるために呪術を使う。呪術の儀礼と呪文とによって、テリピヌは、その怒りと「悪」から浄められる(7)。平静になったテリピヌはやがて神々のもとに帰り、そして、生命はそのリズムをとりもどした。

テリピヌは「怒って」「隠れる」、すなわち、周囲の世界から姿を隠す神である。彼は、周期的に死と復活を繰り返す植物神のカテゴリーには属さない。しかし、彼の「失踪」は宇宙の生のあらゆるレベルに、同様の破壊的影響をもたらすのである。さらに、「失踪」と「出現」は冥界への下降と地上への帰還を意味する（本書2巻122節ディオニュソス参照）。しかし、テリピヌと植物神の相異点は、蜂が神を「発見」し、「蘇生」させたことが状況を悪化させるということである。彼を鎮めることができたのは、浄めの儀礼であった。

テリピヌの特性は、危うく全国土を破滅に追いこむところであった、その悪魔的「怒り」である。それは、豊饒神がみずからの創造物、すなわちあらゆる形態の生命に向ける気まぐれで無分別な激怒である。これとよく似た神の両価性の概念は、ほかのところにも見いだされるが、とりわけヒンドゥー教において発展させられることになる（シヴァ神、カーリー神参照）。テリピヌの役割が嵐神、太陽神、女神――したがって、概して宇宙の生命の諸領域を司る神々――にも同様に与えられたという事実は、この神話が植物神話より複雑なドラマであることを示している。というのも、それは創造物を創造者自身が全滅させるという、理解不可能な神秘を例示しているからである。

45　竜退治

新年祭に際し、嵐神と竜（イルルヤンカシュ[8]）の戦いの神話が儀礼的に語られた。最初の手あわせでは嵐神が敗れ、他の神々に助けを乞う。女神イナラシュ〔古代小アジアの女神、ハッティの嵐神テルの娘〕は祝宴の準備を整え、竜を招いた。これに先立ち、女神は人間のフパシヤシュに援助を頼んだ。彼は、女神が自分と寝るならばという条件で引き受け、女神は同意した。竜はあまりにがつがつと飲食したので、巣穴にもどれなくなった。そしてフパシヤシュは竜を縄で縛った。そこに嵐神が現われ、戦うまでもなく竜を殺した。この神話のテクストは、お伽話によくあるようなできごとで終わっている。フパシヤシュはイナラシュ女神の家に住むことになったが、女神の不在中に窓の外を見てはならないという警告を守らなかった。彼は妻子を見て、イナラシュに帰らせてほしいと懇願する。テクストの続きが欠損しているが、フパシヤシュは殺されたと思われる。

別のテクストは、次のように詳述する。竜は嵐神を打ち負かし、その心臓と眼を奪う。のちに、嵐神は貧乏な人間の娘と結婚し、息子を得る。息子は成人すると、竜の娘と結婚しようと決心する。父神に教えられ、この若者は妻の家に入るやいなや嵐神の心臓と眼を所望し、手に入れる。嵐神は「力」をとりもどし、「海辺で」竜と再会し、首尾よく打ち負かした。しかし、竜の娘と結婚した嵐神の息子は竜に忠誠を誓っていたので、自分の父に自分を容赦しないでほしいと言った。「そこで、嵐神は竜とわが息子を殺した」(9)。

神と竜の戦いはよく知られた神話・儀礼的テーマである。神がはじめて負け、体の一部を切り取られるところは、ゼウスと巨人テュポンの戦いとよく似ている。テュポンはゼウスの手足からまんまと腱を切り取り、ゼウスを背負ってキリキアの洞窟に運ぶ。テュポンは腱を熊皮の中に隠すが、ヘルメスとアイギパンがついにそれらを盗み出した。ゼウスは力を回復し、巨人を打ちのめした(10)。大切な器官を盗むというモチーフはよく見られる。しかし、ヒッタイト伝承では、竜は多くの宇宙創造神話や、世界の覇権争いをテーマとする神話に登場する恐ろしい怪物（ティアマト、レヴィヤタン、テュポンなど参照）ではない。イルルヤンカシュはすでに民話中の竜の特徴である属性を具えていて、知恵が足りず、大食漢である(11)。最初は負ける嵐神（ほかでも認められるテーマ）も、最後には、彼自身の英雄的行為によってではなく、人間（フパシヤシュまたは嵐神が人間の女とのあいだにもうけた息子）の助力のおかげで勝利を得る。この同じ伝承の二つの異本において、助力する人間が神に由来する力をすでに具えていたことは真実である。というのも、彼はイナラシュ女神の愛人、あるいは嵐神の息子だからである。理由は異なるが、どちらの場合も助力者が、彼に擬似神性を与えた者の手で殺される。イナラシュ女神と寝たフパシヤシュは、彼の家族、すなわち人間社会にもどる権利を失った。というのも、神の身分にわけあずかった彼は、それを他の人間たちに与えかねなかったからである。

イルルヤンカシュ神話は部分的に民話化されたにもかかわらず、中心的役割をはたしている。それは新年祭の枠組みのなかで、儀礼的に再演されたのである。あるテクストは、バビロニアの新年祭に比較される、二つの対立する集団の儀礼的戦闘を援用している(12)。マルドゥクとティアマトの戦いにあきらかな神話の「宇宙創造」的意味は、世界の覇権争いにおきかえられた（ゼウス－テュポン参照）。神の勝利は国の安定と繁栄を保証する。「民話化」以前に、その神話は「竜の治世」を、生命の源泉そのものを危うくする「混沌」の時期として、表現していたと推定することができる（竜は「潜在性」と暗黒だけでなく、旱魃、規範の停止、死をも象徴する）。

46　クマルビと主権

フリ・ヒッタイト「神統記」[13]とよばれる、「神々の父」クマルビを主人公とする、一連の神話はとりわけ興味深い。第一エピソード——「天上の王位」——は太初の神々の系譜を説明する。原初、アラルが王であって、もっとも重要な神であるアヌはアラルを拝礼し、奉仕していた。しかし、九年後、アヌはアラルを攻撃し、打倒した。そこで、アラルは地下の国へ逃れ、クマルビが新王の従者となった。九年が過ぎると、今度はクマルビがアヌを襲撃した。アヌは空に舞いあがって逃走したが、クマルビはアヌを追いかけ、「腰部」[14]に嚙みついたあと足をつかみ、地上に投げ落した。クマルビが自分の快挙に大笑し、喜んでいたので、アヌは彼に子種が宿っていることを告げる。クマルビは口中に残っているものを吐き出したが、アヌの精力の一部が彼の体内に入り、クマルビは三神をはらんだ。テクストの後続部がひどく欠損しているが、アヌの「子供たち」は嵐神テシュブを先頭に、クマルビに戦いを挑み、王位を奪ったと推測される。

第二話、「ウルリクムミの歌」は、テシュプが奪った王位をクマルビがとりもどそうと努力する話である。テシュプを打倒できる好敵手を創るために、クマルビは岩に精液を注いではらませた。この結合の産物が、石の擬人化であるウルリクムミであった。ウルリクムミは、半身を海上に現わして天地を支えている巨人ウペルリ（ギリシア神話アトラスのヒッタイト版）の肩に乗せられて、たちまち成長し、天に達した。テシュプは海辺に赴き、閃緑《せんりょく》岩の巨人に挑んだが、惨敗した。このテクストはかなり欠損しているが、できごとの展開は再構成することができる。ウルリクムミが全人類を今にも滅すと脅かしたので、おびえた神々は集まって相談の末、エアに嘆願することに決めた。エアはまずエンリル〔エルリル〕のもとへ、それからウペルリのもとへ行き、石の巨人がテシュプ打倒を決心したのを知っているか、と彼らにたずねた。エンリルの返事は欠けていてわからないが、ウペルリの方は、非常に重要な意味をもつことを詳しく話した。「私の上に天地が築かれたとき、私は何も知らなかった。刀で天地が切り離されたときも、私は何も知らなかった。今、私の右肩が痛むが、その神がだれか私は知らない」。エアは、そこで、「年老いた神々」に「父祖の、古き蔵を開き」、天地を切り離した刀を持ってきてほしいと頼んだ。彼らはウルリクムミの両足をその刀で切り、不具にした。石の巨人は、天の王位は父クマルビから自分に譲られたと相変わらず高言している。ついに、彼はテシュプに打ち負かされる。

　この神話にはいくつかの目立つ点がある。第一に、それは次のようなアルカイックな要素を含んでいる。すなわち、クマルビが王位を奪った神の生殖器官を呑みこんで自家受精すること、鉱物を擬人化した怪物を誕生させた神と岩の性的結合、この閃緑岩の巨人と、フリ人のアトラスにあたるウペルリとの関係がそれである。第一話は、クマルビの両性性を示唆していると解釈できるだろう。両性具有は原初神の特徴である（たとえば、ティアマト、ズルワーン参照）。この場合、最終的に主権を得たテシュプは、天神アヌと両性具有神の息子である。[15] 超人的人物が石をはらませるということに関しては、これによく似た神話がフリギア〔小アジアの北西部〕に見いだされる――パパス（ゼウス）はアグドスという名の石をはらませ、両性具有の怪物アグディスティスが生まれたが、神々はこの怪物を去勢し、女神キュベレに変容させる（パウサニアス、七・一七・一〇―一二）。

石から人間が生まれることを物語る神話は、これよりはるかにひろく分布し、小アジアから東アジア、ポリネシアにまで見られる。おそらく、そこで重要なのは、最初の人間の「大地からの誕生」という神話的主題であろう。彼らは地母神から生まれるのである。一部の神々（たとえばミトラ）は同様に、毎朝、山上に輝き現われる太陽そのもののように、岩から生まれると考えられている。しかし、この神話のテーマを太陽神の顕われに還元することはできない。[16] 生殖石《ペトラ・ゲニトリウス》は、母なる大地の聖性を、石に浸みこんでいると考えられている不思議な力で強めているということができるだろう。すでに述べたように（34節参照）、「巨石」宗教におけるほど、石の聖性が崇められたことはない。ウルリクムミが天を支えている巨人の肩に置かれたのは偶然ではない。閃緑岩は宇宙柱《コルムナ・ウニウェルサリス》になる準備をしているのである。しかしながら、巨石宗教に特有なこのモチーフは、神の主権の継承争いという、いっそう大きな文脈にとり込まれている。

47 神々の世代間の争い

フリ・ヒッタイト語テクストがはじめて翻訳されて以来、一方では、ビュブロスのフィロンが伝えたフェニキア神統記との、他方ではヘシオドスが伝えた伝承との類似が注目された。フィロンによれば[17]、最初に主権を握った神は、フリ・ヒッタイト神話中のアラル神にあたるエリウン（ギリシア語ではヒュプシストス「至高のもの」）であった。彼がブルトと交わり、ウラノス（〔天〕アヌにあたる）とゲー（〔地〕ガイア）が生まれる。今度は、これらの二神が息子の四神を生むが、その長子エル（またはクロノス）はクマルビにあたる。ウラノスは妻ゲーと争ったあと、自分の子を絶滅しようとするが、エルは鋸（または槍？）を作り、父神を追放して主権者となる。[18]最後にバアル（第四世代の代表、テシュプとゼウスにあたる）が主権を獲得する。バアルが争わずに王座についたのは例外的である。

ウガリット語文献の発見以前には、フィロンの伝えるこの伝承の信憑性が疑われていた。しかし、神々の世代交代はカナン神話にもみられる（49節参照）。ヘシオドス（本書2巻83節参照）が三世代——ウラノス、クロノス、ゼウスによって代表される——のみを挙げている事実は、フィロンもしくは〔彼が引用した〕「サンコニアトン」の伝承の信憑性を再確認する。というのは、フィロンはウラノス（＝アヌ）に先立つエリウン（＝アラル）の治世に言及しているからである。おそらく、フェニキアの王権神話はフリ神話から派生したか、あるいはそれに強く影響されたのであろう。ヘシオドスは、ヒッタイト人から直接かフェニキア人経由かで、ギリシアに伝えられた同一伝承を用いたと推測される。

　この神話の「専門分化」されていると同時に、重層信仰的《シンクレティスト》でもある性格を強調することが肝要であるが、この性格は、フリ・ヒッタイト版（そこにはシュメール・アッカド要素が多数含まれている[19]）にかぎられるわけではない。これと同様に、『エヌマ・エリシュ』も、(1)神々の諸世代、(2)若い神の老いた神々に対する戦い、(3)戦いをとおして主権者となったマルドゥクの勝利、を描いている。しかし、メソポタミア神話においては、勝利の戦いは宇宙創造、より厳密には、人間が知っているような現今の宇宙の創造によって完結するのである。この神話は神と竜の戦いと、それに続く敗者の解体を語る一連の宇宙創造神話のなかに組みこまれている。ヘシオドスの『神統記』では、宇宙創造の行為——すなわち、ウラノスの去勢による天（ウラノス）地（ガイア）の分離——は、ドラマの冒頭で起こり、そして、事実、主権争いを開始させる。同様の状況がフリ・ヒッタイト神話にもみられる。宇宙創造、すなわち天地分離は、はるか昔の「年老いた神々」の時代に起こったのであった。

　要約すれば、宇宙の主権獲得をめぐる神々の世代間の争いを物語る神話はどれも、一方では最後に主権を握った神の君臨を正当化し、もう一方では、世界の現存構造と人間の現在の状況を説明している。

48　カナン人の神々——ウガリット

紀元前三〇〇〇年を少し遡る頃、パレスティナに初期青銅器文化に属する新しい文明が出現する。それはセム族の最初の居留を示すものである。聖書の用法に従い、彼らを「カナン人」とよぶことにするが、この名称は慣習的なものである。[20]侵入者は定住し、農耕を業とし、都市文明を発達させる。その後の数世紀間に、他の移住者がその地域にすこしずつ入りこみ、隣接諸国、とくにエジプトとの交流が増大する。前二二〇〇年頃、初期青銅器文明は新しいセム族であるアモリ人、ときに農耕にも従事するが、主として牧畜を業とする好戦的な半遊牧民の侵入によって滅びる。しかしながら、この文明の終わりは新時代の始まりでもあった。アモリ人（シュメール語ではマルトゥ人、アッカド語ではアムル人）のシリア、パレスティナ侵入は、ほぼ同時期のメソポタミアやエジプトに跡をとどめる、いっそう大規模な民族移動の一環にすぎない。都市や耕作地の豊かさに魅惑されつつ反発しつつ、シリア砂漠から寄せくる波のように、血気盛んで「野蛮な」[21]遊牧民が次から次へと波状攻撃をかけてきた。しかし、彼らは先住民族を征服するあいだにその生活様式をとり込み、文明化されてゆく。やがて、彼らの子孫は、農地の周辺で遊牧生活を営む、別の「蛮人」の武力侵攻からみずからを守らなければならないはめになるのである。この過程は前二千年紀末に数百年にわたって繰り返されるが、イスラエル人がカナンに侵入しはじめるのはその頃である。シリア‐パレスティナ地帯に栄えた農耕的豊饒儀礼と、遊牧民の天空神中心の宗教的イデオロギーのあいだの緊張と共存は、ヘブライ人がカナンの地に定着すると、これまでになく強いものとなった。しばしば共存を達成したこの緊張は、範型にまで高められたと言える。というのは、新しい型の宗教体験が、古来崇められてきた宇宙的宗教性の伝統と衝突したのは、ここパレスティナの地においてであったからである。

一九二九年まで、シリア‐カナンの宗教に関する文献資料は、『旧約聖書』、フェニキア語碑文、ギリシアの文人（とくに西暦一、二世紀のビュブロスのフィロン、二世紀のサモサタのルキアノス、五世紀のパノポリスのノンノス）によって提供された。しかし、『旧約聖書』は異教徒に対する当時の論争を反映し、他の資料は時代がくだるか断片的にすぎる嫌いがある。一九二九年以来、多くの神話テクストがシリア北部地中海沿岸の港町、古代のウガリットであったラス・シャムラでの発掘で、陽の目をみた。それらは前十四―十二世紀に書かれたが、それ以前の神話‐宗教思想を含んでいる。現在までに解読、翻訳された文書は、ウガリットの宗教と神話の総合的展望を与えるにはまだ不充分である。不幸なことに、物語は欠落で分断されている。段落の始めや終わりが破損しているので、神話のエピソードの順序についてさえも一致がみられない。この断片的状態にもかかわらず、ウガリット文書は量り知れない価値をもっている。しかし、ウガリットの宗教は、けっしてカナン全体の宗教ではなかったという事実を記憶しておく必要がある。

ウガリットの文献がとりわけ興味深いのは、それらがある宗教的イデオロギーから、別のイデオロギーへの移行の諸段階を描いているという事実のためである。エル〔エール、イルウ〕はパンテオンの主神である。その名はセム語で「神」を意味するが、[22]西セム人のあいだでは、エルは人格神である。エルは「力ある者」、「雄牛」、「神々と人間の祖」、「王」、「年月の父」とよばれる。エルは「神聖で」、「慈悲深く」、「きわめて賢い」。十四世紀の石碑には、エルは王座に坐し、威厳に満ちて、ひげを生やし、長衣をまとい、角つき冠をいただいた姿であらわされている。[23]今日にいたるまで、宇宙創造神話のテクストは発見されていない。[24]しかし、聖婚による星の創造は、宇宙の創造に関するカナン人の観念を反映していると解釈できる。実際、テクスト五二（「優雅な美しい神々の誕生」）は、エルが二人の妻アシェラト〔アシエラ〕とアナトと交わり、明けの明星と宵の明星をはらませる場面を描いている。[25]アシェラト自身は「エルから生まれ」、「神々の母」（テクスト五一）とよばれ、七十人の若神を生んだ。バアル以外の神々は、最初の対偶神エル‐アシェラトの子孫である。

エルはその形容辞によって力ある神、真の「地上の主」と称えられ、供犠を捧げるべき神として真っ先にあげられているにもかかわらず、神話のなかでは肉体的に弱く、決断力に欠け、老化し、引退している神として現われる。エルを軽蔑する神もいる。ついには、彼の妻であるアシェラトとアナトは、バアルに奪われてしまう。したがって、エルへの賛辞は、エルが事実の上でもパンテオンの主であった昔の状況を反映している、と結論しなければならない。宇宙を創造し、主宰する年老いた神が、より活動的で宇宙の豊饒を「専門的に」司る若い神にとって代わられることは、よくみられる現象である。創造神がひまな神（デウス・オティオースス）になり、自己の創造物からしだいに遠ざかってゆくことがしばしば起こる。ときに、この交代が神々の世代間、ないしはその代表者のあいだの闘いの結果である。ウガリット神話の本質的テーマを再構成できる範囲内では、テクストはバアルが至高神に昇格する様を示していると言うことは可能である。それは力と知恵によって克ちえた昇格ではあるが、しかし、曖昧な点を残さないわけではない。

バアルはエルの息子（エルは諸神の父であったので）とされながら、「ダガーンの息子」とよばれる唯一の神である。ダガーンという名は「穀物」を意味するが、前三千年紀にユーフラテス川上・中流地域で崇拝されていた。[26] しかし、バアルが主役を演じるウガリット神話のテクストのなかでは、ダガーンはなんの役割も演じていない。普通名詞「バアル」（「主人」）は彼の個人名となった。バアルにはまた、ハッドゥ、すなわちハダドという固有名もある。彼は「雲に乗る者」、「大地の主、王子」とよばれる。彼の形容辞のひとつは「有力者」、「主君」を意味するアリャーンである。彼は豊饒の源泉にして原理であるが、戦士でもある。これは彼の妹で妻でもあるアナトが、愛の女神であると同時に戦いの女神でもあるのと同じである。その他の最も重要な神話の主役は、「海の王子、川の摂政」ヤムと、至高権力を若い神と争う「死神」モートである。実際、ウガリット神話の大部分はエルとバアルの争い、およびバアルが主権を主張、保持するための、ヤムやモートとの戦いにあてられている。

49 バアルの主権掌握と竜征伐

おびただしく欠損したテクスト[27]によれば、バアルとその仲間はサパン山上の宮殿を奇襲し、エルを縛り、傷つけることに成功する。このとき「あるもの」が地上に落ちたらしいのだが、それは「諸神の父」が去勢されたと解釈できる。この仮説が妥当性をもつのは、同様の覇権争いで、ウラノスやフリ・ヒッタイト神アヌが去勢されるから、というだけではない。エルはバアルに敵意を抱きながら、バアルがモートに殺されたと知ったときでさえ、至高位奪回を企てるそぶりも示さないからである[28]。というのは、古代オリエントでは、去勢された者は主権者になれないからである。さらに、「テクスト五六」ではエルは天体神を生んで生殖能力を立証しているが、こうした例外を除くと、ウガリット文献ではエルは不能者として描かれている。エルの従順で控え目な態度と、バアルがエルの妻を奪いさるという事実はここに由来する。

サパン山上のエルの王座を奪ったバアルは、エルを世界の果て、「河川の源、冥界の穴」に亡命を余儀なくさせ、以後、エルはそこを住居とすることになる[29]。エルは嘆き悲しみ、仲間に助力を請う。ヤムは真っ先にエルの声を聴きつけ、エルに強い酒を勧める。エルはヤムを祝福し、新しい名前を与え、おまえは自分の後継者だと宣言する。エルは、さらに、ヤムに宮殿の建造を約束するが、また、バアルを王座から追い出すようにとヤムを唆かした。ヤムとバアルの戦いを描くテクストは、欠落のためとぎれている。ヤムが今度は主神だと思われるのだが、エルはサパン山とはあきらかに異なる山の上に、大多数の神々とともにいる。バアルは、ヤムはずうずうしく王に成りあがった、だから殺されると公言し、ヤムを侮辱したので、ヤムは使者を遣わし、バアルに降伏を要求する。神々が怖気づくと、バアルは叱責する。「神々よ、顔を膝から上げなさい、私自身がヤムの使者をおどしてやろう」[30]。だが、エルは使者を迎えいれ、バアルはあなたがたの僕《しもべ》であり、ヤムに貢物を捧げるだろうと断言する。そして、バアルが使者たちを脅やかしそうになると、エルは彼らに、バアルはたやすく征伐できるとつけ加える。しかし、アナトに助けられて、バアルはヤムと対決する準備を整える（他の粘土板によれば、ヤムはバアルを王座から追放したが、ヤムを打ち負かしたのはアナトであった）[31]。鍛冶神コシァル・ワ・ハシス（「巧で匠」）は、バアルに二本の魔法の棍棒を渡す。それらは棒使いの手から、矢のように飛んでゆく力をもっている。最初に投げた棍棒はヤムの肩に当たったが、彼は倒されなかった。二番目の棍棒は彼の額に命中し、「海の王子」は地面にうずくまった。バアルは彼にとどめを刺し、女神アシュタルトはその屍体を切り刻んで、散らすようにとバアルに頼む[32]。

ヤムは、「神」であるとともに「悪魔」でもある者として描かれている。彼は「エルに愛された」息子で、パンテオンの他の神々と同様に、神として供犠を受ける。他方、彼は水生の怪物、七つの頭をもつ竜、「海の王子」、地下水の原理と顕われ《エピファニー》でもある。戦いの神話的意味は幾重にも重なっている。第一に、農耕的季節的比喩のレベルにおいては、バアルの勝利は、「海」や地下水に対する「雨」の勝利を意味する――宇宙の秩序をあらわす雨のリズムは、「海」の混沌として不毛な広大さと、破局的洪水にとって代わる。バアルの勝利によって、四季の秩序と安定への信頼が獲得されたのである。第二に、海竜との戦いは、若い神が諸神のチャンピオンとして、パンテオンの新王として台頭するさまを描く。最後に、このエピソードには、父神（エル）を去勢して王位から追い出した簒奪者に対する、長子（ヤム）の復讐が読みとれる。(33)

このような争いは範例的である。すなわち、何回でも反復されるものである。まさにそれゆえに、ヤムはバアルに「殺される」にもかかわらず、テクストにまた現われるのである。「生の循環」を享受するのはヤムばかりではない。後に見るように、バアルやモートも同じ存在様式をもっているのである。

50　バアルの宮殿

竜退治を祝うために、アナトはバアルを讃える晩餐会を催す。このあと女神は王宮の戸を閉め、殺したいという発作に襲われて、守衛、兵士、老人を殺害しはじめる。腰にも届く血の海の中で、被害者の頭や手を自分の腰のまわりに着ける。このエピソードは意味深長である。[34] 似たものは、エジプトやインドの女神ドゥルガーの神話や図像に見いだされる。[35] 殺戮と食肉はアルカイックな豊饒の女神の特性である。この視点よりすれば、アナト神話は地中海東部からガンジス川流域にひろがる、古代農耕文明に共通した要素に分類される。他のエピソードでは、アナトは自分の父エルに、彼の髪やひげを血で塗りたくるとおどす（オルデンブルク『アナト・テクストV』二六頁）。アナトがバアルの屍体を見つけると、彼女は彼の死を嘆きはじめたが、そのとき「ナイフを用いずに彼の肉を食べ、杯なしに彼の血を飲んだ[36]」。アナトが――ほかの愛と戦いの女神と同様に――男性的属性を具え、したがって両性具有だと考えられたのは、この野蛮で血なまぐさい行為のためである。

テクストはまた欠落し、その後バアルが使者を遣わし、アナトに贈物をする、と述べている。彼はアナトに、戦争は忌まわしいものだ、アナトは武器を捨て、平和と豊作のために供物を捧げるようにと告げる。バアルはまた、神や人に降雨が間近いことを知らせるために、雷と雷鳴を創るところだと告げる。アナトは彼の忠告に従うと確約する。

しかしながら、バアルは主神となったにもかかわらず、他の神々が所有するような宮殿も礼拝堂も持っていなかった。言いかえれば、バアルはみずからの主権を宣言するにふさわしい、壮大な神殿をもっていなかったのである。一連のエピソードは、王宮の建造を詳しく物語る。矛盾がないわけではない。というのも、バアルはエルを退位させたとはいえ、王宮の建造には彼の許可を必要とするからである。そこで彼はアシェラトをエルのもとに遣わし、自分を弁護させた。「神々の母」は、バアルが今後「豊かな雨を降らせ」、「その声を雲の内に轟かせようとしている」ということを賛美した。エルは同意し、バアルはコシァル・ワ・ハシスに王宮建造を任せた。[37]最初、バアルはヤムの侵入を恐れて、住居に窓をつけるのを拒む。しかし、最後には同意する。

神が竜退治後に神殿‐宮殿を建てることは、その神の至高神への昇格を宣言することである。マルドゥクがティアマトを打倒し、世界を創造したあと、神々はマルドゥクを称えて神殿‐宮殿を建てる（21節参照）。しかし、宇宙創造のシンボリズムはバアル神話にもみられる。神殿‐王宮は世界像《イマゴ・ムンディ》であるので、その建造は、ある意味で宇宙創造にあたる。実際、バアルは水の「混沌」にうち克った[38]あと、雨のリズムを規制することによって、今日あるような世界を「形成する」のである。

51　バアルとモートの対決——死と再生

宮殿が完成すると、バアルは「死神」モートとの対決を準備する。モートはたいへん興味深い神である。いうまでもなく彼はエルの息子で、地下世界に君臨するが、近東では唯一の、死の人格化（同時に神格化）の例である。バアルはモートに使者を遣わし、以後、自分のみが神と人間の王であり、「これによって神々は肥え、地上にあふれかえる人間たちは満腹できるようになる」（ゴードン『ウガリット語手引』七・五〇・二、ドゥライヴァー『カナンの神話と伝説』一〇一頁）という伝言を託して、使者たちをモートのもとに送る。バアルは世界の端を示す二つの山に赴き、山を持ち上げて地下に降りるようにと使者に命じる。バアルによると、そこで彼らは、モートが汚物に蔽われた地帯で、泥の中の王座に坐っているのを見るはずである。しかし、彼らはモートに近づきすぎてはならない、さもなければ、モートの巨大な口に呑みこまれてしまうだろう。モートが高熱による死の原因であることをも忘れてはならない、とバアルはつけ加える。

モートは、バアル自身が会いに来るようにと告げて使者を返す。モートの説明では、バアルはヤムを殺したのだから、今度は彼自身が冥界に降下する番だというのである[39]。これはバアルを慌てさせるのに充分であった。「幸いあれ、モート、エルの息子よ、私はあなたの僕《しもべ》、永遠にあなたの僕である」とバアルは使者に言わせる。これを聞いて大喜びしたモートは、いったん冥界に入ったならバアルはその力を失い、亡ぼされるであろうと断言する。モートはバアルに、息子と風と雲と、雨のお供を一緒に連れてくるようにと命じ、バアルはそれに同意する。しかし、冥界下降に先立ち、バアルは若い雌牛と交わって息子を生ませる。バアルはその子を自分の衣服に包み、エルにゆだねる。危急の際、バアルは宇宙雄牛という本来の姿にもどるのだと言えよう。彼は同時に、冥界から帰らない場合に備えて後継者を確保したのである。

バアルがモートと戦って滅ぼされたのか、単に死神の恐ろしい現前に圧倒されたのか、その死に方はわからない。ウガリット神話のおもしろさは、嵐と豊饒の若い神で、諸神の首位に立ったばかりのバアルが冥界に降り、タンムズや他の農耕神同様に死ぬという事実にある。別の「バアル－ハダド」はそのような運命をたどってはいない。メソポタミアで崇められているアダドにしても、フリ人のテシュプにしてもそうである（しかし、後代の神話で、マルドゥクはバアルと同様に毎年、「山中に幽閉され」、「姿を隠した」）。この冥界下降には、バアルに相補いあう多様な威光を与えようとする意図が察知される。バアルは水の「混沌」に勝ったチャンピオンで、それゆえに宇宙支配神で、そのうえ宇宙創造神でもある。彼は嵐と豊饒の神（彼がダガーン、「穀物」の息子であることを思い出そう）であるとともに、全世界（それゆえ冥界をも含めた）に主権を拡張しようとする主神でもある。

いずれにしても、この最後の事件以後、エルとバアルの関係は変化する。さらに、宇宙の構造とリズムは今日あるような形をとるにいたる。また欠損があり、そのあとに続く部分で、二人の使者はエルに、バアルの屍体を見つけたと報告する。エルは地に坐り、衣服を裂き、胸を叩き、顔に傷をつける。要するに、エルはウガリットで行なわれていた喪の儀礼を身をもって示しているのである。「バアルは死んだ！　数多くの民たちはどうなることだろうか」、と彼は叫ぶ。[40] 突然、エルは恨みと復讐心から解放されたように思われる。エルはバアルの死が宇宙の生命を危うくすることを理解し、真の宇宙支配神としてふるまいはじめる。エルは妻に、息子のひとりをバアルの代わりに王に指名するようにと頼む。アシェラトは、「恐ろしき者」アタルを選ぶ。彼は王座に坐るが、自分が王座を占めるには背丈が足りないことを発見し、王になれないことを悟る。

そのあいだに、アナトはバアルの屍体を探しにでかける。アナトは屍体を見つけると肩に担い、北方に赴く。屍体を埋葬すると、アナトは葬儀の会食のために、多くの家畜を犠牲にした。しばらくして、アナトはモートと出会う。アナトはモートを捕え、「彼を刃物で切り、箕《み》でふるい、火で炒《い》り、ひき臼で潰し、畑に撒くと、鳥がついばんだ」[41]。アナトはモートを麦束のようにとり扱って、一種の儀礼的殺害を執行する。概して、このような死は植物神や霊に特有なものである[42]。モートが後に生き返るのは、まさにこの農耕型の殺害のためではないかと考えてみることも可能である。

ともあれ、モート殺害はバアルの運命と無関係ではない。エルはバアルが生きていて、「脂は天から降り注ぎ、蜜が峡谷を流れる」（聖書のイメージを想わせる。「エゼキエル書」三十二・一四、「ヨブ記」二十・一七参照）ことを夢みる。エルは哄笑し、「勝者バアルは生きている。大地の王子は生存する」（ドゥライヴァー、一一三頁）ので、自分は坐って休息しようと宣言する。しかし、ヤムが生き返るのと同様に、モートも七年後にまた姿を現わし、アナトの仕打ちを不満とする。モートはまた、バアルが彼の主権を奪ったことについても不平を言い、敵対するモートとバアルは再び争いはじめる。彼らはとっくみ合い、野牛のように頭や足でぶつかりあい、蛇のように咬みあい、ついにバアルがモートの上になって地に倒れる。しかし、太陽神シャパシュはエルに代わって、争い続けることは無駄だと警告したので、モートは降伏し、バアルの主権を認める。部分的にしか解読できない他のエピソードを挟んだあと、アナトはバアルが、「雄牛がカモシカの声で、隼《はやぶさ》が雀の声で啼く」平和な時代を開く、

とこしえの王であると告げられる。(43)

52　カナンの宗教的ヴィジョン

この神話が植物の、年ごとの死と再生を反映していると信じた学者もいた。しかし、シリアやパレスティナでは、夏は植物の「死」をもたらすどころか、実りの季節である。農民を脅やかすのは酷暑ではなく、長びく旱魃である。したがって、モートの勝利は『旧約聖書』(「創世記」四十一、「サムエル記」下二十四・一二以下)(44)にその跡をとどめる、旱魃の七年周期に関連している可能性の方が高い。

しかし、この神話のおもしろさは、植生のリズムと関連がありそうだという以上のものがある。実際、これらの悲壮で、ときには目を奪う一連のできごとは、神の独特な存在様式をあきらかにしている。その存在様式とは、とりわけ敗北と「死」、埋葬(バアル)や解体(モート)による「消滅」、それに続く多かれ少なかれ周期的な「再現」である。断続的であるとともに循環的でもあるこの存在類型は、植生のサイクルを司る神々の様態を思わせる。しかし、ここでは新しい宗教的創造が問題なのである。これによって、生命の否定的様相を、対立するリズムを統合する体系のなかへ組み入れることが目指されている。

要するに、バアルの一連の戦いは、敗走に終わったものも勝利をもたらしたものも含めて、天上と地上の主権をバアルに保証するが、ヤムは「海」に君臨し続け、モートは冥界の主のままである。その神話はバアルの優位を、したがってまた、生命および宇宙と人間社会を支配する規範の永続性をあきらかにする。この事実そのものによって、ヤムやモートがあらわす「否定的様相」は正当化される。モートがエルの息子であり、また、とくにバアルがモートを滅せないという事実は、死の[45]「常態性」を宣言するものである。結局のところ、死は生の欠かせぬ条件であることが判明する。

バアルとヤムの戦いを物語る神話が新年祭の最中に、バアルとモートの争いの物語は収穫祭時に朗誦されたらしいが、これまでに発見されたテクストはこれらの事実を述べてはいない。また、この儀式で重要な役割を演じたことが知られている王は、神話・儀礼的シナリオのなかではバアルをあらわしたと考えられるが、これも今後の論議をまつ問題である。犠牲は神々に供する食物と考えられた。供犠の体系は『旧約聖書』の供犠体系に似ているように思われる。それは全燔祭《ホロコースト》〔丸焼きにした獣をいけにえとして捧げる〕、「和解」や「交融《コミユニオン》」のための犠牲か供物と、贖罪のための供犠を含んでいる。

神官（*khnm*）はヘブライ語の神官（*kōhēn*）と同じ名称で呼ばれる。男性神官とともに女性神官（*khnt*）や、「聖別された」人（*gadešim*）が言及されている（聖書ではこの語は聖娼を指すが、ウガリット語テクストには、それに似たものがまったくない）。最後に、神託を伝える神官や予言者があげられている。神殿には祭壇が設けられ、神像や神の象徴で飾られていた。儀礼には血を流す供犠のほかに、踊りや多くのオルギー的所作が含まれていた。これは後に、イスラエルの予言者を怒らせることになった。しかし、カナンの宗教生活については資料が不充分なので、われわれはその概略を推察するにすぎないことを忘れてはならない。祈りはひとつも知られていない。生命が神の賜物であることは知られているが、人間創造神話は見つかっていない。

このような宗教的ヴィジョンは、カナンのみにかぎられていたわけではない。しかし、その重要性と意義は、イスラエル人がカナンに侵入したときに、このタイプの宇宙的聖性に直面したという事実によって増大した。カナンの宗教性はオルギーの過剰にもかかわらず、崇高さを失わなかった複合的な儀礼活動を生んだのである。生命の聖性に対する信仰はイスラエル人も抱いていたので、最初から問題が生じた。すなわち、カナンの宗教的イデオロギーにとり込まれずに、その信仰をどのように保てるだろうかという問題である。すでに述べたように、このイデオロギーは、生全体のシンボルである主神バアルの、断続的で循環的な存在様態を中心に据える独特な神学を前提としている。ところで、ヤハウェはこの存在様態をもっていなかった（エルももっていないが、別の変成を被り、屈辱的な存在様態に追いこまれる）。さらに、ヤハウェの祭儀でも相当数の犠牲が捧げられたが、ヤハウェは儀礼的行為によって縛られなかった。彼は服従と信頼をとおして、信者が内面的に変わることを要求した（本書2巻114節　参照）。

後章で判明するように（60節参照）、カナンの宗教的要素の多くはイスラエル人によって同化された。「しかし、これらの借用そのものが葛藤の一局面であった。バアルは自分自身の武器によって挑戦された。外からやってきたあらゆる民族集団（フリ人や、ずっとあとのペリシテ人のような非セム族でさえ）は、カナンに到着後たちまち自身の宗教を忘れ去ったことを考えると、このヤハウェとバアルの戦いがこれほど長く続いたこと、そして妥協と度重なる不信仰にもかかわらず、ヤハウェ信仰の勝利に終わったということは、人類にとって異例なことであると考えるべきであろう(46)」。

第七章「イスラエルが幼き頃……」

53 「創世記」の最初の二章

イスラエル宗教は、すぐれて聖典の宗教である。この聖典は、さまざまな時代と傾向に属するテクストの集成である。これらのテクストは、たしかにかなり古い口承伝承に由来しているが、これらの伝承は数世紀にわたり、異なる状況において再解釈され、修正され、書き記されてきた。[1] 近代の研究者は、イスラエル宗教史をアブラハムから始める。事実、聖書の伝承によれば、イスラエルの民の祖となり、カナンの地を占拠するために神に選ばれたのがアブラハムである。しかし、「創世記」の最初の十一章は天地創造から洪水とバベルの塔にいたる、アブラハムの推挙以前の神話的できごとを物語る。これらの章の編集は、モーセ五書以外の多くのテクストが編集されたよりあとであることが知られている。他方で、一部の研究者、それも無視しかねる人々が、宇宙創造と起源神話（人間の創造や死の起源など）は、イスラエルの宗教的意識のなかで第二義的役割をはたしたと主張した。要するに、ヘブライ人は原初の神話的できごとを物語る起源の歴史よりも、むしろ「聖なる歴史《ハイルスゲシヒテ》（キリスト教神学においては救済史と訳す）」、すなわち彼らと神の関係に関心があったのである。

　これはある時代以降、そして、とりわけ一部の宗教的エリートに関しては正しいだろう。しかし、イスラエル人の先祖が、あらゆるアルカイックな社会が強い興味を示した諸問題、とりわけ宇宙の創造、人間の創造、死の起源、その他の壮大な物語に無関心であったと結論してよい理由はない。「諸改革」後、二五〇〇年を経た後の今日でさえ、「創世記」の最初の二章に伝えられているできごとは、アブラハムの末裔たちの想像力と宗教思想を養い続けているのである。そこで、われわれは近代以前の伝統に従って、「創世記」の最初の章から論述を始めよう。内容がアルカイックなので、それらの編集年代が後のものであることは、まったく難点にはならない。実際、最初の二章の内容は、アブラハムについての口碑より古い思想を反映している。

「創世記」は有名な言葉で始まる――「はじめに、神（エロヒーム）は天地を創造された。地は混沌であって、闇が深淵のおもてにあり、神の霊が水のおもてを動いていた」（一・一―二）。原初の大洋とそれを見下ろしている創造神のイメージは、きわめてアルカイックである。[2] しかし、神が海の深淵の上を飛ぶというテーマは、メソポタミアの創造神話には見いだせない。『エヌマ・エリシュ』で物語られる神話が、聖書のテクストの作者にはおそらくおなじみのものであったのだとしても（実際、原初の大海はヘブライ語ではテホームとよばれるが、この語は、語源的にバビロニア語のティアマトと密接に関連している）。いわゆる創造、すなわち「混沌」の秩序化は神の言葉の力によって実現される。神は「光あれ」と言った、すると光があった（一・三）。そして、それに続く創造の諸段階も、やはり神の言葉によって成就した。水の「混沌」は人格化されず（ティアマトと比較せよ）、したがって宇宙創造の争いのなかで「征伐」されることもない。

この聖書の記述は独自の構造を示している――(1)言葉による創造[3]、(2)「良い」世界の創造、(3)神に祝福された「良い」生物（動植物）の創造（一・一〇、二一、三一）、(4)最後に、創造行為は人間の創造によって完成される。六日目の最後の日に神は言われた、「我々にかたどり、我々に似せて、人を造ろう。そして海の魚、空の鳥、家畜、地の獣、地を這うものすべてを支配させよう」（一・二六）。目を見張らせるような武勲（ティアマト－マルドゥク型の戦い）[4]もなければ、宇宙や人間の創造における「悲観的」要素（世界は「悪魔的な」原初的存在、ティアマトから形づくられ、人間は魔王キングの血から形づくられた）もない。世界は「良いのであり」、そして、人間は神の像《イマゴ・デイ》である。人間は、その創造者にしてモデルである神のように、楽園に住む。それにもかかわらず、「創世記」がすぐあとで強調するように、人生は神に祝福されてはいても苦しみに満ちたものであり、人間はもはや楽園には住まない。しかし、それは祖先の犯した一連の過ちと罪の結果である。人間の状況を変えたのは彼らにほかならない。神に、その傑作が堕落したことに対する責任はない。ウパニシャッド以後のインド思想でも同様であるが、人間――より正確には人類――は自己の行為の結果である。

ヤハウェ資料に属する別の物語（二・五以下）は、すでに要約した祭司テクストより古く、また、これとははっきり異なる。ここで問題となっているのは、もはや天地創造ではなく、神（ヤハウェ）が地中から湧く洪水で肥沃にした砂漠である。ヤハウェは人間（アダム）を粘土《アダマ》で造り、「その鼻に命の息を吹き込む」ことによって生命を与えた。それから、ヤハウエは「エデンに園を設け」、あらゆる「良い木」を生えさせ（二・八以下）、人間をエデンの園に置いて、「そこを耕し守るようにさせた」(二・一五)。ついでヤハウェは、やはり土をこねて動物や鳥を造り、アダムのところへ連れてゆき、アダムはそれらに命名した。(5) 最後に、神はアダムを眠らせると、肋骨の一本を取り、一人の女を造り、彼女はエヴァ(ヘブライ語ではハッヴァ、「生」を意味する語に語源的に密接に関連する語)と名づけられた。

聖書解釈者たちは、このヤハウェ資料の物語は第一の創造の物語より素朴であって、水の「混沌」を「形」の世界に対比させるのではなく、砂漠と動植物の渇きを生命と植物に対比させていることを指摘した。したがって、この起源神話は砂漠地帯で生まれたとみてほぼまちがいない。粘土で最初の人間を造ったという主題は、すでに述べたように(17節参照)、シュメールで知られていた。類似する神話は古代エジプト、ギリシアから「未開」民族まで、世界中のいたるところで確認されている。その基礎となっている観念は同じだと思われる——人間は原質(地・木・骨)で形づくられ、創造者の息によって生命を与えられたのである。多くの場合、人間の形は神の形である。言いかえれば、シュメール神話についてすでに指摘したように、人間はいわばその「形」と「生命」によって、創造神の状態にあずかっている。「物質」に属しているのは人間の身体のみである。(6)

アダムから取った肋骨で女が造られるというテーマは、原初の人間の両性具有性を示すものと解釈することができる。これに似た観念は、ミドラシュ(最初は口頭で伝えられたユダヤ教のラビ的聖書注解)伝承を含んだほかの伝承にも見いだされる。両性具有性の神話はかなりひろく流布しているある信念、すなわち神話的祖先にみられる完全な人間は、統一性(これは同時に全体性である)をもつという信念の具体的なあらわれである。両性具有の重要性は、グノーシスや錬金術の思弁を論じる際に考察しよう。人間の両性具有は、多くの文化にその観念がみられる神の両性性をモデルとしていることだけは、はっきりと述べておこう[7]。

54　失われた楽園　カインとアベル

エデンの園には、四つの支流に分かれて大地の四つの区域を生命で潤す川が流れ、またアダムが守り、耕すことを定められた樹木が生えている。これはメソポタミアの想像世界を思い出させる。この場合もまた、聖書の物語は、バビロニアのある伝承を利用しているのであろう。しかし、原初の人間が住む始源の楽園についての神話と、人間が近づきがたい「楽園的な」場所についての神話は、ユーフラテス川や地中海を越えた地域にも知られていた。すべての「楽園」がそうであるように、エデンも[8]「世界の中心」に在り、四つの支流をもつ川がそこから流れ出している。楽園の真ん中には生命の木、善悪を知る木が立っている（二・九―一〇）。ヤハウェは人間に次のように命ずる、「園のすべての木から取って食べなさい。ただし、善悪の知識の木からは、決して食べてはならない。食べると必ず死んでしまう」（二・一六―一七）。知識の実存的価値という、他の文化では知られていない観念がこの禁令から生じる。言いかえれば、知ることは人間の存在の構造を根本的に変えることができるのである。

しかし、蛇はエヴァを誘惑することに成功する。「決して死ぬことはない。それを食べると目が開け、神のように善悪を知るものとなることを神はご存じなのだ」(三・四—五)と蛇は女に言った。この非常に神秘的な話は、無数の解釈を生んだ。その背景は裸の女神、奇跡の木、その番人の蛇というよく知られた神話的表象を思い起させる。しかし、勝利を収め、奇跡生命の象徴(奇跡をもたらす果実、若返りの泉、宝物など)にあずかる英雄の代わりに、聖書の物語は、蛇の背信の無邪気な犠牲者アダムをおく。つまり、ギルガメシュ(23節参照)の場合のような、「不死化」の失敗の話なのである。というのは、一度全知になり、「神々」と同等になってしまえば、アダムは生命の木(ヤハウェはそれについて彼に話していない)を見つけて、不死身になれるからである。テクストは明快で断言的である。「主なる神は言われた。『人は我々の一人のように、善悪を知るものとなった。今は手を伸ばして、命の木からも実を取って食べ、永遠に生きるものとなるおそれがある』」(三・二二)。そして、神は二人を楽園から追放し、生きるために働くことを運命づけた。

さきに言及した、裸の女神と竜に守られた奇跡の木のシナリオに戻れば、「創世記」の蛇が生命、もしくは若さの象徴の「番人」としての役割において、結局、成功したことがわかる。しかし、このアルカイックな神話は、聖書の物語の筆者によって、根本的に変質させられた。アダムの「イニシエーションの失敗」は、充分根拠のある罰として再解釈された。というのも、彼の不服従は反逆天使の慢心、つまり、神のようになりたいという欲望をあらわしていたからである。それは、自分の創造者に対して被造者が犯しうる最大の罪であった。

それは「原罪」であって、これはユダヤ教とキリスト教の神学にとって重要な基礎概念となった。そのような「堕落」のヴィジョンは、神の全能と嫉妬を中心におく宗教にしか認めることができない。われわれに伝えられたような聖書の物語は、ヤハウェ信仰の一神教の権威が増大したことを示している。(9)

「創世記」四―七章の編者によれば、この最初の罪は楽園喪失と人間の状況の変容をもたらしたばかりではなく、ある意味では、人類を苦しめる諸悪の源になった。エヴァは「土を耕す」カインと、「羊飼い」のアベルを産んだ。兄弟が感謝の供物――カインは地の産物、アベルは羊の初子――を捧げたとき、ヤハウェはアベルの供物を心から受けいれ、カインのものは顧みなかった。怒ったカインは「弟アベルを襲って殺した」(四・八)。ヤハウェは言った、「今、お前は呪われる者となった。……土を耕しても、土はもはやお前のために作物を産み出すことはない。お前は地上をさまよい、さすらう者となる」(四・一一―一二)。

このエピソードに耕作民と牧畜民の対立、それから、後者への暗黙の弁護を読みとれる。ところで、アベルという名が「羊飼い」を意味すれば、カインは「鍛冶師」を意味する。彼らの争いは、牧畜民社会での鍛冶師の、どっちつかずの地位を反映している。鍛冶師は軽蔑されるか尊敬されるかであったが、恐れられていることに変わりなかった。(10)すでに述べたように、鍛冶師は「火の匠」として遇され、恐るべき呪力をもっている。いずれにしても、聖書の物語に収められている伝承は、牧畜‐遊牧民の「素朴で純粋な」生活の理想化と、農耕民や都市住民の定住生活に対する抵抗を反映している。カインは「町を建て」(四・一七)

た、そして、彼の子孫のひとりトバル＝カインは、「青銅や鉄でさまざまの道具を作る者」（四・二二）の祖である。それゆえ、最初の殺人は、言わば技術と都市文明の象徴を具現する人間によって行なわれた。技術はすべて、暗に「呪術」ではないかと疑われているのである。

55　洪水の前後

カインとアダムの第三子セツの子孫を、列挙しても無益であろう。メソポタミア、エジプト、インドにみられる伝承において、最古の祖先は信じられない長寿に達するが、それと同様に、アダムはセツを百三十歳で得、その後、八百年を経て死んだ（五・三以下）。セツとカインの子孫は、すべて八百歳から九百歳の長寿を享受した。奇妙なエピソードが、この洪水前の時代に区切りをつける――「神の子」である天の住人は人間の娘たちと結婚し、娘たちは「大昔の名高い英雄」（六・一―四）となる子供たちを生む。これらの「神の子」は、おそらく「堕落天使」であろう。彼らのことは、後世の文書（「エノク書」六―十一）に豊かに語られることになるのであるが、それはこの神話が、それ以前には知られていなかったことを必ずしも意味しない。事実、これによく似た神話は古代ギリシアとインドに見いだされる。現在の歴史が始まろうとしていたときに（「歴史の曙に」）、つまり各々の文化に固有な制度が確立されつつあったときに、神人が活躍する英雄時代があった。聖書の物語に話をもどすと、堕落天使と人間の娘の婚姻のあと、神は人間の寿命を百二十歳に限定することに決めた。これらの神話的テーマ（カインとアベル、洪水以前の族長たち、「神の子」の降下、「英雄」の誕生）の起源がなんであれ、編者がそれらを「創世記」の最終版テクストに残したことは、彼らがヤハウェに、いくつかの擬人神的特徴を負わせているにもかかわらず意義深い。

この時期の最大のできごとは洪水であった。「ヤハウェは地上に人の悪が増し、つねに悪いことばかりを心に思い計っているのを御覧になった」（六・五）。神は人間を造ったことを悔い、滅ぼそうと決心した。ノアとその妻と、その息子（セム、ハム、ヤフェト）と彼らの妻たちだけが救われた。それは、「ノアは神に従う無垢な人であった。ノアは神とともに歩んだ」（六・九）からであった。ヤハウェの細かな指示に従って、ノアは箱舟を造り、それにすべての動物の代表を積みこんで一杯にした。「ノアの生涯の第六百年、第二の月の十七日、この日、大いなる深淵の源がことごとく裂け、天の窓が開かれた。雨が四十日四十夜、地上に降り続いた」（七・一一—一二）。水が引くと、箱舟はアララト山にとどまった。ノアは箱舟から出て犠牲を捧げた。「ヤハウェは宥《なだ》めの香りをかいで」心が和《なご》み、「人に対して大地を呪うことは二度とすまい」と誓った（八・二一）。そこで神は、ノアやその子孫たちと契約を結んだ。その徴《しるし》が虹であった（九・一三）。

聖書の記述には、『ギルガメシュ叙事詩』の洪水の記述と共通するいくつかの要素がみられる。編者はメソポタミアの伝承を知っていたのであろう。あるいは、それより適切なのは、中東に大昔から伝承されていた、原資料を用いた可能性の方が高いかもしれない。すでに述べたように（18節参照）、洪水神話はきわめてひろい範囲にみられるが、本質的には同じシンボリズムを共有する。それは、堕落した世界と人間とを再創造するために、すなわち原初の完全さに復帰させるために、徹底的に破壊しなければならないということである。しかし、この循環的宇宙観は、すでにシュメール・アッカド伝承において変容されていたことがわかる。聖書の物語の編者は、洪水による破局の再解釈を再びとり上げ、延長した。すなわち、それを「聖なる歴史」の一エピソードの地位に高めた。ヤハウェは人間の堕落を罰し、その大洪水の犠牲者を悼むことはしない（バビロニア伝承中では、神は悼んでいる。『ギルガメシュ叙事詩』第十一書板、一一六―二五、一三六―三七行参照）。ヤハウェが道徳的純粋さと服従に重きをおいていることは、モーセに啓示される律法を先取りしているといえる。他の多くの奇跡的できごとと同様に、洪水はのちにさまざまな見地から再解釈され、再評価され続ける。

ノアの息子たちは新しい人類の祖先となった。その時代には、すべての人が同じ言語を話していた。ところが、ある日、人間は「その頂きが天まで届く塔」を建てることにした（十一・四）。これは「堕落天使的」最後の偉業であった。ヤハウェは「くだって来て……塔のあるこの町を見て」言われた。そして、これからは、「彼らが何を企てても、妨げることはできない」（十一・五―六）と悟った。そこで、ヤハウェは彼らの言語を混乱させ、人々がもはや、たがいに理解しあえないようにした。そのあとで、ヤハウェは彼らを「そこから全地に散らされたので、彼らはこの町の建設をやめた」（十一・七―八）、それ以来、その町はバベルの名で知られるようになった。

この場合にも、われわれはヤハウェ信仰の見地から再解釈された、古い神話のテーマにかかわっている。古い神話的テーマというのは、まず、ある特権を与えられた者（祖先、英雄、伝説的な王、シャーマン）が木、槍、縄、つながった矢を使って天上に上るというアルカイックな伝承である。しかし、具体的な天への上昇は、原初の神話的な時代も末になると途絶える。[11] 他の神話はいろいろなものを足場にして、天に上ろうとする後代の企ての失敗を物語る。聖書の物語の編者が、これらの太古の信仰を知っていたかどうかはわからない。いずれにしても、よく似たシンボリズムをもつバビロニアのジグラット〔ピラミッド型の神殿〕は、彼にとっておなじみのものであった。その基礎は大地の臍《へそ》に、その頂上は天に在ると考えられた。ジグラットの階段を登ることによって、王ないし神官は儀礼的に（すなわち、象徴的に）天に到達した。ところで、聖書の物語の編者にとって、彼が文字どおりに理解したこの信仰は、単純きわまりないとともに神を冒瀆するものであった。それゆえ、それは聖書では根本的に再解釈された、より厳密に言えば、それは脱聖化され、脱神話化されたのである。

次の事実を強調することは重要である。うけ継がれた、あるいは借り入れられたアルカイックな素材は、長く複雑な作業を経て選択され、排除され、価値を奪われたにもかかわらず、「創世記」の最終的な編者たちは、伝統的な型の神話体系をそっくり保存した。「創世記」は宇宙創造と人間創造で始まり、祖先の「楽園的」生活に触れ、「堕落」とその宿命的結果（人は死を免れないものとなる、生きるために働かねばならぬことなど）のドラマを物語り、最初の人類が次第に堕落して、そのために洪水がおきたことを述べ、伝説的なエピソードで終わる。伝説的なエピソードとは、洪水後の第二の人類が傲慢さから神に匹敵しようとした結果、同じひとつの言語を失い、分散させられたことであった。アルカイックで伝統的な文化におけるのと同様に、この神話体系は、つまるところ「聖なる歴史」を構成する。それは世界の起源と同時に、人間の現況を説明している。たしかに、ヘブライ人にとって、この「聖なる歴史」はアブラハム以後、とくにモーセにいたって範例的となったが、それだからといって、「創世記」の最初の十一章にある神話連関の構造と機能を無効にするわけではない。

イスラエル宗教はどのような神話も「作り出す」ことがなかったということを、力説した学者は数多い。しかし、もし「作り出す」という言葉が精神的な創造活動を意味すると理解されるのであれば、太古の神話的伝承の選択と批判は新しい「神話」の発生、すなわち範例となる新しい宗教的世界観の発生に匹敵する。ここで、イスラエルの宗教的才能は神と選ばれた民との関係を、従来知られていなかったひとつの類型の「聖なる歴史」に変容させた。ある時点以後、この「聖なる歴史」はその排他的、「民族主義的」外見にもかかわらず、全人類にとって範型をあきらかにする。

56 族長たちの宗教

「創世記」の第十二章は、新しい宗教的世界にわれわれを導きいれる。ヤハウェ[12]はアブラハムに言う、「あなたは生まれ故郷、父の家を離れて、わたしが示す地に行きなさい。わたしはあなたを大いなる国民にし、あなたを祝福し、あなたの名を高める、祝福の源となるように。あなたを祝福する人をわたしは祝福し、あなたを呪う者をわたしは呪う。地上の氏族のすべてはあなたによって祝福に入る」（十二・一―三）。

現在伝えられているような形のテクストは、それが伝えるできごとが起こってから数世紀後に編纂されたものであることが確実である。しかし、アブラハムの「神の選び」にひそむ宗教思想は、前二千年紀の近東にひろく行なわれていた信仰や慣習と連続している。聖書の物語の特徴は、神の人格的メッセージとその帰結である。神はあらかじめ請われることなく、人間の前にみずからを現わし、一連の指示をくだしたあと、人間に驚異的な約束をする。テクストによれば、アブラハムは神に従う。それはのちに、イサクをいけにえに捧げるよう神に命じられたときと同じである。ここには、モーセ以後「アブラハムの信仰」として知られるようになった、新しい型の宗教体験があらわれている。それはやがて、ユダヤ教とキリスト教に特有な宗教体験となる。

それで、アブラハムはカルデアのウルを発ち、メソポタミア西北部のハランに着いた。その後、南下し、一時シケムに住みついたが、それからしばらくしてパレスティナとエジプトの間を隊を組んで移動した（十一・三一―十三・三）。アブラハムの物語と彼の息子イサク、そして孫ヤコブと〔その子〕ヨセフの冒険譚は、族長時代とよばれる時期を構成する。かつての文献批判では、族長は伝説上の人物だとされていた。ところが、最近半世紀のあいだに、とくに考古学上の発見に照らして族長伝承の歴史性を、すくなくとも部分的には認める研究者が現われている。もちろん、これは「創世記」の十一―五十章が「歴史的文書」であるということではない。

われわれの目的にとって、ヘブライ人の祖先ハビル人がロバを飼い、隊商を組む商人であったのか、それとも定住しつつあった、羊を飼う牧畜民であったのか(14)という問題は重要ではない。ここでは、族長たちの慣習と近東の社会制度と法制のあいだに、いくつかの類似があることを記憶するだけで充分である。また、族長たちが多くの神話伝承をメソポタミア逗留中に知り、自分たちの伝承のなかにとり込んだことも認められる。族長の宗教は「父の神」への信仰を特徴とする。(15)神は「わたしの／あなた〔たが〕の／彼の父の神」としてよばれる、あるいは現われる(三十一・五、他)。他の定型句は固有名詞を含み、その固有名詞の前には「父」がつくことが多い――「アブラハムの神」(三十一・五三)、「あなたの父アブラハムの神」(二十六・二四、他)、「イサクの神」(二十八・一三)、「わたしの父イサクの神」(三十二・一〇、他)、「アブラハムの神、イサクの神、ヤコブの神」(「出エジプト記」三・六、他)。古代オリエントには、これらの定型句と類似するものがある。(16)

「父の神」は、原初においては、息子たちの記憶に残っている近い先祖の神である。先祖に現われたことによって、神は一種の血族関係を示した。この神は遊牧民の神で、聖所ではなく人間の集団と結びついており、この集団と同行し、この集団を守護する。神は「約束によって彼を信じる人々にかかわりあう」(17)。神の名前は、ほかには「イサクの畏れ敬う方」と訳されるが、むしろ「イサクの縁者」を意味する「パハド・イッハーク」（『創世記』三十一・四二、五三）や、「ヤコブの岩なる牧者（守護者）」を意味する「アビール・ヤアコブ」（『創世記』四十九・二四、『イザヤ書』四十九・二六、他）がある。これらは「アブラハムの神」などより、おそらくいっそう古い名である。

カナンに入ると、族長たちはエル信仰に直面し、「父の神」はついにエルと同一化された[18]。この同一化は、二つの型の神のあいだに構造的類似があったことを想定させる。いずれにしても、「父の神」はいったんエルと同一化されると、家族や氏族の神としてはもつことができなかった宇宙的様相を獲得した。これは族長時代の遺産を豊かにした総合の、歴史的に確認される最初の例である。総合を示す事例はこれひとつにとどまらない。

族長の宗教的実践を、非常に簡潔ではあるが、描写している箇所がかなりある。しかし、これら言及箇所のなかには、後代の状況を反映しているものがある。そこで、聖書の関連箇所をアルカイックな遊牧文化、とりわけ前イスラム期アラブ人に特有な、宗教的実践と比較することは当を得ている。『創世記』によれば、族長は犠牲を捧げ、祭壇を築き、石を立ててそれに油を注ぐ。しかし、過越祭型の血の供犠（*zebhah*《ゼバー》）はただひたすら、祭司も、一説には祭壇もないままで営まれた。「犠牲を捧げる者はそれぞれ、家畜の群れの中から選んだ動物をみずから殺し、焼かずに、家族とともに食べた[19]」。

石を立てること（*massebah*《マスバー》）の元来の意味を決定することは、その宗教的脈絡が多様なので困難である。石は契約の証しとなったり（三十一・四五、五一―五二）、墓となったり

（三十五・二〇）、あるいはヤコブの話におけるように、神の顕われを示したりする。ヤコブは石を枕にして眠り、頂が天に達するはしごを夢のなかでみた。すると、ヤハウェは彼の前に立っていた、そして、ヤコブにその地を約束した。目がさめると、ヤコブは枕にしていた石を立て、その場所を「神の家」（ベテル〔ベート・エル〕）と名づけた（二十八・一〇―二二）。石の柱はカナンの儀礼においてある役割をはたしていたので〔礼拝の対象とされ、その下で犠牲が屠られ、血が注がれていた〕、のちにヤハウェ信仰者に非難された。けれども、この慣習はイスラム以前のアラブ人のあいだにもあった（注(19)参照）ので、イスラエル人の先祖も行なっていた可能性は高い[20]。

57 アブラハム、「信仰の父」

しかし、イスラエル宗教史において重要な役割を演じた二つの儀礼は、契約の供犠とイサクの供犠である。前者（十五・九以下）は神が、アブラ〔ハ〕ムに直接指示したものである。それは若雌牛、雌山羊、雄羊を二つにひき裂く儀礼で、他の民族にも類似した儀礼はある（たとえば、ヒッタイト人のあいだに。43節参照）。しかし、決定的な要素は夜、神が顕われたことである。「日が沈み、暗闇に覆われたころ、突然、煙を吐く炉と燃えるたいまつが二つに裂かれた動物のあいだを通りすぎた」（十五・一七）。「その日、主はアブラ〔ハ〕ムと契約を結んで言われた」（十五・一八）。この契約は、通常の相互的な契約とは異なるものである。

神はアブラハムに何も義務を負わせなかった。神がみずから一方的に義務を負う。『旧約聖書』においては、他に例がないこの〔二つにひき裂かれた動物の古風な〕儀礼が、エレミアの頃まで行なわれていた。それが族長時代に行なわれていたことを否定する学者も多い。たしかに、供犠はヤハウェ主義的脈絡のなかにおかれているが、ヤハウェ主義者の神学的解釈は原始的性格を解消できなかったのである。

「創世記」にはただひとつ、犠牲を詳細に記述した箇所がある。それはイサクの供犠のところである（二十二・一―一九）。神はアブラハムに、息子を燔祭《オラー》に捧げるように命じた。アブラハムはイサクを犠牲に捧げようとしたが、結局、雄羊がイサクの身代わりにされた。このエピソードは無数の論争をひき起こした。とりわけ、「燔祭」という語が六回も繰り返されていることが注目された。さて、この型の供犠は、部族が最終的に定着したあと、カナン人からとり入れられたものと思われる。[21] イサクの供犠の話は、「過去の理想化」だとも主張された。しかし、「創世記」が多くのイスラエル人にとって恥ずかしい物語を含んでいることを忘れてはならない。「それは、編纂者たちが理想化よりも、むしろ伝承の忠実な伝達に関心を抱いていたことを示す」ものである[22]（傍点筆者）。

その起源がなんであれ、このエピソードは『旧約聖書』のほかのどの話よりも力強く、「アブラハム的」信仰の深い意味を描き出している。アブラハムはエフタのように、結果を明確に意識して自分の子供を犠牲にしようとしたのではない。アブラハムと違い、モアブ人の王メシアはイスラエルを打ち負かすために彼の長子を犠牲にし（「列王紀」下・三・二七）、エフタはまさかそれが自己の子、たった独りの子になろうとは夢想だにせずに、勝利のあとに出会う最初の人を、燔祭に捧げるとヤハウェに誓いをたてた（「士師記」十一・三〇以下）。イサクの犠牲は長子の犠牲ではない。長子の犠牲は後代になってはじめて流布し、イスラエルの人々の間ではけっして一般化することのなかった儀礼である。アブラハムは「信仰」によって、自分が神に結ばれていると感じていた。彼は、神が彼に命じた行為の意味を「理解」しなかったが、長子を神に捧げる人々は、その儀礼の意味と呪術 - 宗教的な力を充分に納得していたのである。他方で、アブラハムは、彼の神の神聖と完全と全能をけっして疑わなかった。したがって、命令された行為がいかにも子殺しであるかのように見えるとしても、それは人間の理解力が劣っているからなのである。神のみがその行為の意味と価値を知っており、ほかのすべての者には、その行為はいささかも犯罪と区別がつかない。

　ここには、聖の弁証法の特別な場合がかかわっている。「俗なるもの」がその基本的構造を保ちながら（聖なる石は石であることをやめない）「聖なるもの」に変換されるばかりではなく、その「聖化」は知性によって了解することさえできないのである。子殺しは、特別な効果をもたらすために営まれる儀礼に変容してはいない（長子を犠牲に捧げた者においてはそのようなことが起こる）。アブラハムは儀礼を成しとげなかった（彼はある目的を追求したのではないし、自己の行為の意味も理解していなかったのであるから）。他方で、彼は自分の「信仰」によって、自分が罪を犯しているのではないことを確信した。アブラハムは自身の行為の「神聖性」を疑わなかったが、それは「認識できず」、したがって知りえないものであった。

「聖なるもの」は認識できない（「聖なるもの」は「俗なるもの」と完全に一体化するので）ということについての思索は、のちに重大な影響を生むことになった。後章であきらかにされるように、第二神殿の崩壊と国家消滅のあとでは、ユダヤ民族は「アブラハムの信仰」によって、自分たちの悲劇的な歴史のあらゆる試練を乗り越えることができた。そして十九、二十世紀の後代にいたっても、キリスト教思想家のなかにはみずからの信仰の逆説的な、つまり「認識不可能」な性質を捉えた者もあったが、それはアブラハムという範例についての省察によってであった。キエルケゴールは彼の婚約者を、想像に絶する仕方で、彼女が自分のもとにもどってくるようにと望んでいながら、絶縁した。そして、レオ・シェストフが、真の信仰は「神にとってはあらゆることが可能だ」という確信を意味すると主張するとき、彼はアブラハムの経験を簡潔に言いなおしているにすぎないのである。

58　モーセとエジプト脱出

イスラエル宗教の始まりは、「創世記」四十―五十章、「出エジプト記」、「民数記」に語られている。問題になっていることは一連のできごとであり、その大部分が直接、神によってひき起こされたものである。もっとも重要なものをあげると、ヤコブとその息子たちのエジプト定住――数世紀後、ファラオが開始した迫害（ファラオはイスラエル人の長子殺害を命じた）――モーセ（虐殺を奇跡的に逃れ、ファラオの宮廷で育てられた）はヘブライ人を殴ったエジプト人兵士を殺すが、その後、彼に起きたできごと、とりわけミディアンの荒野への逃亡、「燃える柴」における神の出現（モーセのヤハウェとの最初の出会い）、イスラエルの民をエジプトから導き出すという、神がモーセに与えた使命、神の名の啓示――ファラオを同意させるために神がひき起こした十の災い――イスラエル人の出発と葦の海の横断（その水が、彼らを追って来たエジプトの戦車と兵士を飲みこんだ）――シナイ山頂における神の顕われ、神とその民との契約、それに続く啓示の内容と儀礼についての指示――最後に、四十年間の荒野の行軍、モーセの死、ヨシュア指揮下のカナン攻略――である。

一世紀以上にわたって、研究者は文献批判をとおして、『旧約聖書』の以上のような物語のなかに含まれた「真実らしい」、したがって「歴史的」な要素を、「神話的」で「民俗的」な付加物と堆積物の山から区別することにあらゆる努力を傾けてきた。[23] エジプト人、カナン人、その他の近東諸民族の政治史、文化史、宗教史に関する文献学的、考古学的資料も利用された。そのような資料のおかげで、ヘブライ人のさまざまな集団の歴史を解明し、細部をあきらかにし、さらには再構成することにまで希望がもてるようになった。そのヘブライ人の歴史というのは、ヤコブのエジプト定住（前十八―十七世紀）から出エジプトとカナン侵入の諸伝承にその残響がみられる、もろもろのできごと（多くの研究者がその年代を前十二世紀に定めている）までの歴史である。[24] 聖書以外の文献は、出エジプトとカナン征服を、すくなくとも部分的には歴史的脈絡に位置づけることにたしかに役立った。たとえば、エジプト脱出のかなり正確な年代が、エジプトの第十九王朝の、ファラオの軍事的政治的状況に関する知識にもとづいて推定されている。カナン侵入の過程は、発掘の諸結果、カナンのいくつかの都市がそれによって破壊された年代を考慮して確定された。しかし、これらの年代誌上の相関と一致の多くは、いまだに決着をみない。

専門家のほとんどが合意に達しないような論争において一定の立場をとることは、われわれのすべきことではない。イスラエル宗教にとってもっとも重要な、いくつかのできごとの歴史性を回復することは、期待したようには成功しなかったということを銘記するだけで充分である。もっとも、このことは、それらが史実でないことを証明するものではない。しかし、歴史的なできごとや人物は典型的カテゴリーに従って作りなおされているので、多くの場合は、それら本来の「実在性《レアリテ》」を捉えることはもはや不可能なほどである。モーセという名で知られている人物の「実在性」を疑う理由はないが、彼の伝記とその人格の特徴はわれわれにはわからない。モーセがカリスマをもった神話的人物になったというただそれだけの理由で、ナイル川の葦の中に置かれたパピルス製の籠に入れられて奇跡的に難を逃れたことに始まる彼の一生は、他の多くの英雄（テーセウス、ペルセウス、アガデのサルゴン〔アッカド王朝の始祖〕、ロムルス〔伝説上のローマ建国者〕、キュロス〔アケメネス朝ペルシア王のギリシア名〕など）をモデルとして描かれたのである。モーセという名は、彼の家族の成員の名と同じようにエジプト語である。それは、アハメスやラーメス（「ラー神の息子」）に比較される要素である「msy《メス》」（生まれた、息子）をもっている。レヴィの息子の名前メラリ〔*Merari*〕は、エジプト語「Mrry《メル》」、「よく愛された」

であるし、アーロンの孫ピンハス〔*P'-nhsy*〕は「黒人」を意味する。若きモーセが、アメン信仰を廃して太陽神アトンの「一神教」をたてた、アク‐エン‐アテン〔イクナートン〕（前一三七五—一三五〇年頃）の「宗教改革」を知っていたということはありえないことではない。この二つの宗教間の類似性は注目された[25]。その見方からすれば、アトンも「唯一の神」と称えられ、また、ヤハウェのように「存在するものすべてを創造した」神であり、さらにアク‐エン‐アテンの「改革」が「教え」を重要視したのは、ヤハウェ信仰における律法《トーラー》の役割と比べられる。他方で、モーセが育ったラーメス〔ラムセス〕時代のエジプト社会は、アク‐エン‐アテンの「改革」が弾圧されてから二世代を経ており、モーセを引きつけるものではなかった。その国際主義、宗教的シンクレティズム（とくにエジプトとカナンの信仰の習合）、オルギー的な行為（両性による淫売）、動物「崇拝」は、「父祖の宗教」のなかで育った人々にとってそれだけ忌まわしいものであった。

　エジプト脱出については、その物語が歴史的事件を反映していることはたしかだと思われる。しかし、それは民族全体の脱出なのではなく、一箇の集団、正確にはモーセに率いられた一団の脱出である。他の集団はすでに、程度の差こそあれ平和裡に、カナンの地に入りはじめていたのである。後代にいたって、出エジプトはイスラエル全部族の、聖なる歴史の一エピソードであると主張されるようになる。われわれの目的にとって重要なのは、エジプト脱出が過越祭と関連づけられたことである。言いかえれば、イスラエル人の先祖が数千年間にわたって行なってきた、遊牧民に特有なアルカイックな供犠が再評価され、ヤハウェ信仰の「聖なる歴史」のうちに統合されたのである。宇宙的《コスミック》宗教性に属す儀礼（牧畜民の春の祭り）が、歴史的できごとの記念祭として解釈された。宇宙型の宗教構造が聖なる歴史のできごとに変容するのは、ヤハウェ信仰の一神教の特徴である。これはキリスト教によって再びとり上げられ、受け継がれてゆくことになる。

59 「わたしはあるという者である」

モーセは妻の父、ミディアンの祭司エトロの羊の群れに草を食べさせているあいだに、荒野を越えて「神の山」ホレブにたどり着く。そこで、モーセは「柴の中から炎が立つ」のを見、自分の名前が呼ばれるのを聞く。ほどなく、神が、「わたしはあなたの先祖の神、アブラハムの神、イサクの神、ヤコブの神である」（「出エジプト記」三・六）とみずからの正体を明かす。しかしながら、モーセは自分が神の未知の側面か、新しい神にでも対面していると感じる。モーセはイスラエルの人々のところへ行き、彼らに、「あなたたちの先祖の神が、わたしをここに〔あなたがたのところへ〕遣わされた」と伝えるように、という命令に従うのであるが、その前に、もし彼らが神の名をたずねたら、「彼らになんと答えるべきでしょうか」（三・一三）と彼は問う。そこで、神はモーセに「わたしはある。わたしはあるという者だ」と言う。そして、イスラエルの人々に次のようによびかけるようにと教える、「『わたしはある』という方が、わたしをあなたたちに遣わされたのだ」と（三・一四）。
この神の名前を巡って、膨大な量の論議が闘わされてきた[26]。神の答えは非常に謎めいている。というのは、神はみずからの存在のあり方をほのめかすが、自分がだれであるかをあきらかにしないからである。ここで言えることは、神の名が、現代の表現を用いれば、存在と存在者の全体を示唆しているということである。しかし、ヤハウェはみずからアブラハムと他の族長たちの神であると宣言し、この神の素性は今なお、アブラハムの遺産を継承する人々によって受けいれられている。実際に、父の神とモーセに現われた神とはある種の連続性を示している。すでに述べたように、「まず、ヤハウェ信仰は牧畜民のあいだに生じ、荒野で発達したという事実がある。純粋なヤハウェ信仰にもどることは、荒野の状況にもどることとしてあらわされるだろう。それは預言者たちの『遊牧の理想』となる[27]」。父の神とまったく同様に、ヤハウェは特定の場所につなぎとめられていない。そのうえに、ヤハウェは、集団のリーダーとしてのモーセと特別な関係をもった。

しかし、差異も重要である。父の神が名前をもたなかったのに対し、「ヤハウェ」はその神秘と超越をあきらかに示す固有名詞である。神とその礼拝者の関係は変化し、もはや「父の神」についてではなく、「ヤハウェの民」について語られる。神の選びの思想はアブラハムに与えられた約束にすでにあらわれていたが（「創世記」十二・一―三）、ここで明確なものとなる。ヤハウェは族長たちの子孫を、「わたしの民」とよぶのである。が、彼らは、R・ドゥ・ヴォーの表現を借りれば、ヤハウェの「私的所有物」である。父の神がエルに同化されたのと同じ過程をたどって、ヤハウェもエルと同一化された。ヤハウェはエルから宇宙的構造を受けとり、王の称号を得た。「エルの宗教から、ヤハウェ信仰は神の子ら《ベネー・エロヒーム》が構成する、神の宮廷の観念をもとり込んだ」[28]。他方、ヤハウェの好戦的性格は、崇拝者たちにとって守護者であった父の神の役割を受けついだものである。

啓示の本質は、十戒（「出エジプト記」二十・三—一七、また、三十四・一〇—二七参照）に集中している。現存する形でのテクストが、モーセ時代に成立したテクストであるはずはないが、そのもっとも重要な戒律は初期ヤハウェ信仰の精神を確実に反映している。十戒の第一条、「あなたはわたしのほかに、何ものをも神としてはならない」は、ヤハウェ信仰が厳密な意味での唯一神教ではないことを示している。他の神々の存在は否定されていないのである。葦の海を渡ったあとモーセらは勝利の歌を歌いだすが、そのなかで彼は、「主《ヤハウェ》よ、神々のなかに、あなたのような方がだれかあるでしょうか」（「出エジプト記」十五・一一）と叫んでいる。しかし、絶対的忠誠が要求された。それは、ヤハウェが「熱情の神」（「出エジプト記」二十・五）だからである。偽りの神に対する戦いは、荒野からの脱出直後に、ペオルのバアルで始まった。モアブ人の娘たちがイスラエルの人々を、彼らの神々に対する供犠に招いたのはこの時である。「民はその食事に加わって、娘たちの神々を拝んだ」（「民数記」二十五・二以下）ので、ヤハウェの怒りを招いた。イスラエルにとって、このペオルのバアルに従ったために始まった戦いは、さらに続く。

第二の戒律、「あなたは自分のために刻んだ像を造ってはならない」の意味を理解することは容易ではない。偶像崇拝を禁ずることが問題なのではない。異教の神崇拝でよく用いられる神像は、神のひとつの容器にすぎないことはよく知られていた。おそらく、この戒律は、ヤハウェを祭具によってあらわすことの禁止を内に含んでいたのであろう。ヤハウェは名前をもたなかったように、神像ももつべきではない。神は特権を与えられた一部の人々には、直接対面することを許したが、他の人々にはその行為を通じて現われたのである。他の近東の神々が、同時に人間や動物、あるいは自然物の形をとって現われるのと異なり、ヤハウェは人間の形のみによって認められる。しかし、全世界は神が創造したものであるから、神の顕われは宇宙的な顕われ《エピファニー》によることもある。

ヤハウェの擬人主義は二重の位相をもつ。一方では、ヤハウェは人間独特の性質や欠点、すなわち憐れみと憎しみ、喜びと悲しみ、赦しと復讐をみせる（しかし、ヤハウェはホメロスの神々がもっている弱点や欠点をみせない。また、オリュンポスの神々のなかには気にしない神もあったが、ヤハウェは嘲笑されることを我慢しない）(29)。他方で、大多数の神々とは異なり、ヤハウェは人間の状態を反映していない。彼には天の廷臣たちはいるが、家族がいない。ヤハウェは独神《ひとりがみ》である。ヤハウェが東洋的専制君主のように、彼の崇拝者に絶対服従を求めるという事実に、われわれはヤハウェの擬人性のもうひとつの現われをみるべきであろうか。それはむしろ、絶対的な完成と純粋さを求める非人間的欲求である。世界の三大一神教の預言者や宣教師の特徴である非寛容と狂信は、ヤハウェという範例のうちにそのモデルがあり、正当化がなされるのである。

同様に、ヤハウェの激しさは、擬人神を打ち破ってしまうものでもある。彼の「怒り」は、往々にして「悪魔主義」と言えるほど非理性的であった。たしかに、これらの否定的特徴のうちのいくつかは、後になってカナンの占領後に確立されたものであろう。しかし、「否定的特徴」は、ヤハウェの本来の構造に属すものである。実際、ヤハウェは被造物とまったく異なるもの、「すぐれて他なるもの」（ルドルフ・オットーの「まったく他なるもの《ダス・ガンツ・アンデレ》」）という、新しい、もっとも印象的な神観念である。相互に矛盾する属性の共存と一部の行為の非合理性は、ヤハウェが人間の規準にもとづく、「完全さの理想」なのではないことを示している。この視点からすれば、ヤハウェはヒンドゥー教のある神々、たとえばシヴァやカーリー‐ドゥルガーに類似している。ただ、両者には重大な相異がある。これらのインドの神々は道徳を超えたところに在り、神々の存在様式は範型であるので、信者は神々をまねることをためらわない。これに反し、ヤハウェは倫理的原理と実践的道徳に最大の重さをおき、十戒のうちすくなくとも五つの戒律はそれらに関するものである。

　聖書の物語によれば、エジプトを脱出してから三月後に、シナイの荒野で神が顕われたのであった。「シナイ山は全山、煙に包まれた。ヤハウェが火の中を山の上にくだられたからである。煙は炉の煙のように立ちのぼり、山全体が激しく震えた。角笛の音がますます鋭く鳴り響いたとき、モーセが語りかけると、神は雷鳴をもって答えられた」（「出エジプト記」十九・一八―一九）。そこで、ヤハウェは麓《ふもと》にとどまっていたイスラエルの民に現われ、十戒で始まり、祭祀に関する多くの規定を含む契約の法を口述し、彼らと契約を結んだ（「出エジプト記」二十・二二―二六、二十一―三十一）[30]。のちに、神はモーセに再び語り、「二枚の掟の板、すなわち神の指で記された石の板」を与えた（「出エジプト記」三十一・一八、異伝承三十四・一―二八）。メンデンホールは、法典の文体は前二千年紀に、ヒッタイトの君主が小アジアの臣下と交わした条約と似ていることを指摘した[31]。しかし、二つの定式の類似は実際に存在するものの、決定的なものだとは思われない。

イスラエル人が荒野で過ごした四十年のあいだに営んでいた祭祀に関しては、はっきりしたことは何もわからない。「出エジプト記」（二十六―二十七、三十六―三十八）は、荒野の聖所を詳しく描写している。それは「会見の幕屋」で、その中に掟の箱もしくは契約の櫃《ひつ》、すなわち律法の石板――後代の伝承による――を納めた（「申命記」十・一―五、他）木箱が安置される。この叙述が実際の状況を映し出している可能性は非常に高い。祭祀用の幕屋や、石像を運ぶ輿《こし》はイスラム以前のアラブ人のあいだにも認められる。テクストに櫃と幕屋は同時に言及されてはいないが、アラブ人の場合のように、幕屋が箱を覆っていたようである。父の神がかつて行なったように、ヤハウェはその民を導いた。箱は目に見えぬ神の存在を象徴する。しかし、それに何が入っているか知ることは不可能である。

聖書によれば、モーセはエリコに面するモアブの平野で死んだ。ヤハウェはモーセにカナンの地を示した。「わたしはあなたがそれを自分の目で見るようにした。あなたは、しかし、そこに渡って行くことはできない」（「申命記」三十四・四、また、「民数記」二十七・一二―一四参照）。この死も、モーセという伝説的で範型的な人物にふさわしい。モーセという名で知られている人物について言えることは、集約すれば、彼はヤハウェとの劇的な対面を重ねることで傑出していたということである。モーセは啓示を媒介することによって、エクスタシーの状態で、神の言葉を伝える預言者になると同時に「呪術師」となった。彼は部族の一集団を、イスラエル人という民族の中核に変容させることに成功したレヴィ族祭司のモデルであり、また最高のカリスマをもつ指導者であったのである。

60 士師時代の宗教——シンクレティズムの最初の段階

モーセの一団がヨシュアの指揮下、カナンの地に侵入した前一二〇〇年から、サウルが王として宣言された前一〇二〇年までの時期を、士師時代とよぶことに異論はない。士師とは軍事的指導者であり、助言者であり、裁判官であった。この時期に、とくにめざましい勝利のあと、他の部族がヤハウェ信仰を受けいれる。それというのも、ヤハウェは直接、戦いに介入するからである。ヤハウェはヨシュアに確言する、「彼らを恐れてはならない。わたしはすでに彼らをあなたの手に渡した」（「ヨシュア記」十・八）。そして、事実、ヤハウェは天から「巨大な雹《ひょう》〔石〕を降らせ」、敵を何千人も殺した（十・一一）。カナン王ヤビンを打倒したあと、デボラとバラクは神の怒りを称えて歌う。「主《ヤハウェ》よ、あなたがセイルを出で立ち、〔エドムの野から進みゆかれるとき〕地は震え、天は揺らぎ、雲が水をしたたらせた」（「士師記」五・四）。結局、ヤハウェは、カナンの神々より強いことが証明される。彼の名のもとに行なわれる戦いは聖戦である。[32] 兵士は聖別（「神聖にする」）され、儀礼的清浄を尊ばねばならない。戦利品は「禁じられる」、すなわちそれはヤハウェへの燔祭として捧げられて、完全に破壊される。

しかし、新しい生活様式に適応して、ヤハウェ信仰は展開し、変化する。まず注目されるのは、遊牧民のどの社会でも崇められていた価値に対する反動である。歓待という牧畜民のあいだで神聖この上もないしきたりは、ヤエルの裏切り行為によって破られた。すなわち、ヤエルは敗北して逃亡中のカナンの軍長シセラを天幕に招き入れ、彼が眠ったところを殺してしまう（「士師記」四・一七以下）。モーセ在世時に用いられた、移動できる聖所は廃用とされ、祭祀は聖所や聖地で営まれるようになる。

しかし、当然予想されたように、重大な結果をもたらすことになったのは、とりわけカナンの宗教との対決である。それに、この対決は前七世紀まで続くのである。ヤハウェとエルの合体の結果、エルの祭祀に用いられていたヤハウェ信仰以前の聖所が、多くのカナンの聖所とともにヤハウェに奉献された。[33] いっそう驚くべきことは、士師時代に起きた、ヤハウェとバアルのあいだの混同である。ヤハウェ信仰でよく知られた家系の内にさえ、バアルという要素が組み入れられた名前が見いだされる。有名なギデオンは、エルバアル（「バアルは戦う」）ともよばれる（「士師記」六・三二）。これはバアル「主」という語がヤハウェの形容辞と理解されていたか、バアルがヤハウェと相並んで崇められていたことを前提する。[34] 当初、バアルは「農地の神」、豊饒の保証にもっぱら従事する専門的な神として受けいれられたに違いない。バアルの祭祀が忌み嫌われ、背信の徴《しるし》の見本となったのは後のことである。カナンの供犠体系は、その大部分が踏襲された。供犠のもっとも単純な形は、聖所にさまざまな供物を捧げるものか、あるいは油ないし水を注ぐものである。供物は神の食物と考えられた（「士師記」六・一九）。イスラエル人が燔祭《オラー》をしはじめ、それをヤハウェへの献げ物と解釈するようになるのはこの頃である。さらに、イスラエル人はカナンの農耕儀礼の多くを、そして一部のオルギー的儀礼さえもとりいれた[35]。同化の過程は、男女両性による聖なる売淫のうわさがささやかれるようになる後の王制下で強まるのである。

神殿はカナン式に建てられた。それには祭壇、マッセバ（石の柱）、アシェラ（カナンの女神アシェラを象徴する木の柱）と献酒の壺が備えられている。祭具のもっとも重要なものをあげると、テラピム（像か面）とエポド〔祭儀用衣〕（本来は像に着せる衣）である。祭官は神殿の周りに組織され、そこの守護に当たるもっとも主要な祭官は祭司とレヴィ人《びと》で、彼らは犠牲を捧げ、ヤハウェの意志をくじやエポドで探る。祭司とレヴィ人について、占い師、予言者《ローエー》がいるが、彼らの働きについてはほとんどわからない。占い師は預言者《ナービー》のように、神殿に所属していなかった。もっとも著名な例はバラム（「民数記」二十二―二十四）である。彼は夢のなかで、あるいは覚醒の状態でヤハウェに出会う。彼はイスラエル人を呪うためには、彼らを見なければならない。このタイプのエクスタシーは他の遊牧民社会にもみられる（たとえば、アラブ人のカーヒン[36]）。

それよりはるかに重要なのは預言者《ナービー》の働きであるが、それについては後章（本書2巻116節参照）で述べることにしよう。ここでは、イスラエルにおける神がかり的預言は、カナンの宗教に根ざしているとつけ加えておく。[37] 実際、バアル祭祀には預言者も加わっていた（「列王紀」上　十八・一九以下、同下　十・一九を見よ）。しかし、これはエジプト以外の古代近東に、比較的よくみられるエクスタシー体験の一タイプである。シュメール人は「天に侵入した人」という表現を用いているが、この表現は、シャーマンが行なう忘我的な旅に似た何かを指示している。マリで見つかった前十八世紀のテクストには、ムフムとムフツム、すなわち夢や幻覚のうちに神託を受ける男女や、それから、アピルム「応える者」についての言及がある。アピルムとムフムはイスラエルの預言者に対応する。彼らは預言者《ナービー》のように、比較的短い神託の詞を用い、王にとってたとえ悪い知らせや王の行為に対する批判を含んでいても、お告げを王に伝える。[38]

　カナン征服と植民の最初の数百年間でさえ、カナンの影響は深く、多方面におよんでいるのに気づく。実際、儀礼制度、聖地、聖所はカナン人からとり込んだものであるし、祭司階級はカナンのモデルに倣って組織された。そして、ついには、祭司の優位、ならびに農耕儀礼とのシンクレティズムに対したちまち反発する預言者でさえも、カナンの影響の産物なのである。しかし、預言者たちはもっとも純粋なヤハウェ信仰を要求する。ある観点からすれば、彼らは正しい。しかし、彼らが公然と主張するヤハウェ信仰は、彼らが非常に激しく嫌悪したカナンの宗教と文化の、もっとも創造的な要素をすでに同化していたのである。

原注

（1） 方向づけられた空間の経験は、現代社会の人間にとって、その「実存的」価値がもはや意識されていないとしても今なお身近なものである。

（2） Karl Narr,《Approaches to the Social Life of Earliest Man》, pp. 605 sq. を見よ。

（3） このきわめてアルカイックな観念は、古代地中海世界になお生き残っていた。動物が人間のいけにえ（この慣習は世界中に流布している）の身代わりにされるだけではなく、人間が動物の身代わりに犠牲にされた。Walter Burkert, *Homo necans*, p. 29, n. 34 参照。

（4） この方法を厳格に適用すれば、ドイツ童話はグリム兄弟によるそれらの刊行の日付け、すなわち一八一二—一二年に年代決定されるであろう。

（5） 簡潔にするために、われわれは J. Haeckel,《Jäger u. Jagdritten》, *Religion in Geschichte und Gegenwart* (3e édition), III (1959), col. 511—13 の総合的叙述を用いる。

（6） J. Maringer, *The Gods of Prehistoric Man*, pp. 18 sq. を見よ。

（7） ルロワ－グーランは人間が殺され、食われたとは信じていない（*Les religions de la préhistoire*, p. 44〔蔵持不三也・訳『先史時代の宗教と芸術』日本エディタースクール出版部〕）。マリンガーは周口店の食人習俗を認めず（前掲書 p. 20）、A・C・ブランクの説明をも斥けた（同 p. 31 以下）。しかしながら、Müller-Karpe, *Altsteinzeit*, pp. 230 sq., 240 ; M. K. Roper,《A Survey of evidence for intrahuman killing in Pleistocene》を見よ。

（8） Leroi-Gourhan, p. 54.

（9） 最近の考古学の発見が示すところでは、赤鉄鉱が二万九千年前にスワジランドの鉱山で、ローデシアでは四万三千年前に採掘されたのである。アフリカのこれらの鉱山での採掘は数千年間続いた。ハンガリーのバラトン湖近くで、前二万四千年頃、同様の採掘が行なわれていたという発見は、旧石器時代人の技術の可能性とその情報伝達のひろさを説明している。R. A. Dart,《The Antiquity of Mining in South Africa》;《The Birth of Symbology》, pp. 21 sq. を見よ。

(10) ルロワ‐グーランによれば、問題にすべきなのは「料理屑の堆積であって、その上に、おそらくは転用され、いずれにしても移動させられた人間の遺骨が置かれていた」(p. 57) と言う。

(11) 他の学者たちは、墓穴に見いだされる真実性のある「資料」の数は、それよりはるかに多いと主張していることを明記しよう。

(12) C. Reichel-Dolmatoff,《Notas sobre el simbolismo religioso de los Indios de la Sierra Nevada de Santa Marta》, *Razón y Fabula, Revista de la Universidad de los Andes*, no. 1 (1967), pp. 55—72.

(13) 事実、ライヘル‐ドルマトフの見解以前には、それはほとんど未知のものであった。

(14) この慣習はきわめてひろく流布している。今なお東ヨーロッパでは存続しており、夭折した死者はもみの木と「結婚」するのである。

(15) J. Maringer,《Die Opfer der paläolithischen Menschen》, p. 271.

(16) これは非常に重要な儀礼である。熊の霊は、守護神が将来の狩猟の成功を保証してくれるようにと、人間の使者として守護神のもとへ遣わされたのである。

(17) J. Maringer, *The Gods of Prehistoric Man*, pp. 103 sq. et fig. 14 参照。

(18) Eliade, *Le chamanisme et les techniques archaïques de l'extase* (2e édition), pp. 139 sq.〔堀一郎・訳『シャーマニズム』冬樹社〕その注に引用されている文献、そしてとくに Joseph Henninger,《Neuere Forschungen zum Verbot des Knochenzerbrechens》参照。

(19) *Gylfaginning*, ch. 26 参照。

(20) Leroi-Gourhan, *Les religions de la préhistoire*, p. 83.〔『先史時代の宗教と芸術』前掲〕

(21) 同著者は旧石器時代の芸術作品の編年と様式史を確立し、旧石器時代をつぎの五期に区分している。すなわち、前図像期(前五万年頃)、ついで著しく様式が定まった像が現われる原初期(前三万年頃)、偉大な技術的熟達に特徴づけられるアルカイック期(前二万年—一万五千年頃)、形の写実主義が大きく推し進められる古典期(マドレーヌ期、前一万五千年—一万一千年頃)、そしてそれが衰え、消滅してゆく晩期(前一万年頃)である。

(22) Bégouen と Casteret は、モンテスパンの熊の粘土像にもとづいて全儀礼を再構成した。以下の批判を見よ。P.

Graziosi, *Palaeolithic Art*, p. 152; Peter J. Ucko et André Rosenfeld, *Palaeolithic Cave Art*, pp. 188—89〔『旧石器時代の洞窟美術』平凡社〕を参照せよ。

（23） Charet はテュク・ドードゥーベール洞窟〔アリエージュ県〕の人間の足跡を、少年たちのイニシエーションの証拠として解した。この仮説は一部研究者に容認されたが、アッコーとローゼンフェルドには批判された（前掲書 pp. 188—89)。

（24） Maringer, *op, cit.*, p. 145 参照。

（25） Ucko et Rosenfeld, fig. 89 et pp. 204, 206 参照。

（26） H. Kirchner, 《Ein archäologischer Beitrag zur Urgeschichte des Schamanismus》, pp. 244 sq., 279 sq. バーレンツ海オルニー島、前五〇〇年頃の遺跡で骨製の太鼓のばちが出土した事実を思い起こそう。Eliade, *Le chamanisme*, p. 391〔『シャーマニズム』前掲〕参照。

（27） Andreas Lommel, *Shamanism : The Beginning of Art*, pp. 129 sq.

（28） Eliade, *Le chamanisme*, pp. 65 sq.

（29） Franz Hančar, 《Zum Problem der Venusstatuetten in eurasiatischen Jungpaläolithikum》, pp. 90 sq., 150 sq.

（30） M. M. Gerasimov, 《Paleolithischeskaja stojanka Mal'ta》, p. 40. これは Karl Jettmar, *Les religions arctiques et finnoises*, p. 292 に要約されている。

（31） Ucko et Rosenfeld, p. 220 ; 195 sq. 参照。Henri Lhote も同様の批判を行なっている。

（32） Alexander Marshak, *The Roots of Civilization*, pp. 81 sq. 参照。同様に重要なことは、植物の生命諸相を正確に観察、描写する旧石器時代人の能力である。Marshak の前掲書 pp. 172 sq. と《Le bâton de commandement de Montgaudier (Charente)》, pp. 329 sq. 参照。

（33） Eliade, *Traité d'Histoire des Religions*, ch. IV〔久米博・訳『宗教学概論②』エリアーデ著作集第二巻 せりか書房〕

（34） A. Marshak, 《The Meander as a System》. 著者は、稲妻模様の伝承は狩りの呪術や性のシンボリズムで説明されないと考えている。蛇・水・雨・嵐・雲の複合体は、新石器時代のユーラシア、オーストラリア、アフリカ、南北アメリカに見いだされる。

(35) そのことがアッコーの批判を引き出した（Ucko, *op. cit.*, pp. 140 sq.）。この著者は、民族誌的比較によって先史時代社会のある局面が解明されたいくつかの例をあげて（pp. 151 sq.）、旧石器時代洞窟画をオーストラリアやアフリカの事実に照らして分析した（pp. 191 sq.）。

(36) 「生きた化石」という概念は生物学の諸分野、とくに洞窟学において巧みに用いられたことを思い出そう。今日洞窟に住む動物は、遠い昔に乗り超えられた動物相に帰属する。「それらは真の生きた化石で、生物史の最古の段階、第三期、もしくは第二期をあらわすことが多い」（Dr. Rascovitza）。したがって、洞窟は化石になり得ない原始動物形態群の理解に、たいへん重要なアルカイックな動物相を保存している。

(37) Eliade, *Naissances mystiques*, pp. 69 sq.〔堀一郎・訳『生と再生』東京大学出版会〕を見よ。

(38) Curt Sachs, *World History of the Dance* (1937), pp. 124, 208.

(39) Evel Gasparini, *Il Matriarcato Slavo*, pp. 667 sq. 中の豊富な参考文献を見よ。

(40) G. Dieterlen, *Koumen*; Henri Lhote,《Les gravures et les peintures rupestres de Sahara》, pp. 282 sq. 参照。

(41) H. von Sicard,《*Luwe* und verwante mythische Gestalten》, pp. 720 sq.

(42) Eliade, *De Zalmoxis à Gengis-Khan*, pp. 81—130〔斉藤正二ほか・訳『ザルモクシスからジンギスカンへ①』エリアーデ著作集第十一巻 前掲〕における、その諸型全体の比較分析を見よ。

(43) Eliade, *Mythes, rêves et mystères*, pp. 163—64〔岡三郎・訳『神話と夢想と秘儀』国文社〕; *Le chamanisme*, pp. 319 sq., 350 sq., 372 sq.〔『シャーマニズム』前掲〕; *Religions australiennes*, pp. 139 sq. 参照。

(44) W. Gaerte,《Kosmische Vorstellungen im Bilde prähistorischer Zeit : Erdberg, Himmelsberg, Erdnabel und Weltströme》. ゲルテの大部分の引用例が、先史時代文化のより新しい部分に属しているということに注目しなければならない。

(45) 北部オーストラリアのいくつかの部族では、成女式の主要儀礼は娘を厳かに共同体の面前で披露することである。娘が成人であること、いいかえれば婦人にふさわしい行動をすることができるということが示される。記号であれ、物体であれ、動物であれ、儀礼中に何かを示すということは、聖なるものの現存を告げること、ヒエロファニー（聖なるものの顕われ）の奇蹟を歓呼して迎えることなのである。Eliade, *Religions australiennes*, p. 120；他の例につい

ては *Naissances mystiques*, pp. 96 sq.〔『生と再生』前掲〕を見よ。

第二章

（1） A. Rust, *Die alt- und mittelsteinzeitlichen Funde von Stellmoor*; H. Müller-Karpe, *Handbuch der Vorgeschichte*, vol. I, pp. 224 sq.; H. Pohlhausen, 《Zum Motiv der Rentierversenkung》, pp. 988—89; J. Maringer, 《Die Opfer der paläolitischen Menschen》, pp. 266 sq.

（2） A. Closs, 《Das Versenkungsopfer》参照。

（3） M. Eliade, *Traité d'Histoire des Religions*（新版 1968）, p. 174.〔『宗教学概論②』前掲〕

（4） A. Rust, *Die jungpaläolitischen Zeltanlangen von Ahrensburg*, pp. 141 sq.; J. Maringer, 《Die Opfer der paläolitischen Menschen》, pp. 267 sq.; H. Müller-Karpe, *Handbuch d. Vorgeschichte*, vol. II, pp. 496—97 (nr. 347) は、これを「偶像」と考えるのをためらっている。

（5） 狩猟・漁撈文化、仏領ピレネー山中のマス・ダズィル洞窟に因んで命名された。

（6） M. Eliade, *Religions australiennes* (1972), pp. 100 sq. オーストラリア人の信仰によれば、先祖はその神秘的身体チュルンガと先祖が化身している人間との双方に、同時に存在している。先祖はまた地下界に、「精霊児」の形で存在するということもつけ加えておくべきである（同 p. 60）。

（7） オーストラリア先住民は、多くの南アメリカ部族と同様に、彼らの神話的祖先は星に変わったか、天に昇って太陽や星に住むことになったと信じている。このことを想起せよ。

（8） Eliade, *Religions australiennes*, p. 57.

（9） 「ナトゥーフ」という呼称は、この中石器時代人が最初に発見されたワディ・エン・ナトゥーフ〔Wady en Natuf〕の地名に由来する。

（10） Emmanuel Anati, *Palestine before the Hebrews*, pp. 49 sq.; Müller-Karpe, *Handbuch*, II, pp. 245 sq.; R. de Vaux, *Histoire ancienne d'Israël*, I, pp. 41 sq.〔西村俊明・訳『イスラエル古代史』日本基督教団出版局〕

(11) これらの年代は、すべて放射性炭素測定法による。動物の飼育については Müller-Karpe, *Handbuch*, II, pp. 250 sq. を見よ。ナイル川上流域で、最近、前一三〇〇〇年と推定される、穀物を主とする新石器時代以前の食物混合物が発見された。Fred Wendorf, S. Rushdi et R. Schild,《Egyptian Prehistory : Some New Concepts》(*Science*, vol. 169, 1970, pp. 1161–71) 参照。

(12) たとえば、アイン・サフリ出土の小像を見よ (Anati, *op. cit.*, p. 160)。また、Jacques Cauvin, *Religions Néolithiques*, pp. 21 sq. も見よ。

(13) 墓のひとつは、世界最古の巨石建造物と考えることも可能である (Anati, *op. cit.*, p. 172)。エイナンについては Müller-Karpe, I, pp. 349 参照。

(14) Anati, *op. cit.*, p. 175 ; Maringer, *The Gods of the Prehistoric Man*, pp. 184 sq. また、Müller-Karpe, *Handbuch*, vol. 1, pp. 239 sq. も見よ。

(15) そして、先史時代信仰にとどまらず、ギリシア人も頭に魂が (後代、クロトンのアルクマイオンに関しては精液も) 宿ると考えた。Onians, *The Origins of European Thought*, pp. 107–8, 115, 134–36, etc. 参照。

(16) アフリカその他の地域では、「儀礼的狩猟」がイニシエーションや新首長の就任式に際して行なわれる。

(17) 特徴的な例をあげれば、コロンビアのデサナ族は食糧の七五パーセントを漁撈と野菜栽培で得ているにもかかわらず、狩猟民だと自称する。彼らの考えでは、狩猟生活こそ生きる価値があるものなのである。

(18) David R. Harris,《Agricultural systems, ecosystems and the origins of agriculture》, in *The Domestication and Exploitation of Plants and Animals*, p. 12.

(19) William Solheim,《Relics from Two Diggings indicate Thais were the First Agrarians》, *New York Times*, January 12, 1970.

(20) M. Eliade, *Aspects du mythe*, pp. 132 sq.〔中村恭子・訳『神話と現実』エリアーデ著作集第七巻 前掲〕参照。

(21) 最近のものとして、Atsuhiko Yoshida〔吉田敦彦〕《Les excrétions de la Déesse et l'origine de l'agriculture》の論文を見よ。

(22) Ad. E. Jensen, *Das religiöse Weltbild einer frühen Kultur*, pp. 35 sq.〔大林太良ほか・訳『殺された女神』人類学ゼミナール2 弘文堂〕; *id.*, *Mythes*

et cultes chez les peuples primitifs, pp. 188 sq. 参照。

(23) 実例は Eliade, *Traité d'Histoire des Religions*, § 91 sq.〔『宗教学概論②』前掲〕を見よ。

(24) 同右 § 86 sq.; *Mythes, rêves et mystères*, pp. 218 sq.〔『神話と夢想と秘儀』前掲〕参照。

(25) *Traité*, § 99 sq. 参照。

(26) 世界樹は世界軸のもっともひろく用いられている表現であるが、宇宙軸のシンボリズムは一部の極北地方文化に見られるので、たぶん農耕文化に先行するか、あるいは、それとは別個のものであろう。

(27) いくつかの例は Eliade, *Aspects du mythe*, pp. 58 sq. を見よ。オーストラリア先住民は、宇宙創造神話をもたないと言ってもよいだろう。しかし、超人間的存在による「世界形成」がその「創造」にあたる。*Religions australiennes*, pp. 55 sq. 参照。

(28) R. Stein,《Architecture et pensée religieuse en Extrême-Orient》, p. 168. 中国の新石器時代住居の他の型（正方形か長方形の半地下式の建物で、地下に降りるための階段がある）の描写は同書を見よ。

(29) Eliade, *Le chamanisme*, p. 213〔『シャーマニズム』前掲〕参照。

(30) Eliade,《Remarques sur le dualisme religieux : dyades et polarités》, dans *La Nostalgie des Origines*, pp. 249—336, とくに pp. 315 sq.〔前田耕作・訳『宗教の歴史と意味』エリアーデ著作集第八巻 前掲〕参照。

(31) K. M. Kenyon, *Archaeology in the Holy Land*, pp. 39 sq.「世界最古の都市」という定句は Gordon Childe と R. J. Braidwood に批判された。Kathleen Kenyon によれば、最古のナトゥーフ人は大きな泉の近くに聖所を建てたが、それは前七八〇〇年以前に焼失した。

(32) ガースタングの解釈に対する賛成論は Anati, *Palestine before the Hebrews*, p. 256 を参照。反対論は J. Cauvin, *Religions néolithiques de Syro-Palestine*, p. 51.

(33) K. M. Kenyon, *Archaeology in the Holy Land*, p. 50.

(34) Kenyon, *Digging up Jerico*, pp. 53 sq., 84 sq. また Müller-Karpe, *Handbuch*, II, pp. 380—81; J. Cauvin, *op. cit.*, pp. 44 sq. も見よ。

(35) コンテンソンの発掘は J. Cauvin, *op. cit.*, pp. 59 sq. et fig. 18 に要約されている。

(36) コンテンソン（テル・ラマド）とドゥナンド（ビュブロス）の発掘は Cauvin, pp. 79 sq. et fig. 26, 28 に概観されている。
(37) ムンハッタ、テルアヴィヴ、シャール・ハ・ゴラン出土の小像の写真（Cauvin, fig. 29—30）を見よ。
(38) James Mellaart, *Çatal Hüyük : A Neolithic Town of Anatolia*, pp. 60 sq. ; *id.*, *Earliest Civilizations of the Near East*, pp. 87 sq.
(39) Mellaart, 《Hačilar : A Neolithic Village Site》, pp. 94 sq. ; *id.*, *Earliest Civilizations of the Near East*, pp. 102 sq.
(40) モスル近郊アルパチヤ村のテル・ハラフ遺跡の名に由来。
(41) 概観と文献については Müller-Karpe, II, pp. 59 sq. を見よ。ハラフ文化の小像や図像的模様の宗教的シンボリズムについては B. L. Goff, *Symbols of Prehistoric Mesopotamia*, pp. 11 sq. 参照。
(42) Müller-Karpe, *Handbuch*, II, pp. 61 sq., 339, 351, 423 ; M. E. L. Mallowan, *Early Mesopotamia and Iran*, pp. 40 sq.（白い神殿）〔『メソポタミアとイラン』創元社〕
(43) Marija Gimbutas, 《Old Europe c. 7, 000—3, 500 B. C.》, p. 5.
(44) さらに、牛、豚、ある種の小麦（ヒトツブコムギ）の先祖はヨーロッパ原産である。Gimbutas, p. 5.
(45) 比較すれば、スイスの湖上集落のような小集落だと思われる。Gimbutas, p. 6.
(46) Vladimir Dumitrescu, 《Édifice destiné au culte découvert à Căsioarele》, p. 21. 二本の柱は中空で、それらが木の幹を模したものであることがわかる。同、pp. 14, 21. 世界軸のシンボリズムの下では、宇宙樹と宇宙柱（columna universalis）は同一である。炭素測定法によってドゥミトゥレスクが与えた年代は、前四三五〇年から前三六二〇年と幅がある（p.24, note 25 参照）。マリヤ・ギンブタスは「西暦前五〇〇〇年頃」と言う（p. 11）。
(47) Hortensia Dumitrescu, 《Un modèle de sanctuaire découvert à Căsioarele》, fig. 1 et 4（後者は Gimbutas, fig. 1, p. 12 に再録されている）。
(48) ギンブタスによれば、「アルカイックなヨーロッパ文明」はすでに前五三〇〇年—五二〇〇年頃、すなわち、シュメールより二千年以前に文字（fig. 2, 3 参照）を考案していた（p. 12）。この文明の崩壊は、前三五〇〇年以降ポシントゥス地方〔小アジアの国々〕のステップからの住民の侵入にひき続いて始まっている。

(49) 青銅の瓶と造形物に見られる、装飾模様のモチーフの図像やシンボリズムの比較分析は、ときおり先史時代宗教についてのわれわれの知識をめざましく増大することもありうるが、このことは、彩文土器の出現以降、とりわけ金属器時代について証明されている。

(50) われわれは、もちろん、中東とヨーロッパの考古学上の新石器時代に言及しているのである。

(51) Eliade, *Forgerons et Alchimistes*, p. 20〔大室幹雄・訳『鍛冶師と錬金術師』エリアーデ著作集第五巻 前掲〕参照。

(52) R. C. Forbes, *Metallurgy in Antiquity*, p. 401.

(53) T. A. Rickard, *Man and Metal*, I, p. 149.

(54) *Forgerons et Alchimistes*, pp. 46 sq. を見よ。

(55) 同、pp. 61 sq. 参照。アフリカのいくつかの部族は、鉱石を「男性」、「女性」に分ける。古代中国では、原初の冶金師である禹王は金属を男女に分けた（同 p. 37)。アフリカでは、融解の作業は性行為と同一視される（同 p. 62)。

(56) アフリカの鍛冶師の両義的立場については Eliade, *Forgerons et Alchimistes*, pp. 89 sq. 参照。

(57) 同 p. 101 sq. を見よ。

(58) 同 pp. 54 sq., 175 sq. 参照。本書6巻の、西洋の錬金術と「科学の進歩」の宗教的意味に関する章をも見よ。

第三章

(1) Kramer, *From the Tablets of Sumer*, pp. 77 sq. ; *id., The Sumerians*, p. 145 を見よ。

(2) Giorgio R. Castellino, *Mitologia sumerico-accadica*, pp. 176—81 に収録された詩《Gilgamesh, Enkidu, et les Enfers》の新訳を見よ。エジプトの始源の完全さの概念については本書25節参照。

(3) *La Naissance du Monde*, p. 106 のなかの Maurice Lambert 訳による〔杉勇ほか・訳『古代オリエント集』「エンキとニンフルサグ」筑摩世界文学大系1〕。

(4) R. Jestin, 《La religion sumérienne》, p. 170 に示された解釈に従う。

(5) この祭祀については Kramer, *The Sumerians*, pp. 140 sq.; A. L. Oppenheim, *Ancient Mesopotamia*, pp. 183 sq. 参照。

(6) Jestin, *op. cit.*, p. 184.「『悔い改めの詩』は後代の文学に現われるが、そこにはあきらかに、増大するセム語系民族の影響がみられるので、それらがシュメール人の意識の真の発露だとは考えられない」。

(7) さまざまな商売、職業、制度の"me"については Kramer, *From the Tablets*, pp. 89 sq.; *The Sumerians*, pp. 11, 7 sq. を参照。"me"は「存在」(Jacobsen)、「神の力」(Landsberger, Falkenstein) と訳され、「生物、無生物中の神の内在。不変で、持続的であるが非人格的で、神のみが自由にできる」(J. van Dijk) と解釈されている。

(8) Jestin, *op. cit.*, p. 181.

(9) S. N. Kramer, 《Le Rite de Mariage Sacré Dumuzi-Inanna》, p. 129; *id.*, *The Sacred Marriage Rite*, pp. 49 sq. 参照。

(10) Kramer, *From the Tablets*, p. 177 に訳出のテクスト参照。

(11) E. Burrows, 《Some Cosmological Patterns in Babylonian Religion》, pp. 65 sq.

(12) E. Burrows, *op. cit.*, pp. 60 sq. 参照。

(13) Kramer, *The Sumerians*, pp. 328 sq. に訳出された「シュメール王名表」を見よ。

(14) Kramer, *From The Tablets*, pp. 177 sq.; *id.*, *Sumerian Mythology*, pp. 97 sq.; G. R. Castellino, *Mitologia*, pp. 140—43〔『古代オリエント集』「洪水神話」前掲〕参照。

(15) 洪水神話が含むシンボリズムについては、M. Eliade, *Traité d'Histoire des Religions*, pp. 182 sq.〔『宗教学概論②』エリアーデ著作集第二巻 前掲〕を見よ。

(16) アプスーが若い神々を皆殺しにしようと決心したのは、つねに「騒音」——この場合は彼の眠りを妨げた彼らの大騒ぎ——だったということをわれわれはのちに理解することになる(21節参照)。*Enuma elish*, I, 21 sq.〔『古代オリエント集』「エヌマ・エリシュ」前掲〕参照。

(17) Eliade, *Aspects du mythe*, pp. 71 sq.〔『神話と現実』エリアーデ著作集第七巻 前掲〕参照。「アトラ・ハシース叙事詩」中に伝えられた伝承によれば、大洪水後、エアは七人の男と七人の女を創ることを決めた。Heidel, *The Gilgamesh Epic*, pp. 259—60

〔『古代オリエント集』「アトラ・ハシース物語」前掲〕参照。

(18) 他伝承によれば、女神は最初、農夫エンキムドゥの方が好きだったが、彼女の兄、太陽神ウトゥが彼女を心変わりさせた。Kramer, *The Sacred Marriage Rite*, pp. 69 sq.〔小川英雄ほか・訳『聖婚』新地書房〕; *id.*,《Le Rite de Mariage Sacré Dumuzi-Inanna》, pp. 124 sq. 参照。特別な指示がない限り、論文に公刊されたクレーマーの訳文を引用する。

(19) *Annuaire de l'École des Hautes Études*, sec. 4 (1971—72), p. 85 の Jean Bottéro による訳文。

(20) Bottéro, p. 91 の訳文。他の校訂本では、イナンナの行為を説明するように思われるのは恐怖である。悪魔が彼女を捕らえ、連れもどすと脅かしたので、「恐れおののいて、彼女はドゥムジを彼らの手に渡した！（彼女は彼らに言った）『この若い男の足を縛りなさい……』」(*ibid.*)〔『古代オリエント集』「イナンナの冥界下り」前掲〕参照。

(21) Kramer, *The Sacred Marriage Rite*, pp. 63 sq.；《Le Rite de Mariage Sacré》, pp. 131 sq. 参照。

(22) 第六書板、四〇—四七行。Bottéro は、「あなたの第一の夫タンムズのために、毎年その死を悼むよう皆に命じたのはあなたではないか」と訳出する (*op. cit.*, p. 83)。

(23) 新しい制度（職業的戦士制、官僚制のような）がここではじめて見られる。それらは、しだいに他国でもとり入れられることになる。

(24) Jean Nougayrol,《La religion babylonienne》, p. 217.

(25) *Ibid.*, p. 236.

(26) F. J. Stephens, ANET, pp. 391—92 からの要約。引用された詩句は 21—26, 51—53, 59—60。

(27) ANET, pp. 387—89 の訳文を見よ。

(28) A. Leo Oppenheim, *Ancient Mesopotamia*, p. 176；E. Cassin, *La splendeur divine*, pp. 26 sq., 65 sq. et *passim*.

(29) 第一書板、第一—三行。特別な指示がない限り、次の訳文を引用する。Paul Garelli et Marcel Leibovici,《La naissance du monde selon Akkad》, pp. 133—45. また、Labat, Heidel, Speiser, Castellino の訳文も用いた。

(30) シュメール三大主神のうち、エンリルが欠けている。エアの息子マルドゥクがそれにとって代わったのである。

(31) 天地創造と人間創造に関する類似した伝承が、ほかにも存在することをつけ加えておこう。

(32) H. Frankfort が *Kingship and the Gods*, p. 320 (*La Royauté et les Dieux*, p. 409) のなかで引用したテクスト。

（33）古典時代の作家たちは、バビロンの「ベール（＝マルドゥク）の墓」に言及している。これは、たぶんマルドゥクの仮埋葬所と考えられるエテメンアンキ神殿のジグラットであろう。
（34）演技者が二手に別れて、戦いを模したことを示唆する叙述がいくつかみられる。
（35）『エヌマ・エリシュ』において、マルドゥクが創造したばかりの宇宙を支配する法則を定めたように。
（36）Eliade, *Le Mythe de l'éternel retour* (nouvelle éd., 1969), pp. 65 sq.〔堀一郎・訳『永遠回帰の神話』未来社〕; *Aspects du mythe*, pp. 56 sq.〔『神話と現実』エリアーデ著作集第七巻 前掲〕参照。
（37）*Le Mythe de l'éternel retour*, pp. 81 sq. 参照。
（38）Frankfort, *Kingship*, pp. 227 sq.（＝*La Royauté*, pp. 303 sq.）参照。
（39）この光はアッカド語で melammû とよばれ、イラン人の hvarena にあたる。Oppenheim, *Ancient Mesopotamia*, p. 206 ; Cassin, *La splendeur divine*, pp. 65 sq. 参照。
（40）Labat, *Le Caractère religieux de la royauté assyro-babylonienne*, pp. 352 sq ; Frankfort, *op. cit.*, pp. 262 sq.（＝*La Royauté*, pp. 342 sq.）
（41）生命の木を，庭師として世話するのは王である。Widengren, *The King and the Tree of Life in Ancient Near Eastern Religion*, とくに pp. 2 sq., 59 sq. 参照。
（42）ANET, p. 164 ハンムラビ法典の序文（I, 50）参照。
（43）ANET, p. 159 リピトイシュタル法典の序言。J. Zandee,《Le Messie》, pp. 13, 14, 16 に引用翻訳されたテクストを見よ。
（44）シュメール伝承によれば、都市ウルクの「大祭司」。A. Heidel, *The Gilgamesh Epic*, p. 4〔『古代オリエント集』前掲〕参照。
（45）特別の指示がない限り、次の訳文を引用。Contenau, *L'Épopée de Gilgamesh*.
（46）第十書板、第三欄、六―九。Jean Nougayrol, *Histoire des Religions*, I, p. 222 の訳文。
（47）Eliade, *Naissances mystiques*, p. 44 sq.〔『生と再生』前掲〕参照。
（48）なぜギルガメシュがそれを取って、すぐ食べなかったのか不思議に思われるかもしれないが、彼はそれを後日のためにとっておいたのだ。Heidel, *op. cit.*, p. 92, n. 211 参照。

(49) 蛇が古い皮を脱ぎ、生命を更新するというのは、よく知られた民話のテーマである。

(50) 第十二書板はシュメール語で書かれ、のちに書き加えられた。そこに語られたできごとは、これまでに要約した物語と直接関係がない。

(51) 《A Pessimistic Dialogue between Master and Servant》, l. 84 ; trad. R. H. Pfeiffer, ANET, p. 438.〔『古代オリエント集』「バビロニア知慧文学」前掲〕

(52) 《A Dialogue about Human Misery》, trad. Pfeiffer, ANET, pp. 439—40.〔『古代オリエント集』「バビロニアの神義論」前掲〕

(53) 《I will praise the Lord of Wisdom》, trad. Pfeiffer, ANET, pp. 434—37.〔『古代オリエント集』「われ知恵の主を称えん」(抄訳) 前掲〕参照。

(54) A. L. Oppenheim, *Ancient Mesopotamia*, pp. 198—206 参照。

(55) M. Eliade, *Le Mythe de l'éternel retour*, pp. 26 sq.〔『永遠回帰の神話』前掲〕参照。

(56) 金はエンリル、銀はアヌ、青銅はエアに対応する。シャマシュがエンリルにとって代わったとき、彼は金の「主」になった。B. Meissner, *Babylonien und Assyrien*, II, pp. 130 sq., 254 参照。

(57) J. Nougayrol, 《La divination babylonienne》, とくに pp. 39 sq.

(58) たとえば、中国における医術や錬金術のように。

第四章

(1) H. Frankfort, *The Birth of Civilization in the Near East*, pp. 100—11 ; Baumgartel, *The Culture of Prehistoric Egypt*, pp. 48 sq.

(2) H. Frankfort, *La Royauté et les Dieux*, p. 50.〔*Kingship and the Gods*, p. 23〕

(3) Rundle Clark, *Myth and Symbol in Ancient Egypt*, pp. 263—64 参照。「原初の完全性」は、ひろく知られた神話のモチーフである。

(4) その神話は、いわば「正典」を作るために連続、一貫して語られるということがなかった。したがって、われわれはそれらをとくに『ピラミッド・テクスト』(前二五〇〇—二三〇〇年頃)、『石棺文』(前二三〇〇—二〇〇〇年頃)、『死者の書』(前一五〇〇年以後)などの、最古の文献にみられるエピソードや言葉のはしばしから再構成しなければならない。
(5) Rundle Clark, *op. cit.*, p. 36 参照。
(6) Frankfort, *La Royauté*, pp. 206 sq.〔*Kingship*, pp. 151 ff.〕に引用、注釈されているテクストを見よ。
(7) Sauneron and Yoyotte, *La Naissance du Monde*, p. 37 ; S. Morenz, *La religion égyptienne*, pp. 234 sq. 中の参考文献。
(8) 三語は太陽の三つの形態をあらわす。ケプリは昇る太陽、ラーは天頂の太陽、そしてアトゥムは沈む太陽。
(9) Sauneron and Yoyotte, *La Naissance du Monde*, pp. 46—47 に引用されたテクストを見よ。天地を分離する役割は、シューだけに与えられているのではないことをつけ加えておこう。Morenz, *La religion égyptienne*, p. 228 に引用されているテクストを見よ。ここでは分離したのはプタハである。
(10) Sauneron and Yoyotte, *La Naissance du Monde*, p. 59 に引用されているテクスト。Morenz et Schubert, *Der Gott auf der Blume*, pp. 32 sq. 中に、注をつけて訳出された他のテクストを見よ。また Morenz, *La religion égyptienne*, pp. 229 sq. も参照。
(11) Sauneron and Yoyotte, *Naissance*, pp. 63—64 の訳による。Morenz, *Rel. égyptienne*, pp. 216 sq. の注と、とりわけ Frankfort, *La Royauté*, pp. 51—64〔*Kingship*, pp. 24—35〕を見よ。
(12) Sauneron and Yoyotte, *Naissance*, pp. 75—76 に訳出された『メリカラー王への教訓』の一節。完訳は Wilson, ANET, pp. 414—18〔『古代オリエント集』前掲〕を見よ。
(13) Wilson, ANET, pp. 10—11 に訳出されたテクストを参照。カナアン人の伝承に類似した神話がある。50節を参照。
(14) Morenz, *Rel. égyptienne*, pp. 70 sq. に引用された例を見よ。この概念は伝承的文明の特徴をなすものである。Eliade, *Le Mythe de l'éternel retour*, pp. 17 sq.〔『永遠回帰の神話』前掲〕参照。
(15) Morenz, pp. 78 sq. の例を見よ。
(16) Sauneron et Yoyotte, pp. 76—77 に訳出された断片『門の書』。Morenz, p. 80 の他の参考文献を見よ。

（17） Frankfort, *Ancient Egyptian Religion*, pp. 49 sq.

（18） 『死者の書』（十七章）で神は宣言する、「ヌン（原初の海）に独り在った時、私はアトゥムである。自ら創造したものを治めはじめた時、私は最初に現われたラーである」。注釈は次のように説明を加える。「これは、シューが王として、つまり天を地から持ち上げる以前に存在した者として、現われはじめたことを意味する」(Frankfort, *Ancient Egyptian Religion*, pp.54—55)。

（19） Frankfort, *ibid.*, pp. 54 sq. *La Royauté et les Dieux*, pp. 202 sq. のなかの他の例を見よ。

（20） Morenz, *op. cit.*, pp. 167—70 に訳出されたテクスト。

（21） フランクフォートによれば、このような概念は民衆の蜂起が全然なかったことを説明する。中間期（前二二五〇—二〇四〇年頃。前一七三〇—一五六二年）の政治的混乱のときにも、君主制が問われたことはなかった（*Ancient Egyptian Religion*, p. 43）。

（22） Eliade, *Le Mythe de l'éternel retour*, ch. 1〔『永遠回帰の神話』前掲〕を見よ。

（23） H. Frankfort, *La Royauté et les Dieux*, p. 30, n. 1.

（24） Min と Sobek の比較は Frankfort, *Ancient Egyptian Religion*, pp. 25—26 を参照。フランクフォートは宇宙を、不変の全体性内部でのリズミカルな運動と解する静的宇宙観の重要性を認め、神々が動物の姿で現われることに巧妙な説明を提案した。すなわち、人間においては個性が形態的構造と釣り合っているが、動物は変化なく、つねに自分の種属を再生産する。それゆえ、エジプト人の目には、動物の生は宇宙の静的生にあずかっているので超人的にみえた（前掲書 pp. 13—14）。

（25） Eliade, *Le Mythe de l'éternel retour*〔『永遠回帰の神話』前掲〕, pp. 65 sq. ; Frankfort, *La Royauté*, p. 205 参照。

（26） Frankfort, *La Royauté*, pp. 122—36 ; Vandier, *Religion égyptienne*, pp. 200—1 参照。

（27） ガーディナーによれば、祭儀は王と王妃の儀礼的性交も含んでいた（Frankfort, *La Royauté*, p. 260. を見よ）。

（28） A. Moret, *Le rituel du culte divin journalier en Égypte*, *passim* ; Vandier, *Religion égyptienne*, pp. 164 sq.

（29） この思想は、「母をみごもらせる雄牛」とよばれる死んだファラオの近親相姦を正当化する。Frankfort, *La Royauté*, pp. 244 sq. 参照。

(30) あるテクスト（『ピラミッド・テクスト』2007—9）は、王の骨をつぎ合わせ、手足は巻布から出しておいて、天への上昇を確実にするようにと指示している。ヴァンディエは、これがオシリスの神話‐儀礼複合体に関係することをあきらかにした（*Rel. égyptienne*, p. 81）。

(31) Vandier, p. 78 に引用されたテクスト。Breasted（*Development of Religion and Thought in Ancient Egypt*, pp. 109—15, 118—20, 122, 136）において訳され、Eliade, ed., *From Primitives to Zen*, pp. 353—55 に収録された章句を見よ。

(32) Vandier, p. 72 より詳細な議論は、Breasted, *Development*, pp. 103 sq. ; R. Weill, *Le champ des roseaux et le champ des offrandes*, pp. 16 sq. に見られる。このような試練は、多くのアルカイックな伝統においては知られている。それらは、ある儀礼や教授（葬送儀礼に関する神話と地理、秘密の呪文など）の伝授を含む予備的イニシエーションを前提とする。『ピラミッド・テクスト』にみられるいくつかの引喩表現は、一定の秘密を知れば、特別恵まれた運命が得られることに言及する最古の文書である。ここに、先王朝時代の新石器諸文化に共有されていた、太古からの伝承があきらかに認められる。エジプトの王権イデオロギーにおいては、これらのイニシエーションへの言及はむしろ無用の遺物である。神の子にして受肉した神であるファラオは、天国に入る資格を得るためのイニシエーション的試練を必要としない。

(33) Vandier, *Rel. égyptienne*, p. 79 に引用された『ピラミッド・テクスト』1301, 1721 ; 134—35, 712—13, 1774—76 ; Breasted, *Development*, pp. 118 sq. に注解、訳出されている他のテクストを見よ。

(34) すなわち、王墓の近くに埋葬された人々。

(35)『ピラミッド・テクスト』626—27, 651—52, etc. プルタルコスが重視した異伝によれば、セトがオシリスの死体を十四の断片に切り刻み（『ピラミッド・テクスト』1867 参照）、ばらまいた。しかし、イシスがそれら全部（魚が呑みこんだ性器以外）を見つけ、それがあった所に埋葬した。これは、多くの聖所にオシリスの墓があると伝えられていた事実を説明する。A. Brunner,《Zum Raumbegriff der Aegypter》, p. 615 を見よ。

(36) オシリスがみずから発言するのは、第九、第十王朝時代のテクストにおいてのみである。Rundle Clark, *Myth and Symbol in Ancient Egypt*, p. 110 参照。

(37) Frankfort, *La Royauté*, pp. 256 sq. 参照。（穀物とナイル川に内在するオシリス）。

(38) ある観点からすれば、死せる神オシリスと死に赴く神ラーの競合と言うこともできる。というのは、太陽も毎夕「死んで」、毎朝甦えるからである。

(39) Rundle Clark, p. 142 に訳出された『石棺文』330。

(40) Frankfort, *Ancient Egyptian Religion*, pp. 96, 101. 死者を棺に横たえることは、その母である天の女神ヌートの腕の中に死者を置くことを意味するということを思い出そう。「汝は、棺とよばれる汝の母ヌートにゆだねられる」（『ピラミッド・テクスト』616）。他のテクストでは、ヌートは、死者が新しい人生に目ざめるまで眠るベッドにたとえられている（『ピラミッド・テクスト』741）。棺の四方はイシス、ネフテュス、ホルス、トトの四神だとされ、底は大地神ゲブ、蓋は天の女神とみなされた。このように、棺に入れられた死者は、全宇宙を体現する神々にとりまかれていた。A. Piankoff, *The Shrines of Tut-Ankh-Amon*, pp. 21—22 参照。

(41) ホルスが他界に降り、オシリスを生き返らせたとき、ホルスはオシリスに「知る」力を与えた。オシリスは「知らなかった」、つまりセトの真の性格を理解しなかったので簡単に殺されてしまった。Rundle Clark, pp. 114 sq. に注解、訳出されたテクストを見よ。

(42) Wilson, ANET. pp. 441—44 ; Erman-Blackman, *The Ancient Egyptians*, pp. 92 に訳出された『イプエル訓戒』。

(43) 訳文 Wilson, ANET, pp. 414—18 ; Erman-Blackman, pp. 72 sq.

(44) 訳文 Wilson, ANET, p. 467, また Breasted, *Development of Religion and Thought*, p. 183 ; Erman-Blackman, pp.132 sq. も参照。

(45) 訳文 Wilson, ANET, pp. 405—7 ; Breasted, *op. cit.*, pp. 189 sq. ; Erman-Blackman, pp. 86 sq. 参照。

(46) このことは、諸地域の執政官がその地域の統治権を完全な形で保持したという事実を考慮するなら、ますます讃えられるべき成果だと言える。

(47) Wilson, *The Culture of Ancient Egypt*, p. 133 に引用された例を見よ。エジプト人は当時、まだ、自分たちだけが真の人間だと考えていたことは事実だ。外国人は動物にひとしいとされ、ときには生贄にされたこともあった。(Wilson, *ibid.*, p. 140 を見よ)。

(48) 「ヒクソス」という語の語源はエジプト語にある。それは、「異国を治める者」という意味 *hikau khasut* である。名前のわかっているヒクソスの大部分はセム語系の名を持つが、フリ語の名も認められる。ヒクソスは、その当時のエジプト文献には出てこない。彼らの要塞都市タニスが、第十九王朝のあるテクスト、および同時期に編まれた民話のなかに言及されているにとどまる。侵略者(エジプト人にとっては「野蛮人」)は、混沌のシンボルである蛇、アポピと同一視されていた。

(49) ヒクソス撃退を記録する公文書はない。唯一の証言は、解放戦争に参加した無名兵士の短い自叙伝にみられる。そのテクストは Breasted, *Ancient Records of Egypt*, II pp. 1 sq. に訳出されている。また、Wilson, *The Culture of Ancient Egypt*, pp. 164—65 も見よ。

(50) Wilson, *op. cit.*, pp. 189 sq. を見よ。

(51) 天神がひまな神《デウス・オティオースス》になった理由はすでに述べた(20節。また Eliade, *Traité*, 14, 30節〔久米博・訳『宗教学概論①』エリアーデ著作集第一巻 前掲〕)を見よ。

(52) 原則的には、ということである。彼はラー、マアト、ハラクティを残したからである。

(53) 「おんみが沈む時……大地は暗黒に沈み、死に向うかのようである」。夜のあいだ野獣や蛇が徘徊し、やがて「世界は沈黙に陥る」。アク-エン-アテンは驚くほど鮮かに、こまごまと、暁の奇蹟、林、草、鳥、魚が享受する至福を叙述しているが、その綿密さはそれまでに見られないものであった。

(54) 「おんみは独り在った時に大地を創った」。「おんみははるかなる天を創り、かくてその高みに昇り、自ら創り給うたものをみそなわす!」。

(55) 言うまでもなく、われわれはこれらの宗教的創造の深い意味が理解できる宗教的エリートを考えている。

(56) Wilson, *The Culture of Ancient Egypt*, pp. 223 sq.

(57) Wilson, pp. 210 sq. ; Piankoff, *The Shrines of Tut-Ankh-Amon*, pp. 5 sq. 参照。

(58) Piankoff, *op. cit.*, p. 12 参照。

(59) Piankoff, *The Litany of Re*, p. 11 参照。

(60) Piankoff, *Ramesses VI*, p. 35 参照。

(61) Piankoff, *Litany*, p. 49, n. 3 の引用例を参照。

(62) 『ピラミッド・テクスト』においてすでに、アトゥムは神々を彼自身の身体から生じさせた。原初の蛇の形をとる場合（26節参照）、アトゥムはオシリスと同一視され（これは、彼もまた「死ぬ」ことができるということを意味する）、したがってまたホルスとも同一視される。Piankoff, *Litany*, p. 11, n. 2 に引用、注解されたテクストを参照。

(63) 目的を異にしているが、よく似た努力が、ブラーフマナ時代以来インドにも見いだされる。本書二巻二十四章参照。

(64) Yoyotte, 《Le Jugement des morts dans l'Egypte ancienne》, p. 45 参照。「王でも人間でも死んだあとに起こる」死者の裁判と天上の正義の観念は、第九王朝以降、あきらかに認められることを明示しておこう。Yoyotte, *ibid.*, p. 64.

(65) しかし、呪文の役割はしだいに高められていった。とくに庶民のあいだではそうであった。

(66) 他の葬送儀礼関係書――『他界の書』、『門の書』など――は、ラーが夜の十二時間、船に乗って通過する死者の王国を系統立てて叙述している。

(67) この表現の意味については次を見よ。Yoyotte, 《Jugement des morts》, pp. 61 sq.

(68) 同 pp. 52―56 の訳文による。

(69) 同 pp. 56―57. 古王国時代にはファラオもイニシエーションの尋問を受けなければならなかった。28節を見よ。

(70) 本書4巻を見よ。

第五章

(1) 〔フランスの〕ロックマリアケの近くに立つメンヒル〔立石〕は、高さ二十メートルあまりである。ブルターニュ地方では、いくつかの単独メンヒルが墳墓と結びついている。

(2) カルナックの列石《アリニュマン》は、三九〇〇メートルにわたる地域に、二九三五基のメンヒルを含む。

(3) Eliade, *Traité d'Histoire des Religions*, §§ 74 sq.〔『宗教学概論②』前掲〕参照。

(4) F. G. Frazer, *The Belief of Immortality* (1913), I, pp. 74—75 に引用された A. C. Kruijt の文章を見よ。われわれは次の論文でこの神話を注釈した。《Mythologies of Death》(*Occultism, Witchcraft, and Cultural Fashions*, ch. III)〔楠正弘ほか・訳『オカルティズム・魔術・文化流行』未来社〕

(5) Horst Kirchner,《Die Menhire in Mitteleuropa und der Menhirgedanke》, pp. 698 (抜刷 p. 90) sq.

(6) ブルターニュ地方の、ドルメンの通廊の前に建てられたメンヒルは、鳥の姿になった死者の霊魂が、墓を出て陽光を浴びて柱にとまるというエジプトの信仰によって説明された。「同じような信仰は、地中海沿岸地域と西ヨーロッパに拡まったと思われる」(Maringer, *L'homme préhistorique et ses dieux*, p. 245)。カール・シュフハルトは、ハギア・トゥリアダ出土の石棺に描かれた鳥のとまったオベリスクを、同じ意味に解釈した(41節参照)。しかし、キルヒナーの批評を見よ。Kirchner, *op.cit.*, p. 706. (抜刷 p. 98) 東南アジアの巨石文化において、メンヒルは霊魂の「座」として使われる(36節参照)。

(7) しかしながら、「申命記」のようなヤハウェ伝承の決定的な文書でさえ、創造の唯一の源である神の絶対的リアリティを宣言する時に、石の存在論的隠喩を用いている。「お前は自分を産み出した岩を思わず、産みの苦しみをされた神を忘れた」(三二・一八)。

(8) *Traité d'Histoire des Religions*, § 77 のいくつかの事例と文献表を見よ〔『宗教学概論②』前掲〕。Kirchner, *op. cit.*, pp. 650 (p. 42) sq. を加えよ。

(9) たとえば Woodhenge, Avebury, Arminghall, Arbor Low ; Maringer, p. 256.

(10) というのは、ストーンヘンジは一挙に全部が造られたわけではないからである。最初の構築物が何回か手直しされたことがわかっている。Colin Renfrew, *Before Civilization*, pp. 214 sq.〔大貫良夫・訳『文明の誕生』岩波現代選書32〕を見よ。

(11) Günther Zuntz, *Persephone*, p. 4, n. 2.

(12) J. D. Evans, *Malta*, p. 139 ; Glyn Daniel et J. D. Evans, *The Western Mediterranean*, p. 20.

(13) Zuntz, *Persephone*, pp. 8, 23.

(14) ミノス人の共同墓地は天然の洞窟か、一般にトロス〔丸天井式地下墳墓〕と呼ばれる円型の囲い墓であった。Glyn Daniel, *The Megalithic Builders of Western Europe* (2e éd., 1962), p. 129.〔『メガリス』学生社〕

(15) Daniel, *op. cit.*, p. 136.
(16) Daniel, *ibid.*, pp. 136—37.
(17) Gordon Childe, *The Prehistory of European Society*, pp. 126 sq. 著者は巨石墓を、ブリテン島の同地域にある、ウエールズやアイルランドの聖人によって建てられた小礼拝堂と比較している。
(18) *Ibid.*, p. 129.
(19) ステュアート・ピゴットは、巨石建造物は地中海東部地域から生まれたとし、それらをキリスト教の教会やイスラーム教のモスクと比較している。Stuart Piggott, *Ancient Europe*, p. 60. グラハム・クラークは、地母神信仰と結びついたエーゲ海の共同墓地儀礼は、探鉱者や鉱山開発者によって西ヨーロッパに伝播されたと言う。Grahame Clark, *World Prehistory*, pp. 138—39.
(20) 英語で《tree-ring calibration of radiocarbon》〔放射性炭素年代の年輪補正〕という。これについての明快な、次の説明を見よ。Colin Renfrew, *Before Civilization*, pp. 48—83. よく知られているように、二つの革命——「炭素14」と年輪測定法——は、先史時代ヨーロッパの年代誌を根本的に変えた。
(21) エジプトでは、最古の石造ピラミッドは前二七〇〇年頃に造られたことを思い出そう。これらのピラミッド以前に煉瓦造りのものがあったのは事実だが、前三〇〇〇年以前に、ヨーロッパの巨石建造物に比肩しうるエジプトの石造物は知られていない。Renfrew, *op. cit.*, p. 123.
(22) Renfrew, pp. 214 sq. の資料を見よ。
(23) Renfrew, p. 152. また、Daniel et Evans, *The Western Mediterranean*, p. 21 を見よ。しかし、ズンツはエジプトかシュメールの影響を考えている。*Persephone*, pp. 10 sq. 参照。
(24) ストーンヘンジの構築物の構造は、天文台の役割も含んでいたと思われるので、ホピ人やチェロキー人の場合のように、主要な祭祀は四季の変化に関係していたのであろう。Renfrew, pp. 239 sq. 参照。
(25) R. Heine-Geldern, 《Prehistoric Research in the Netherlands Indies》, p. 149 ; *id.*, 《Das Megalithproblem》, pp. 167 sq.
(26) 《Das Megalithproblem》, pp. 16 sq. 参照。

（27） M. Eliade, *Le Yoga*, pp. 348 sq.〔立川武蔵・訳『ヨーガ②』エリアーデ著作集第十巻 前掲〕

（28） B. et R. Allchin, *The Birth of Indian Civilization*, p. 136.

（29） W. A. Fairservis, *The Roots of Ancient India*, pp. 195 sq., 362 sq. 先ハラッパー文化のこの段階と南インドの巨石文化の間の関係については、*Ibid*., pp. 375 sq. を見よ。

（30） Paul Wheatley, *The Pivot of the Four Quarters*, とくに pp. 20 sq., 107 sq., 225 sq.

（31） Eliade, *Le mythe de l'éternel retour*, ch. I〔『永遠回帰の神話』前掲〕; *id*., 《Centre du Monde, Temple, Maison》〔中村恭子・編訳『宗教学と芸術』エリアーデ著作集第十三巻 前掲〕

（32） これらの地域に造られた最初の都市もまた「聖都」、すなわち「世界の中心」であった。Werner Müller, *Die heilige Stadt* 諸所を参照。

（33） Sir John Marshall, *Mohenjo-Daro*, vol. I, p. 52 ; Eliade, *Le Yoga*, pp. 349—50〔『ヨーガ②』エリアーデ著作集第十巻 前掲〕参照。また、リンガム型の石は、これらの都市に見いだされる。Allchin, *op. cit*., p. 312 参照。

（34） Fairservis, *op. cit*., pp. 274 sq.

（35） Allchin, p. 314 et fig. 75.

（36） Eliade, *Le Yoga*, pp. 350—51〔『ヨーガ②』エリアーデ著作集第十巻 前掲〕; Piggot, *Prehistoric India*, pp. 268 sq. ; Allchin, *op. cit*., pp. 310 sq. ; Sir Mortimer Wheeler, *The Indus Civilization*, p. 135 参照。

（37） これらの仮説に関する論議は Wheeler, *op. cit*., pp. 127 sq. ; Allchin, *op, cit*., pp. 143 sq. ; Fairservis, pp. 302 sq. を見よ。

（38） Wheeler, *op. cit*. ; pp. 133 sq. ; Allchin, pp. 179 sq. ; Fairservis, pp. 293, 295.

（39） *Le Yoga*, pp. 352—53.〔『ヨーガ②』エリアーデ著作集第十巻 前掲〕

（40） それらは Wheeler, Allchin, Fairservis の著作に見られるだろう。また、Mario Cappieri, 《Ist die Indus-Kultur und ihre Bevölkerung wirklich verschwunden?》; W. Coppers, 《Zentralindische Fruchtbarkeitsriten und ihre Beziehungen zur Induskultur》; J. Haekel, 《'Adonisgärtchen' im Zeremonialwesen der Rathwa in Gujerat (Zentralindien). Vergleich und Problematik》も見よ。

(41) これらの時代については、R. W. Hutchinson, *Prehistoric Crete*, pp. 137—98, 267—316 ; R. F. Willetts, *Cretan Cults and Festivals*, pp. 8—37 を見よ。

(42) 聖なる洞窟については M. P. Nilsson, *The Minoan-Mycenaean Religion*, pp. 53 sq. ; Charles Picard, *Les religions préhelléniques*, pp. 58 sq., 130—31 ; Willetts, *op. cit*., pp. 141 sq. を見よ。

(43) P. Faure, 《Spéléologie crétoise et humanisme》, p. 47.

(44) Picard, *op. cit*., pp. 71, 150 sq.

(45) Evans, *Palace of Minos*, II, pp. 277 sq. ; Picard, *op. cit*., pp. 74 sq. ; Nilsson, *op. cit*., pp. 296 sq. 女神は円柱-角柱で置きかえられることもある。Picard, p. 77 ; Nilsson, pp. 250 sq. 参照。

(46) Picard, p. 63. しかし、ニルソンはこの刻印は比較的後代のものだと考えるが、ハチンスンはそれをミュケナイ時代だとしている (*Prehistoric Crete*, p. 206 参照)。

(47) Nilsson, The *Minoan-Mycenaean Religion*, p. 75.

(48) Evans, *Palace of Minos*, II, pp. 838 sq. ; Nilsson, *op. cit*., pp. 268 sq. ; Axel W. Persson, *The Religion of Greece in Prehistoric Times*, pp. 38—39.

(49) Picard, *op. cit*., p. 152.

(50) *Op. cit*., p. 80. 男性像は礼拝者をあらわす。*Ibid*., p. 154.

(51) Persson, *op. cit*., pp. 25—104.

(52) F. Vian, 《La religion de la Crèta minoenne et de la Grèce achéenne》, dans Henri Charles Puech, éd., *Histoire des religions*, I, p. 475. エヴァンズは、すでにクノッソス王を神官-王とよび、その用語はニルソン (*op. cit*., pp. 486 sq.) とピカール (*op. cit*., pp. 70 sq.) に受けいれられた。また、Willetts, *Cretan Cults*, pp. 84 sq. を見よ。

(53) Evans, *op. cit*., III, p. 220, fig. 154 ; Picard, pp. 144, 199 ; Persson, pp. 93 sq. ; J. W. Graham, *The Palaces of Crete*, pp. 73 sq.

(54) Picard, p. 77.

(55) Evans, *Palace of Minos*, IV, 2, pp. 962 sq. ピカールはディオドロス (4, 76—80 ; 16, 9) が伝えた伝承を引用し

ているが、それによると、ミノスが埋葬された墳墓‐地下堂の上に、エーゲ海の女神の役割を継承したアプロディテを祀る神殿が建てられた（*op. cit.*, p.173）。

（56） Paribeni,《Il sarcofago dipinto......》, pl. Ⅰ—Ⅲ及び J. Harrison, *Themis*, fig. 31—38 に転載されたものを見よ。Nilsson, *op. cit.*, pp. 426 sq. ; Picard, pp. 168 sq. 参照。死後の世界の船旅は、ギリシアの「至福者の島」の概念にその痕跡をとどめた。Hésiode, *Travaux et jours*〔松平千秋・訳『仕事と日』岩波文庫〕, 167 sq. ; Pindare, *Olympiques*, Ⅱ, 67 sq. 参照。

（57） Picard, *op. cit.*, p. 142. また本書2巻99節も見よ。

（58） その影響は逆の方向にも及んだことを指摘しておかなければならない。

（59） Picard, p. 73.

（60） *Ibid.*, p. 142.

（61） P. Faure,《Spéléologie crétoise et humanisme》, p. 40.

（62） *Ibid.*, p. 40. 無数の洞窟が聖者を祀り、百以上の礼拝所が洞窟内に建てられている（*Ibid.*, p. 45）。

第六章

（1） Maurice Vieyra,《La religion de l'Anatolie antique》, *Histoire des religions*, Ⅰ, p. 258.

（2） 美しい祈りのなかで、プドゥヘパス王妃はアリンナ女神をヘパトだとしている（A. Goetze, ANET, p. 393 の翻訳を参照）。しかし、これはこの方向での唯一の資料である。儀礼や供物の表には、二柱の女神の名が交互に現われる。このことは、ヒッタイトの支配者たちのもとで、地母神の顕現として有名な、二柱の女神としての顕われが重要視されるにいたったことを示す。

（3） 新宮殿建立のための典礼定式書。訳文は Goetze, ANET, p. 357.

（4） O. R. Gurney,《Hittite Kingship》, p. 115.

（5） 多くの場合、元来ハッティ系ないしフリ系で、ヒッタイト語に翻訳されたか、とり入れられた神話であるということを示すために、筆者は括弧をつけた。

(6) 翻訳は次によった。Goetze, ANET, pp. 126—28〔『古代オリエント集』前掲〕; Güterbock, *Mythologies of the Ancient World*, pp. 144 sq. ; Vieyra〔R. Labat, éd.〕, *Les religions du Proche-Orient*, pp. 532 sq. また Theodor Gaster, *Thespis*, pp. 302—9 をも見よ。

(7) 同類の宥和儀礼が司祭によってとり行なわれる。Gaster, *Thespis*, pp. 311—12 に訳出されているテクストを見よ。

(8) Illuyanka〔s〕は字義が「竜」、「蛇」で、固有名詞でもある。

(9) 訳文は、Goetze, ANET, pp. 125—26〔『古代オリエント集』前掲〕; Vieyra, *op. cit.*

(10) Apollodorus, *Bibliotheke*, 1, 6, 3.

(11) Gaster, *op. cit.*, pp. 259—60 を見よ。

(12) Gaster, *op. cit.*, pp. 267 sq. に訳出されたテクスト (KUB XVII 95, III 9—17) を見よ〔『古代オリエント集』前掲〕。また、O. R. Gurney, *The Hittites*, p. 155〔一九八一年版ではp. 157〕を見よ。もうひとつのテクストは神々の集会による「運命決定」に触れる。Gurney, *op. cit.*, p. 152〔p. 154〕; *id.*, 《Hittite Kingship》, pp. 107 sq. を見よ。

(13) ここで問題になっているのは、前一三〇〇年頃にフリ語テクストからヒッタイト語へ翻訳されたものである。フリ語「神統記」には、それより古いシュメールと北シリアの伝統とのシンクレティズムがあらわれている〔『古代オリエント集』前掲参照〕。

(14) 最初の翻訳者たちは「膝」と訳した。〔「膝」と「腰」の〕両方とも男性性器をあらわす婉曲語法である。

(15) ある神話の断章によれば、クマルビの「体内」にいた神々は、彼の身体のどの開口部から出るべきかと彼と論議したらしい (Güterbock, *op. cit.*, pp. 157—58 参照)。

(16) 事実、ミトラが岩から生まれたばかりのときに最初に戦った相手は太陽神である。勝ち誇ったミトラは太陽の輝く王冠を奪う。しかし、その後まもなく、この二神は握手して友情を誓う。

(17) フィロンの『フェニキア史』の数断章がエウセビウスとポルピリによって引用され、保存されている。フィロンは、自分は「トロヤ戦争以前」に生きていたフェニキアの学者サンコニアトンの著作を要約しているのだと主張している。Clemen, *Die phönikische Religion*..., p. 28 参照。

(18) エルがウラノスの去勢に成功するのは三十二年後のことである。父の去勢と王権奪取の二つの行為は、フリ・ヒッタイト神話やギリシア神話では一緒になっているが、ここでは切り離されている。

(19) アヌ、イシュタル、そしておそらくアラルの神々の名前を考えよ。アララ神は、バビロニア神名表にアヌの祖先の一員として現われる。Güterbock, *op. cit.*, p. 160.

(20) カナンは前二千年紀中頃までのテクスト中に言及されていない。R. de Vaux, *Histoire ancienne d'Israël*, I, p. 58〔『イスラエル古代史』前掲〕を見よ。

(21) メソポタミアの前三千年紀末の文献では、MAR. TU は「山の無骨者」、「小麦を知らぬ者」、「家も都市も知らぬ者」を意味する。R. de Vaux, *op. cit.* p. 64 に引用されたテクスト。

(22) *ab*「父」の称号はもっともよく用いられるもののひとつである。ab adm「人類の父」も考察のこと。M. H. Pope, *El in the Ugaritic Texts*, pp. 47 sq. を見よ。

(23) F. A. Schaeffer, *The Cuneiform Texts of Ras-Shamra-Ugarit*, pl. XXXI, pp. 60, 62.

(24) しかし、西セム人の碑文では、エルは「大地の創造者」とよばれる。Pope, W. d. M., I, p. 280 を見よ。

(25) この神話は七年周期で、各周期が始まる際に営まれる儀礼のモデルである。このことによって、エルは当初、大地の豊饒をもたらす神だと考えられていたが、あとになってバアルにその力が返されたことがわかる。Cyrus H. Gordon, 《Canaanite Mythology》, pp. 185 sq. ; Ulf Oldenburg, *The Conflict between El and Ba'al in Canaanite Religion*, pp. 19 sq. ; Cross, *Canaanite Myth*, pp. 21 sq. 参照。

(26) アナトという名も同地域で跡づけられる。ダガーンの息子バアルは、アモリ人によって導入されたということもありうる。最近のところでは Oldenburg, *op. cit.*, pp. 151 sq. を見よ。この場合、彼は地方神バアル＝ハダドと結びつけられたのだろう。というのは、古代カナン宗教は、この有名な嵐と豊饒の神を抜きにして考えられないからである。Cross, *Canaanite Myth and Hebrew Epic*, pp. 112 sq. も見よ。

(27) そのテクストは、Ch. Virolleaud によってはじめて刊行された粘土板 VI AB である。Oldenburg, pp. 185—86 の翻訳を参照。そのテクストは、カッスト、ポープ、オルデンブルク (p. 123) によって、バアルの攻撃とエルの王座からの追放を語るものとして解釈されている。

(28) 彼はアシェラトに呼びかける、「私にあなたの息子をひとりくれないか、王とする為に」(Cyrus Gordon, *Ugar-*

itic Manual, 49 : I : 16—18 ; Oldenburg, *op, cit.*, p. 112)。

（29） 山は天のシンボルなので、至高神にとってそれを失うことは自己の没落にひとしい。

（30） G. R. Driver, *Canaanite Myths and Legends*, p. 79 (text III B : 25). また Labat, éd., *Les religions du Proche-Orient*, p. 386 と Cross, *Canaanite Myth and Hebrew Epic*, pp. 114 sq. も見よ。

（31） 「私はエルの寵児ヤムを圧倒しなかったか。私は大神ナハルを滅さなかったか。私はタンニン（竜）を抑え込まなかったか。私は彼を黙らせた。私は鉤《かぎ》形に身をくねらせた蛇、七つの頭をもつ力強い怪物を殺した」（訳文 Oldenburg, p. 198 ; ANET, p. 137 参照）。したがって、このテクストは、最初ヤムがバアルにうち勝ち、ついでヤムが（この場合アナトの助力で）敗北したことを示唆している。これは、蛇の怪物に対する神の敗北と復讐・勝利という周知の神話的テーマである。

（32） Gordon, *Ugaritic Manual*, § 68 : 28—31 ; Caquot et Sznycer, trad.〔Labat, éd.〕, *Les religions du Proche-Orient*, p. 389.

（33） このモチーフについては Oldenburg, *op. cit.*, pp. 130 を見よ。

（34） 血は生命の本質とみられるので、この殺害にシリアの晩夏の不毛から新しい季節の豊饒へ移るための儀礼を読みとることが提起された。Gray, *The Legacy of Canaan*, p. 36 を見よ。テクストは Caquot et Sznycer, pp. 393—94 に訳出されている。

（35） 現在まで伝えられているエジプト神話は、その原初段階を示してはいない。26節を見よ。Marvin Pope が主張したドゥルガーとの親近性は最新刊 W. d. M., I, p. 239 を見よ。すでに Walter Dostal, 《Ein Beitrag》, pp. 74 sq. に指摘されていた。

（36） テクストは Virolleaud, 《Un nouvel épisode du mythe ugaritique de Baal》, pp. 182 sq. による。Albright, *Yahweh and the Gods of Canaan*, pp. 131 sq.〔小野寺幸世・訳『古代パレスティナの宗教――ヤハウェとカナンの神々』日本基督教団出版局〕参照。

（37） 窓は、バアルが雨を送るための雲の切れ目を象徴するのだろう。ウガリットのバアル神殿の屋根に天窓が造られ、石柱に刻まれたバアルの顔に雨がかかるようになっていた。Schaeffer, *Cuneiform Texts*, p. 6, pl. XXXII, fig. 2 参照。しかし、天窓のシンボリズムと機能はもっと複雑である。A. K. Coomaraswamy, 《The Symbolism of the

Dome》をとくに見よ。

（38） Loren R. Fisher, "Creation at Ugarit," pp. 320 sq. を見よ。彼は「バアル型創造」という用語を用い、それを「エル型創造」と区別する。

（39） Gordon, *Ugaritic Manual*, § 67 : I : 1—8 ; 訳は Oldenburg, *The Conflict between El and Ba'al*, p. 133 による〔『古代オリエント集』前掲〕。

（40） Driver, *Canaanite Myths and Legends*, p. 109 ; Caquot et Sznycer, *Les religions du Proche-Orient*, pp. 424—25.

（41） Driver, p. 111 ; Caquot et Sznycer, p. 430.

（42） モートを「収穫の霊」とみることが提案されたことがあるが、モートの「葬送」神的特徴はあまりにも明白である——モートは地下に住み、その手が触れるものはすべて荒廃する。

（43） Driver, p. 119.

（44） Cyrus Gordon, 《Canaanite Mythology》, pp. 184, 195 sq. ; M. Pope in W. d. M., I, pp. 262—64 参照。

（45） モートに比肩する死の大神は、仏教の神話にしか見出されない。それはマーラである。マーラは、人間が生に盲目的に執着するがゆえに、まさにその巨大な力を発揮することができる。しかし、ウパニシャッド以後のインド思想よりすれば、生—性—死—再生のサイクルが、解脱への道の最大の障害物であることは明白である（本書3巻を見よ）。

（46） R. de Vaux, *Histoire ancienne d'Israël*, I, pp. 147—48.〔『イスラエル古代史』前掲〕

第七章

（1） モーセ五書（律法《トーラー》にかかわる聖書のはじめの五つの書）の資料や編集に関する問題は重要である。われわれの目的にとっては、諸資料が次の四つの用語によって指示されるということを確認しておくだけで充分であろう。ヤハウェ資料（前一〇—九世紀、つまり最古の資料で、神をヤハウェとよぶ）、エロヒーム資料（少々後代、エロヒーム、

「神」という名を用いる）、祭司資料（もっとも後代、祭司たちが書いたもので、祭祀と律法を強調する）、申命記資料（この資料は、ほとんど「申命記」のみに使われている）。しかしながら、今日の旧約聖書の本文批判にとって、テクスト分析はこれより複雑で、微妙であることをつけ加えておく。とくに断らない限り、私はエルサレム版聖書〔現代フランスの学問的標準となっている仏訳聖書〕から引用する〔和訳はだいたいにおいて、日本聖書協会・新共同訳による〕。

（2）多くの伝承中で、創造主は鳥の形でイメージされている。しかし、これは原初のシンボルの「硬化」である。神霊は水を超越し、自由自在に動く。したがって、それは鳥のように「飛ぶ」のである。鳥がアルカイックな霊のイメージのひとつであったことを想起せよ。

（3）神々の言葉による創造は、他の文化にも認められることを付言しておこう。エジプト神学にもポリネシア人のあいだにも見いだされる。Eliade, *Aspects du mythe*, pp. 44 sq. 参照〔『神話と現実』前掲〕。

（4）しかし、竜《タンニン》、ラハブ、レヴィアタンとよばれる怪物の退治に言及する他のテクストがある。それはメソポタミアやカナンの伝承の名残りである（たとえば、「詩篇」七四・一三以下、「ヨブ記」二六・一二以下参照）。

（5）これはアルカイックな存在論に特有の特徴である。動植物は命名された瞬間から、真に存在し始める（Eliade, *Mythes, Rêves et Mystères*, p. 255 のあるオーストラリア部族の例を参照〔『神話と夢想と秘儀』前掲〕）。

（6）つけ加えておくならば、多くの伝承は、死ぬと「霊」はその天の創造者のもとにもどり、肉体は土に帰るとしている。しかし、この人間学的「二元論」は、聖書編纂者はもとより、近東の大部分の同時代人によっても退けられた。新しい人間観がより大胆な解決を示したのは、かなりあとになってからである。

（7）神の両性具有は、「全体性＝統一性」をあらわす数多くの定式のひとつであるが、それら定式は、男と女、可視と不可視、天と地、明と暗、善と悪、創造と破壊などの対立物の結合によって示されている。諸宗教においては、これらの対について思索をめぐらすことによって、神の逆説的状態と人間状況の再評価との双方に関する大胆な結論に導かれた。

（8）ヘブライ人は、この語をエデンという語と結びつけた。ペルシア語源〔pairi-daeza〕の Paradis という語は、これより後代のものである。おもに近東とエーゲ海世界で知られている類似のイメージは、生命の木と活力の泉の傍らの大女神、または、怪物とグリフィンに守られた生命の木である。Eliade, *Traité*, §§ 104—8.〔『宗教学概論②』前掲〕

(9) しかし、「堕落」の神話は、聖書の解釈にかならずしも合致して理解されなかったことをつけ加えておこう。とくにヘレニズム時代から天啓説の時代にいたるまで、無数の思想家がより大胆で、しばしばより独創的なアダム神話を作りあげようとした。

(10) Eliade, *Forgerons et Alchimistes*, pp. 89 sq. 参照〔『鍛冶師と錬金術師』前掲〕。

(11) 今日では、シャーマンが「精霊において」、すなわちエクスタシーのトランス状態において、この天上への旅を試みる。

(12) 明らかに、「ヤハウェ」はここですでに引用したすべての箇所において、前後関係の混乱を示している。というのは、この名はもっとあとになってモーセに明かされるものだからである。

(13) オルブライトが複数の著述でそのように述べている。最近のものとしては、Albright, *Yahweh and the Gods of Canaan*, pp. 62—64 その他〔『古代パレスティナの宗教——ヤハウェとカナンの神々』前掲〕を見よ。

(14) これはとくにR・ドゥ・ヴォーが主張している。*Histoire ancienne d'Israël*, I, pp. 220—22.〔『イスラエル古代史』前掲〕

(15) この特徴にはじめて注目したのはアルブレヒト・アルトの功績である。Albrecht Alt, *Der Gott der Väter* (1929) を見よ。

(16) 前十九世紀にカッパドキアのアッシリア人は「私の父の神」(もしくは、汝の/彼の父の神) を証人とした。Ringgren, *La religion d'Israël*, p. 32〔荒井章三・訳『イスラエル宗教史』教文館〕; Fohrer, *History of Israelite Religion*, p. 37; R. de Vaux, *Histoire ancienne d'Israël*, I, pp. 257—58. またより陰影に富む解釈としては、Cross, *Canaanite Myth and Hebrew Epic*, pp. 12 sq. を見よ。

(17) de Vaux, p. 261.「約束のテーマは『創世記』にたびたび現われるが、子孫の約束、土地の約束、あるいは両者を併せた約束などその形式はさまざまである」(*ibid.*)。

(18) 族長物語には、エルの語素に名詞が続く形の名前がみられる。すなわち、エル・ロイ「視野のエル」〔和訳「私を顧みられる神」〕(「創世記」十六・一三)、エル・シャッダイ「山のエル」〔和訳「全能の神」〕(十七・一、二十八・三ほか)、エル・オーラム「永遠のエル」〔「永遠の神」〕(二十一・三三)、エル・ベテル「ベテルの神」(三十一・一三ほか)。De Vaux, pp. 262 sq.; Ringgren, pp. 33 sq.; Cross, pp. 44 sq. を見よ。

(19) R. de Vaux, *op. cit.*, p. 271.「中央アラビアでは、生贄《いけにえ》は神の臨在の象徴である石柱の前で殺された。血は石の上に注がれるか、またはその下に掘った溝の中に流された。そのような犠牲は、遊牧アラブ人が家畜の多産繁栄をたしかなものにするために、春の最初の月にいとなむ祭のときにとくに捧げられた。半遊牧の牧畜民であったイスラエルの先祖は、すでに同じような祭を営んでいたらしい」(*ibid.*)。

(20) 族長物語はいくつかの聖木の木を伝えている。たとえば、モレの樫の木(「創世記」十二・六)、マムレの樫の木(十三・一八ほか)。「丘の上、茂った木の下」(「申命記」十二・二)にあるカナン人たちの祭儀の場所が非難されるようになると、族長が崇拝したこれらの木への信仰が厄介なものとなり、のちには禁じられた。

(21) de Vaux, *op. cit.*, p. 270.「確実に古いと判断されたテクストにおいて全燔祭が最初に言及されているのは、士師時代に書かれた」テクストである。

(22) H. H. Rowley, *Worship in Ancient Israel*, p. 27. 実際、テクストは、ヤコブの息子たちのある者が営んだ祭祀についてほとんど教えてくれないが、彼らの不名誉になる話が多く保存されている。たとえば、シケムに対するシメオンとレビの話(「創世記」三十四)、ユダとタマルの話(同三十八)がそうである。

(23)「脱神話化」の仕事は比較的単純であった(実際、十の災いや葦の海の横断のような「奇跡」は「歴史的」できごととみなすわけにはゆかない)。それに反して、聖書のテクストに記述されたものが、歴史的事実である可能性を解釈することはきわめてむずかしい。テクストの分析は、時期や神学的見地を異にするいくつかの編集の段階があったことをあきらかにした。さらに、複数の文学ジャンルの痕跡が識別された。あるエピソードがあきらかに歴史的事実であると思われても、編集者がある文学ジャンル(英雄物語《サーガ》、短篇物語、諺など)の決まり文句を用いたことがわかったときには、その史実性について用心してみる必要がある。

(24)「出エジプト記」(十二・四〇)によれば、イスラエルの民はエジプトに四三〇年間とどまっていた。

(25) たとえば、Albright, *From the Stone Age to Christianity*, pp. 218 sq., 269 sq.; *id.*, *The Biblical Period from Abraham to Ezra*, pp. 15 sq.〔旧約聖書の時代 新教出版社〕を見よ。しかし、他の研究者には、両者が類似するという主張は説得力があるとは思われていない。Ringgren, *La religion d'Israël*, p. 51; Fohrer, *History of Israelite Religion*, p. 79 参照。

(26) 次に記載されている最近の文献のリストを見よ。Ringgren, pp. 43 sq.; Fohrer, pp. 75 sq.; de Vaux, *Histoire*

ancienne d'Israël, pp. 321 sq.〔『イスラエル古代史』前掲〕; Cross, *Canaanite Myth and Hebrew Epic*, pp. 60 sq.

(27) R. de Vaux, *op. cit.*, p. 424 以下の部分で，われわれは彼の分析を利用する (pp. 424—31)。

(28) de Vaux, p. 428.「しかし，エルは元来，残酷で荒々しい神であったらしいヤハウェに優しさと慈愛を与えたというのは正確ではないと思われる。『出エジプト記』三十四・六はおそらく古いテクストであると思われるが，そこでヤハウェは『憐み深く恵みに富む神』として自らの性格を明らかにする」(*ibid.*, p. 429)。

(29) Fohrer, *op. cit.*, pp. 78 sq. 参照。

(30) これらすべてのテクストがあとで書きなおされたり，編集されたことは言うまでもない。

(31) C. E. Mendenhall, *Law and Covenant in Israel and the Ancient Near East* (1955). この仮説は，とりわけオルブライトが受け入れた。Albright, *Yahweh and the Gods of Canaan*, pp. 107 sq. によって容認された。

(32) G. von Rad, *Der heilige Krieg im alten Israel* (1951). その概要は Ringgren, *La religion d'Israël*, pp. 66—67 に見られる。「禁じられたこと」〔*hērēm*〕という語は，「神聖《サクレ》」を意味する語根から派生した。リングレンはこの現象をイスラエルに典型的なものと考えるが，ロッズやオルブライトは，セム系諸族以外の場合も含めた他の例をあげている。H. H. Rowley, *Worship in Ancient Israel*, p. 56 と注7参照。

(33) Fohrer, *History of Israelite Religion*, pp. 111—13 にあげられたこれらの聖所のリストを見よ。儀礼の重層信仰《シンクレティズム》化については，G. W. Ahlström, *Aspects of Syncretism in Israelite Religion*, pp. 11 sq. ; Rowley, *op. cit.*, pp. 58 sq. を見よ。

(34) Ringgren, *op. cit.*, p. 56〔『イスラエル宗教史』前掲〕; Fohrer, p. 105 参照。

(35) Fohrer, p. 106 ; Ahlström, pp. 14 sq.

(36) J. Pedersen,《The Role Played by Inspired Persons among the Israelites and the Arabs》; J. Lindblom, *Prophecy in Ancient Israel*, pp. 86 sq.

(37) A. Haldar, *Association of Cult Prophets among the Ancient Semites*, pp. 91 sq. 文献表参照。

(38) バビロニアとアッシリアの他の例を引用する Lindblom, pp. 29 sq., 85 sq. と Fohrer, pp. 225 sq. 参照。

文献解題

略号一覧

ANET = J. B. Pritchard, *Ancient Near Eastern Texts Relating to the Old Testament* (Princeton, 1950 ; 2e édition, 1955)
Ar Or = *Archiv Orientâlni* (Prague)
ARW = *Archiv für Religionswissenschaft* (Freiburg/Leipzig)
BJRL = *Bulletin of the John Rylands Library* (Manchester)
BSOAS = *Bulletin of the School of Oriental and African Studies* (London)
CA = *Current Anthropology* (Chicago)
HJAS = *Harvard Journal of Asiatic Studies*
HR = *History of Religions* (Chicago)
IIJ = *Indo-Iranian Journal* (La Haye)
JA = *Journal Asiatique* (Paris)
JAOS = *Journal of the American Oriental Society* (Baltimore)
JAS Bombay = *Journal of the Asiatic Society, Bombay Branch*
JIES = *Journal of Indo-European Studies* (Montana)
JNES = *Journal of Near Eastern Studies* (Chicago)
JRAS = *Journal of the Royal Asiatic Society* (London)
JSS = *Journal of Semitic Studies* (Manchester)
OLZ = *Orientalistische Literaturzeitung* (Berlin/Leipzig)
RB = *Revue Biblique* (Paris)
REG = *Revue des Études Grecques* (Paris)
RHPR = *Revue d'Histoire et de Philosophie religieuses* (Strasbourg)
RHR = *Revue de l'Histoire des Religions* (Paris)
SMSR = *Studi e Materiali di Storia delle Religioni* (Roma)
VT = *Vetus Testamentum* (Leiden)
W. d. M. = *Wörterbuch der Mythologie* (Stuttgart)

第一章　時の始めに……古人類の呪術－宗教的営み

1　**方向づけ　道具を作るための道具　火の「飼い馴らし」**―全世界の先史時代への手頃な入門書としてはGrahame Clark, *World Prehistory* (Cambridge, 1962)；Grahame Clark / Stuart Piggott, *Prehistoric Societies* (London, 1965)〔『先史時代の社会』法政大学出版局〕(後者は充実した文献解題を掲載している). H. Breuil / R. Lantier, *Les hommes de la pierre ancienne : paléolithique et mésolithique* (nouvelle édition, Payot, 1959). いっそう完全な文献についてはH. Müller-Karpe, *Handbuch der Vorgeschichte,* I : *Altsteinzeit* (München, 1966) やKarl J. Narrの編集による *Handbuch der Urgeschichte* (Bern-München, 1967) の第1巻がある。Karl J. Narr は *Abriss der Vorgeschichte* (München, 1957), pp. 8-41において、みごとな要約と詳しい書誌を与えている。また、同著者の *Urgeschichte der Kultur* (Stuttgart, 1961)；F. Bordes, *Old Stone Age* (New York, 1968); *La Préhistoire. Problèmes et tendances* (Éditions du CNRS, Paris, 1968) を見よ。

言語と社会の起源に関する最近の仮説の分析はFrank B. Livingstone,《Genetics, ecology and the origins of incest and exogamy》, CA, 10, Feb. 1969, pp. 45-61 (pp. 60-61, bibliographie) にみられる。言語の起源に関しては、われわれはMorris Swadesh, *The Origin and diversification of language* (Chicago, 1971) に従う。

Karl J. Narr はいくつかの論文中で霊長類の「ヒト化」に関する仮説を吟味し、古人類のそれらしい像を描こうとした。とくに《Approaches to the Social Life of Earliest Man》, *Anthropos,* 57, 1902, pp. 604-20；《Das Individuum im der Urgeschichte. Möglichkeiten seiner Erfassung》, *Saeculum,* 23, 1972, pp. 252-65 を見よ。

アメリカ原住民の問題に関してはE. F. Greenman,《The Upper Paleolithic and the New World》, CA, 4, 1963, pp. 41-91；Allan Bryan,《Early Man in America and the Late Pleistocene Chronology of Western Canada and Alaska》, *ibid.,* 10, 1969, pp. 339-65；Jesse D. Jennings / Edward Norbeck, eds., *Prehistoric Man in the New World* (Chicago, 1964)；Gordon R. Willey, *An Introduction to*

American Archaeology, I (New Jersey, 1966), pp. 2-72 その他を見よ。

また、オセアニアについては Frederick D. McCarthy,《Recent Development and Problems in the Prehistory of Australia》, *Paideuma*, 14, 1968, pp. 1-17; Peter Bellwood,《The Prehistory of Oceania》, CA, 16, 1975, pp. 9-28 を見よ。

数万年にわたり、旧石器文化の発展順序は、ヨーロッパ、アフリカ、アジアにおいて同じであった。オーストラリアや南北アメリカでも、時間的ひろがりはずっと狭められるが、同じ段階が証明される。前2万年―1万年のあいだに、特定の地域がほかより決定的な技術的優位を得ていたと確定することは不可能である。道具の構造はあきらかに多様であるが、これらの差異はおそらく地域に適応するための変化で、技術的進歩を示すものとは考えられない。Marvin Harris, *Culture, Man and Nature* (New York, 1971), p. 169 参照。この旧石器時代人の文化的合一性は、後代文化が継承した伝承の共通の源泉をなすものである。さらに、それは現代の狩猟社会との比較を可能にする。ギリシアの神話と儀礼のなかの、旧石器時代「残存物」のすぐれた分析は Walter Burkert, *Homo Necans* (Berlin, 1972) を見よ。狩猟文化については Richard B. Lee / Irven Devore の指導によるシンポジウム論集 *Man the Hunter* (Chicago, 1968) を見よ。

2 **先史資料の「不透明性」**—学者が、旧石器時代人のなかに一貫した、複雑な宗教性の可能性を認めるのをためらう理由を理解するためには、19世紀後半において「宗教」という言葉はきわめて限定された意味をもっていたであろうし、そのほかは「呪術」、「俗信」、「野蛮な習俗」などの、さまざまな侮蔑的言葉でよばれていたことを想い起こさなければならない。いくつかの部族に、よく知られている多神教や「呪物崇拝」に匹敵するものがないと、「宗教をもたぬ人々」だということにされた。「宗教性」支持者は旧石器時代人を「理想化」していると非難されたが、それは、「宗教」とはユダヤ・キリスト教、ヒンドゥー教、または古代中近東のパンテオンに相当する観念複合体を意味すると考えられていたからである。

先史時代の宗教に関する著作全部を網羅しても、得るものはないであ

ろう。その大部分は書誌学的興味をひくのみである。資料や提唱された仮説については Th. Mainage, *Les religions de la prêhistoire* (Paris, 1921)；G. H. Luquet, *L'art et la religion des hommes fossiles* (Paris, 1926)；C. Clemen, *Urgeschichtliche Religion,* 2 vol. (Bonn, 1932-33)；E. O. James, *Prehistoric Religion* (London-New York, 1957) を参考にできる。

数冊の近刊書には、いっそう充実した議論がみられる。Johannes Maringer, *The Gods of Prehistoric Man* (New York, 1960；仏訳 1958)；Etienne Patte, *Les prêhistoriques et la religion* (Paris, 1960)；André Leroi-Gourhan, *Les Religions de la Prêhistoire* (Paris, 1964)〔『先史時代の宗教と芸術』日本エディタースクール出版部〕; Karl J. Narr, *Kultur, Umwelt u. Leiblichkeit d. Eiszeitmenschen* (Stuttgart, 1963)；id.,《Approaches to the Religion of early Paleolithic Man》, HR 4, 1964, pp. 1-29；id.,《Religion und Magie in der jüngeren Altsteinzeit》, in：*Handbuch der Urgeschichte,* I (1966), pp. 298-320. 最近のいくつかの業績を批判した書誌として役だつ論文は、Karl J. Narr,《Wege zum Verständnis Prähistorischer Religionsformen》, *Kairos* 3, 1963, pp. 179-88 である。

道具製作から発展したと思われる神話の研究は、いまだに不充分である。われわれは矢のシンボリズムと神話的テーマを次に分析した。《Notes on the Symbolism of the Arrow》(*Religions in Antiquity. Essays in memory of E. R. Goodenough,* Leiden, 1968, pp. 463-75)〔「矢のシンボリズム」『宗教学と芸術』エリアーデ著作集第13巻　せりか書房〕.

3　**埋葬の象徴的意味**——旧石器時代人の埋葬習俗の要点は、J. Maringer, *The Gods of Prehistoric Man* (New York, 1960), pp. 14-37, 74-89 に明示されている。

1940年以前の資料を利用するために今なお有用なのは、E. O. James, *Prehistoric Religion. A Study in Prehistoric Archaeology* (London, 1957), pp. 17-34. また、Grahame Clark, *The Stone Age Hunters* (London, 1967), pp. 41 sq. も見よ。批判的議論は、Leroi-Gourhan, *Les Religions de la Prêhistoire,* pp. 37-64.

いっそう厳密な分析は H. Breuil,《Pratiques religieuses chez les

humanités quaternaires》(*Scienza e Civiltà,* 1951, pp. 45-75); A. Glory / R. Robert, 《Le Culte des crânes humains aux époques préhistoriques》(*Bulletin de la Société* d, *Anthropologie de Paris,* 1948, pp. 114-33); H. L. Movius, Jr., 《The Mousterian Cave of Teshik-Tash, Southeastern Uzbekistan, Central Asia》(*American School of Prehistoric Research,* Bulletin No. 17, 1953, pp. 11-71); P. Wernert, 《Cultes des crânes: représentation des esprits des défunts et des ancêtres》(in: M. Gorce / R. Mortier, *L'Histoire générale des Religions,* I, Paris, 1948, pp. 51-102) を見よ。

チルチェオ山出土頭骨の意味については A. C. Blanc, 《I Paleantropi di Saccopastore e del Circeo》(*Quartär,* 1942, pp. 1-37) を見よ。

Raymond A. Dart は南アフリカその他の地域の、オーカー採掘の古い起源を証明した。《The Multimillennial Prehistory of Ochre Mining》(NADA, 1967, pp. 7-13); 《The Birth of Symbology》(*African Studies,* 27, 1968, pp. 15-27) を見よ。これら二論文は豊富な参考文献をあげている。

「胎児形」埋葬については G. van der Leeuw, 《Das Sogenannte Hockerbegräbniss und der ägyptische *Tjknw*》(SMSR, 14, 1938, pp. 150-67) を見よ。

4 **骨の堆積をめぐる論争**—Emil Bächler は *Das alpine Paläolithikum der Schweiz* (Basel, 1940) に発掘結果を報告している。

また、ほかの発見については、K. Hoermann, *Die Petershöhle bei Velden in Mittelfranken: Eine altpaläolithische Station* (Nüremberg, 1933); K. Ehrenberg, 《Dreissig Jahre paläobiologischer Forschung in österreichischen Höhlen》(*Quartär,* 1951, pp. 93-108); id., 《Die paläontologische, prähistorische und paläoethnologische Bedeutung der Salzofenhöhle im Lichte der letzten Forschungen》(*Quartär,* 1954, pp. 19-58) を見よ。また、Lothar Zotz, 《Die altsteinzeitliche-Besiedlung der Alpen u. deren geistigen u. wirtschaftliche Hintergründe》, *Sitzung sberichte der Physikalischmedizinische Sozietät zu Erlangen,* vol. 78, 1955-57, pp. 76-101, とくに、Müller-Karpe, *Alt-*

steinzeit, pp. 205, 224–26 を見よ。

極北圏居住部族の一部に特有な供物との比較は Al. Gahs,《Kopf-, Schädel- und Langknochenopfer bei Rentiervölkern》(*Festschrift für P. W. Schmidt,* Vienne, 1928, pp. 231–68) に示されている。ヴィルヘルム・シュミットはこの問題を何度か論じたが、とくに Wilhelm Schmidt,《Die älteste Opferstelle des altpaläolithischen Menschen in den Schweizer Alpen》(*Acta Pontificiae Academiae Scientiarum,* Città del Vaticano, 6, 1942, pp. 269–72) ;《Das Primitialopfer in der Urkultur》(*Corona Amicorum, Festgabe für Emil Bächler,* St. Gallen, 1948, pp. 81–92) を参照。

骨の堆積の解釈は Karl Meuli,《Griechische Opferbräuche》(*Phyllobolia für Peter von der Mühll,* Basel, 1945, pp. 185–288), とくに pp. 283–87 に示されている。

旧石器時代の「犠牲」の問題については Oswald Menghin,《Der Nachweis des Opfers im Altpaläolithikum》(*Wiener Prähistorische Zeitschrift,* XIII, 1926, pp. 14–19) ; H. C. Bandi,《Zur Frage eines Bären- oder Opferkultes im ausgehenden Altpaläolithikum der alpinen Zone》(*Helvetia Antiqua, Festschrift Emil Vogt,* Zürich, 1966, pp. 1–8) ; S. Brodar,《Zur Frage der Höhlenbärenjagd und des Höhlenbärenkult in den paläolithischen Fundstellen Jugoslawien》(*Quartär,* 9, 1957, pp. 147–59) ; W. Wüst,《Die paläolithisch-ethnographischen Bärenriten u. das Altindogermanische》(*Quartär,* 7–8, 1956, pp. 154–65) ; Mirko Malez,《Das Paläolithikum der Veternicahöhle und der Bärenkult》(*Quartär,* 10/11, 1958/59, pp. 171–88) ; I. Paulson,《Die rituelle Erhebung des Bärenschädels bei arktischen u. subarktischen Völker》, *Temenos,* I, 1965, pp. 150–73 を見よ。

F. Ed. Koby は、頭骨の埋納跡と熊祭りの存在に疑義を唱えた。《L'ours des cavernes et les Paléolithiques》(*L'Anthropologie,* 55, 1951, pp. 304–08) ;《Les Paléolithiques ont-ils chassé l'ours des cavernes ?》(*Actes de la Société Jurassienne d'émulation,* 57, 1953, pp. 157–204) ;《Grottes autrichiennes avec culte de l'ours ?》(*Bull. de la*

Soc. Prêhist. française, 48, 1951, pp. 8-9）参照。ルロワ - グーランはコピーに同調している。*Les Religions de la Prêhistoire,* pp. 31 sq. 参照。

詳しい批判的議論は Johannes Maringer, 《Die Opfer der paläolithischen Menschen》（*Anthropica,* St. Augustin bei Bonn, 1968, pp. 249-71）を見よ。

W. Koppers は、いくつかの興味深い民族学的類似例を示している。《Der Bärenkult in ethnologischer und prähistorischer Beleuchtung》（*Paleobiologica,* 1933, pp. 47-64）; 《Künstlicher Zahnschift am Bären im Altpaläolithikum und bei den Ainu auf Sachalin》（*Quartär,* 1938, pp. 97-103）を見よ。その儀礼は、Alexander Slawik, 《Zum Problem des Bärenfestes der Ainu u. Giliaken》, *Kultur und Sprache*（Vienne, 1952）, pp. 189-203 に分析されている。

「熊祭り」と旧石器時代ヨーロッパのシャーマニズムとの関係は、Karl J. Narr, 《Bärenzeremoniell und Schamanismus in der älteren Steinzeit Europas》, *Saeculum,* 10, 1959, pp. 233-72 で研究されている。

動物は骨から再生できるという狩猟民特有の信仰については Eliade, *Le Chamanisme*（2e éd., 1968）, pp. 139 sq. 〔『シャーマニズム』冬樹社〕を参照。狩の獲物や家畜の骨を砕くことの禁止は、最新の研究成果に照らして Joseph Henninger, 《Neuere Forschungen zum Verbot des Knochenzerbrechens》（*Studia Ethnographica et Folkloristica in honorem Bêla Gunda,* Debrecen, 1971, pp. 673-702）に分析されている。I. Paulson, 《Die Tierknochen im Jagdritual der nordeurasiatisches Völker》, *Zeit. f. Ethnologie,* 84, 1959, pp. 270-92 の論文は特筆に価する。

5　**洞窟壁画――イメージか、シンボルか？**―先史時代の洞窟と洞窟壁画に関する参考文献は、かなり数多く存在する。特記すべきは、H. Breuil, *Quatre cents siècles d'art pariêtal*（Montignac, 1952）; J. Maringer / H. Bandi, *Art in the Ice Age*（London, 1953）; Paolo Graziosi, *Palaeolithic Art*（英訳 London, 1960）; A. Leroi-Gourhan, *Prêhistoire de l'art occidental*（Paris, 1965）; A. Laming, *Lascaux. Paintings and Engravings*（Harmondsworth, 1959）; id., *La signification de l'art rupestre palêolithique*（Paris, 1962）, 豊富で批判的

な文献解題付き；R. F. Heizer / M. A. Baumhoff, *Prehistoric Rock Art of Nevada and Eastern California* (Berkeley-Los Angeles, 1962)；Peter J. Ucko / André Rosenfeld, *Palaeolithic Cave Art* (New York, 1967)〔『旧石器時代の洞窟美術』平凡社〕. また *Simposio de arte rupestre, Barcelona,* 1966 (Barcelone, 1968) を、とくに P. Graziosi, 《L'art paléo-épipaléolithique de la Province méditerranéenne et ses nouveaux documents d'Afrique du Nord et du Proche-Orient》(pp. 265 sq.), Emmanuel Anati, 《El arte rupestre galacio-português》(pp. 195 sq.), Henri Lhote, 《Données récentes sur les gravures et les peintures rupestres du Sahara》(pp. 273 sq.) の論文を見よ。先史時代の芸術作品と民族学的次元の人々のそれとの、納得できる比較条件は Karl J. Narr, 《Interpretation altsteinzeitlicher Kunstwerke durch völkerkundliche Parallelen》, *Anthropos,* 50, 1955, pp. 513–45 に吟味されている。同著者の最近の論文は、《Zum Sinngehalt der altsteinzeitlichen Höhlenbilder》, *Symbolon,* n.s. 2 (1974), pp. 105–22. マルクス主義的解釈は G. Charrière, *Les significations des représentations érotiques dans les arts sauvages et préhistoriques* (Paris, 1970) に示されている。

ルロワ－グーランは、様式と編年の二つの観点から、旧石器時代芸術を5期に区分する。1）前図像期（ムスティエ後期、前5万年頃）「規則的に配された線刻をもつ骨や小石板」が出土するが、図像作品はみられない。2）原初期（オーリニャック期、前3万年頃） 石灰石板上の線刻画と彩色画、「これらの表象は非常に抽象的で稚拙であるが、たいてい正体不明な動物の頭か前軀をあらわし、生殖器の表現もそれらに混じっている」。のちに（前2万5千年―2万年頃）、類似する様式の人物像があらわれる。「胴体が、頭や手足に比べると巨大で、旧石器時代の女性がとりわけ脂肪臀症であったという考えを生んだ」。3）アルカイック期（ソリュートレ後期、前2万年―1万5千年頃） 第一級の多くの遺跡（ラスコー、パシェーガ洞窟）を含む。「技法は完成され、彩色画や彫像や線刻画は驚くべきできばえを示している」。4）古典期（マグダレニアン〔マドレーヌ〕期、前1万5千年―1万1千年頃） 装飾洞窟が最大の地理的ひろがりに達した時期で、フォルムのリアリズムが

たいへん進んだ。5）晩期（後期マグダレニアン期、前1万年頃） 洞窟は壁画で飾られなくなり、芸術作品は本質的に移動可能となる。「図像から古い様式の最後の跡も消え、動物は、フォルムや動きの正確さに驚かされるリアリズムにおいてまとめられている。この可動芸術は、そのときイギリス本土に、ベルギーに、スイスに北上する。前9千年頃になると、後期旧石器時代はやや突然の衰退によって、その終焉を迎えることになる。マグダレニアン末期の稀少な遺物は、稚拙化と様式主義化して終わる」(*Les religions de la préhistoire,* pp. 87-88〔『先史時代の宗教と芸術』前掲〕)。

Le Simposio de arte rupestre はルロワ-グーランと、ラマンの方法を批判したロートの二論文を収める。Henri Lhote,《La plaquette dite de 'La Femme au Renne', de Laugerie-Basse, et son interprétation zoologique》(pp. 79-97);《Le bison gravé de Ségriés, Moustiers-Ste-Marie》(pp. 99-108). ルロワ-グーランの解釈への批判は Ucko / Rosenfeld, *Palaeolithic Cave Art,* pp. 195-221 にみられるであろう。

先史時代芸術とその表現様式のシンボリズムに関する示唆に富んだ見解は、Herbert Kühn,《Das Symbol in der Vorzeit Europas》, *Symbolon,* 2, 1961, pp. 160-84; Walther Matthes,《Die Darstellung von Tier u. Mensch in der Plastik des älteren Paläolithikum》, *ibid.,* 4, 1964, pp. 244-76. モンテスパンとテュク・ドードゥーベールの洞窟に関する H. Bégouen, N. Casteret, J. Charet の刊行業績は Ucko / Rosenfeld, *op. cit.,* pp. 188-98, 177-78 に論じられている。

ルルドの線刻石板岩は Maringer, *The Gods of the Prehistoric Man,* fig. 27 に模写された。（アリエージュ県の）ヴァシュ洞窟出土の骨に刻まれた場面は、イニシエーション儀礼を示すとの解釈が唱えられた、Louis-René Nougier / Romain Robert,《Scène d'initiation de la grotte de la Vache à Alliat (Ariège)》, *Bull. de la Soc. de l'Ariège,* t. XXIII, 1968, pp. 13-98 を見よ。その線刻画の鮮明な描写は、Alexander Marshak, *The Roots of Civilization* (New York, 1972), p. 275, fig. 154 にみられるであろう。

ラスコーの有名な洞窟壁画の「シャーマニズム的」解釈を、Horst Kirchner は《Ein archäologischer Beitrag zur Urgeschichte des

Schamanismus》, *Anthropos,* 47, 1952, pp. 244-86 で提示している。この解釈は Karl J. Narr, 《Bärenzeremoniell und Schamanismus in der älteren Steinzeit Europas》 (*Saeculum,* 10, 1959, pp. 233-72), とくに p. 271 で容認された。また、Eliade, *Le Chamanisme* (2e éd., 1968), pp. 390 sq. 〔『シャーマニズム』前掲〕; Al. Marshak, *The Roots of Civilization,* pp. 277 sq. を見よ。

J. Makkay は、トロワ・フレール洞窟の「大呪術師」を同様に解釈している。《An Important Proof to the Prehistory of Shamanism》, *Alba Regia,* 2/3 (Székesfehérvár, 1963), pp. 5-10 を見よ。

また、E. Burgstaller, 《Schamanistische Motive unter den Felsbildern in den österreichischen Alpenländern》, *Forschungen u. Fortschritte,* 41, 1967, pp. 105-10, 144-58 ; H. Miyakawa / A. Kollantz, 《Zur Ur- und Vorgeschichte des Schamanismus》, *Zeitschrift für Ethnologie,* 91, 1960, pp. 161-93 (日本の資料のために有益) を見よ。

6 **女性の存在** —女性像についてはE. Saccasyn-Della Santa, *Les figures humaines du paléolithique supérieur eurasiatique* (Anvers, 1947) に集められている関係資料を見よ。その後の発見は Karl J. Narr, *Antaios,* vol. II, nr. 2 [1960], p. 155, n. 2 に記された書誌で補われる。その解釈についてはF. Hančar, 《Zum Problem der Venusstatuetten im eurasischen Jungpaläolithikum》 (*Prähistorische Zeitschrift,* vol. 30/31, 1939/40, pp. 85-156) ; Karl J. Narr, 《Weibliche Symbol-Plastik der älteren Steinzeit》 (*Antaios,* II, 1960, pp. 131-57) ; Karl Jettmar, dans I. Paulson, A. Hultkrantz, K. Jettmar, *Les religions arctiques et finnoises* (仏訳 1965), p. 292 (ゲラシモフのマリタ発掘の要約) を参照。また、J. Maringer, *The Gods of Prehistoric Man,* pp. 153 sq. ; A. Leroi-Gourhan, *Les religions de la préhistoire,* pp. 87 sq. 〔『先史時代の宗教と芸術』前掲〕を見よ。この小塑像 (ナールは 《Kleinplastik》 と呼ぶ) 芸術は、東地中海地域からもたらされた影響の結果だと考えられる。概して、フランコ・カンタブリア地域には自然主義的様式が、幾何学的様式は東部、北東部に支配的である。しかし、シベリアの後期旧石器時代は、モンゴルや東南アジアの文化に影響されたことが現在では

認められている。Jettmar, *Les religions arctiques et finnoises,* p. 292 参照。

ルロワ - グーランの解釈は Ucko / Rosenfeld, *Palaeolithic Cave Art,* pp. 195 sq. ; Henri Lhote,《La plaquette dite de 'La Femme au Renne'》, in : *Simposio de arte rupestre,* pp. 80-97 (*ibid.,* pp. 98-108, Maning の批判を参照) で批判されている。

いわゆる「X線」様式とシャーマニズムとの関係は Andreas Lommel, *Shamanism : The Beginnings of Art* (New York-Toronto, 刊行年不明), pp. 129 sq. を見よ。この著作は *Current Anthropology,* II, 1970, pp. 39-48 に数人によって書評されている。

7 **旧石器時代の狩猟者の儀礼、思想、想像力** —Alexander Marshak は彼の発見を最初《Lunar Notation on Upper Paleolithic Remains》(*Scientia,* 1964, 146, pp. 743-45) に発表した。この短い論文に次いで、いっそう充実した一連の業績がまとめあげられた。《New Techniques in the Analysis and Interpretation of Mesolithic Notations and Symbolic Art》(*Actes du symposium international,* éd. Emmanuel Anati, Valcamonica, 1970, pp. 479-94) ; *Notations dans les gravures du paléolithique supérieur : Nouvelles méthodes d'analyse* (Bordeaux : Institut de préhistoire de l'Université de Bordeaux, Mémoire, n° 8, 1970) :《Le bâton de commandement de Montgaudier (Charente). Réexamen au microscope et interprétation nouvelle》(*L'Anthropologie,* 74, 1970, pp. 321-52) ;《Cognitive Aspects of Upper Paleolithic Engraving》(CA, 13, 1972, pp. 445-77) ;《Upper Paleolithic Notation and Symbol》(*Scientia,* 1972, 178, pp. 817-28). これらの研究成果は自著 *The Roots of Civilization : The Cognitive Beginnings of Man's First Art, Symbol and Notation* (New York, 1972) においてみずから分析されている。この書評、Eliade,《On Prehistoric Religions》, HR, 14, 1974, pp. 140-47, spéc. pp. 140-43 を参照。

A. Marshak,《The Meander as a System : The Analysis and Recognition of Iconographic Units in Upper Paleolithic Compositions》は、キャンベラのオーストラリア先住民研究所主催のコロキア

ムで、1974年５月に発表された未刊行論文である。著者はわれわれに、この貴重な業績を使用することを親切にも許してくれた。

円舞の比較研究は Evel Gasparini, 《La danza circolare degli Slavi》 (*Ricerche Slavistiche,* I, 1952, pp. 67-92) ; *id., Il Matriarcaio Slavo. Antropologia Culturale dei Protoslavi* (Firenze, 1973), pp. 665 sq. を見よ。われわれの書評は HR, 14, 1974, pp. 74-78 を参照。

アマドゥ・ハムパテ・バー（イニシエーションを経験した）が伝えたプール族牧畜民の秘密の神話が Germaine Dieterlen, *Koumen* (Cahiers de l'Homme, Paris, 1961) に刊行された。このおかげで、ロートはホガールとタッシリのいくつかの岩壁画を解釈することができた。Henri Lhote, 《Données récentes sur les gravures et les peintures rupestres du Sahara》 (*Simposio de Arte Rupestre,* pp. 273-90), pp. 282 sq. を参照。

アフリカのルウェは、前８千年以前のヨーロッパ－アフリカ狩猟民の至高神信仰をいまだにとどめているとH. von Sicard, 《*Luwe* und verwante mythische Gestalten》, *Anthropos,* 63/64, 1968/69, pp. 665-737, とくに pp. 720 sq. は考えている。

「宇宙創造のための潜水」神話は、東ヨーロッパ、中央アジア、北アジア、インド原住民（アーリアン以前）、インドネシア、北アメリカに見いだされる。Eliade, *De Zalmoxis à Gengis-Khan* (Paris, 1970), ch. III : 《Le Diable et le bon Dieu》 (pp. 81-130) 〔『ザルモクシスからジンギスカンへ①』エリアーデ著作集11巻前掲〕を参照。

ゲルテの論文、W. Gaerte, 《Kosmische Vorstellungen im Bilde prähistorischer Zeit : Erdberg, Himmelsberg, Erdnabel und Weltströme》 (*Anthropos,* 9, 1914, pp. 956-79) は古いが、図像資料のために今なお有益である。

Benjamin Ray は、ディンカ族とドゴン族における言葉の呪術－宗教的力のすぐれた分析を示した。《'Performative Utterances' in African Rituals》, HR, 13, 1973, pp. 16-35 (《Performative Utterances》 という表現はイギリスの哲学者 J. L. オースティンの造語である).

8　**失われた楽園**—A・ルストは、40年にわたってマイエンドルフ、シュテルモール、アーレンスブルク-ホップェンバッパで行なった発掘についていくつもの著書を刊行したが、そのもっとも重要なものは、A. Rust, *Die alt- und mittelsteinzeitlichen Funde von Stellmoor* (Neumünster in Holstein, 1934); *Das altsteinzeitliche Rentierjägerlager Meisendort* (*ibid.*, 1937); *Die Jungpaläolitischen Zeltanlagen von Ahrensburg* (1958); *Vor 20.000 Jahren* (Neumünster, 1962) である。

これらの発見物の宗教的意味については、A. Rust,《Neue endglaziale Funde von kultische-religiöser Bedeutung》(*Ur-Schweiz*, 12, 1948, pp. 68-71); id.,《Eine endpaläolitische hölzerne Götzenfigur aus Ahrensburg》(*Röm. Germ. Kom. d. dtsch. Arch. Inst.*, Berlin, 1958, pp. 25-26); H. Pohlhausen,《Zum Motiv der Rentierversenkung der Hamburger u. Ahrensburger Stufe des niederdeutschen Flachlandmagdalenien》, *Anthropos*, 48, 1953, pp. 987-90; H. Müller-Karpe, *Handbuch der Vorgeschichte*, I, p. 225; II, p. 496 (nr. 347); J. Maringer,《Die Opfer der paläolitischen Menschen》(*Anthropica*, St. Augustin bei Bonn, 1968, pp. 249-72), pp. 266-70. を参照。

水中に沈める供犠については Alois Closs,《Das Versenkungsopfer》in: *Wiener Beiträge zur Kulturgeschichte und Linguistik*, 9, 1952, pp. 66-107 を見よ。

東スペインの洞窟壁画の、宗教的意味の問題については H. Obermaier, *Fossil Man in Spain* (New Haven, 1924); J. Maringer, *The Gods of Prehistoric Man*, pp. 176-86 を見よ。

9　**労働、技術、想像の世界**—パレスティナの先史時代の、最良の、そしてもっとも完全な解説は、J. Perrot,《Préhistoire Palestinienne》, in: *Dict. de la Bible*. Supplément, vol. VIII, 1968, col. 286-446 である。また R. de Vaux, *Histoire ancienne d'Israël*, vol. I (Paris, 1971), pp. 41-59 も見よ。ナトゥーフ文化については、D. A. E. Garrod,《The Natufian Culture: The Life and Economy of a Mesolithic People in

the Near East》, dans *Proceedings of the British Academy,* 43 (1957), pp. 211-27 ; E. Anati, *Palestine before the Hebrews* (New York, 1963), pp. 146-78 ; H. Müller-Karpe, *Handbuch der Vorgeschichte,* II : *Jungsteinzeit* (München, 1968), pp. 73 sq. を見よ。ナトゥーフ宗教については、Jacques Cauvin, *Religions néolithiques de Syro-Palestine* (Paris, 1972), pp. 19-31 を見よ。

頭骨の宗教的意義と食人儀礼については、Müller-Karpe, *op. cit.,* vol. I, pp. 239 sq. ; Walter Dostal, 《Ein Beitrag zur Frage des religiösen Weltbildes der frühesten Bodenbauer Vorderasiens》, *Archiv für Völkerkunde,* 12, 1957, pp. 53-109, spéc. pp. 75-76（文献表つき）; R. B. Onian, *The Origin of European Thought* (Cambridge, 1951 ; 2e éd., 1954), pp. 107 sq., 530 sq. を見よ。

10 **旧石器時代狩猟民の遺産**—アフリカの「儀礼的狩猟」については、Helmut Straube, *Die Tierverkleidungen der afrikanischen Naturvölker* (Wiesbaden, 1955), pp. 83 sq., 198 sq. et *passim.* を見よ。アッシリア人、イラン人、トルコ‐モンゴル人の戦いと狩猟の技術の類似については、Karl Meuli, 《Ein altpersischer Kriegsbrauch》(*Westöstliche Abhandlungen. Festschrift für Rudolph Tchudi,* Wiesbaden, 1954, pp. 63-86）を見よ。

狩猟が別の神話的、民話的テーマを生みだしたことをつけ加えよう。一例だけあげると、一頭の鹿を追っているうちに英雄は他界、もしくは魔法と呪術の世界に迷いこむが、そこで最後には、狩人はキリストや菩薩などに出会うというテーマがある。M. Eliade, *De Zalmoxis à Gengis-khan* (1970), pp. 131-61〔『ザルモクシスからジンギスカンへ②』エリアーデ著作集第12巻　前掲〕を参照。領土の発見・征服、都市構築、河や沼を渡ることなどに関する多数の神話・民話のなかで、あきらかに絶望的な状況に打開策を見いだすのは動物である。Eliade, *ibid.,* pp. 135 sq., 160 を参照。

11 **食用植物の栽培　起源神話**—植物栽培と動物飼育については、Müller-Karpe, *op. cit.,* II, pp. 240-56 ; Peter J. Ucko / G. W. Dimbley [Ed.], *The Domestication and Exploitation of Plants and Animals* (Chicago, 1969) ; Gary A. Wright, 《Origins of Food Production in

Southwestern Asia : A Survey of Ideas》(*Current Anthropology,* 12, Oct.-Dec., 1971, pp. 447-79) を見よ。

比較研究については、F. Herrmann,《Die Entwicklung des Pflanzenanbaues als ethnologisches Problem》, *Studium Generale,* II, 1958, pp. 352-63 ; id.,《Die religiösgeistige Welt des Bauerntums in ethnologischer Sicht》, *ibid.,* pp. 434-41 を見よ。

ロバート・ブレイドウッドは原始農業活動を四つの段階に分けて考える。すなわち、人々が村落に居住し、初歩的農耕を営む「原始村落農耕」、固定した村落での農耕を営む「定住村落農耕」、「初期農耕」、そして「集約的村落農耕」である。R. Braidwood / L. Braidwood,《Earliest village communities of South West Asia》, *Journal of World History,* I, 1953, pp. 278-310 ; R. Braidwood,《Near Eastern prehistory : The swing from food-gathering cultures to village-farming communities is still imperfectly understood》, *Science,* vol. 127, 1958, pp. 1419-30 ; cf. R. Braidwood,《Prelude to Civilization》, in *City Invincible : A Symposium on Urbanization and Cultural Development in the Ancient Near East,* éd. Carl H. Kraeling / Robert M. Adams (Chicago, 1960), pp. 297-313 ; Carl O. Sauer, *Agricultural Origins and Dispersals* (New York, 1952) ; Edgar Anderson, *Plants, Man and Life* (Boston, 1952) を参照。

ハイヌヴェレ型神話とその宗教的・文化的意味については、Ad. E. Jensen, *Das religiöse Weltbild einer frühen Kultur* (Stuttgart, 1948), pp. 35 sq.〔『殺された女神』人類学ゼミナール2 弘文堂〕; id., *Mythes et Cultes chez les peuples primitifs* (仏訳 Payot, 1954 [独語版 Wiesbaden, 1950]), pp. 188 sq. ; Carl A. Schmitz,《Die Problematik der Mythologeme 'Hainuwele' und 'Prometheus'》, *Anthropos,* 55, 1960, pp. 215-38 ; M. Eliade, *Aspects du mythe* (1963), pp. 132 sq.〔『神話と現実』エリアーデ著作集第7巻 前掲〕; T. Mabuchi,《Tales concerning the origin of grains in the Insular Areas of Eastern-Southeastern Asia》, *Asian Folklore Studies,* 23, 1964, pp. 1-92〔「沖縄の穀物起源神話」『馬淵東一著作集』第3巻 社会思想社〕; Atsuhiko Yoshida,《Les excrétions de la Déesse et l'origine de l'agriculture》, *Annales,* juillet-août 1966, pp.

717-28 を見よ。

イレアナ・キラシは近年、ギリシア神話のなかに、「前穀類」段階に密接に連関すると思われるいくつかのハイヌヴェレ型神話－儀礼的複合体を見いだした。Ileana Chirasi, *Elementi di culture précéréali nei miti e riti greci* (Roma, 1968) を参照。

ドイツ人民族学者リンツ・ディトマーによれば、根茎や球根の栽培は、東南アジアでは旧石器時代後期にすでに始まっていたという。女性は栽培と採集の責任を負い、籠を編み、のちには土器を作った。したがって、耕地は女性の所有物となった。夫は妻の家に来て住み、家系は母系制によった。男子は狩猟、漁撈のほかに、開墾の仕事をした。この型の文明を、ディトマーは狩猟－農耕（《Jäger-Pflanzer》）結合型と定義するが、それは熱帯アフリカ、メラネシア、南北アメリカにひろがっていった。

東南アジアでは芋類栽培と野菜栽培は遅くあらわれ、豚と鶏の飼育と軌を一にする。この文化は母権制型組織、男性秘密結社（女性を脅かすための）、年齢別集団、女性の経済的、宗教的重要性、月の神話、オルギー的農耕祭祀、首狩り、頭骨祭祀を特徴とする。生命の再生は人身供犠によってもたらされた。祖先祭祀は、豊作をもたらすのは祖先なので、祭祀が必要だと説明された。その他の特徴となる要素は、シャーマニズムと芸術（音楽、祭祀劇、秘密結社の仮面、祖先の造型表現）の発展である。この型の文明（または文化サイクル）は、中石器時代にすでに東南アジア（今なお外インド、インドシナのいくつかの未開民族内に見いだされる）、赤道下アフリカ、ポリネシア以外の太平洋海域にひろがっている。

ディトマーは穀類栽培を、農耕がステップ地帯にひろがったので必要になった野菜栽培の代替物として説明する。野菜栽培から穀類栽培への移行はインドで起こった。最古の穀類、キビが栽培されたのはインドである。この新技術はインドから西アジアにひろがり、そこで野生の数種のイネ科植物が栽培されるにいたった。ディトマーは穀類栽培に固有な二文化圏をあげる。すなわち、(a)充分な降雨量をもつ地域での「広域」型農耕と、(b)段々畑、灌漑、菜園作りを生かした「集約」型農耕である。これらの文化圏は、各々それに対応する社会学的、経済的、宗

教的構造を有する（Kunz Dittmer, *Allgemeine Völkerkunde,* Braunschweig, 1954, pp. 163–90 を参照）。

これに対しH. バウマンは、芋類栽培は穀類栽培技術を模倣し、再調整しながら考えだされたと推定する。H. Baumann, *Das doppelte Geschlecht*（Berlin, 1955）, pp. 289 sq. を参照。

12　**女性と植物　聖空間と世界の周期的更新**　―女性 - 耕作地の神秘的連帯性については、M. Eliade, *Traité d'Histoire des Religions*（nouvelle éd., 1968）, pp. 208–28, 281–309〔『宗教学概論②、③』エリアーデ著作集第2、3巻　前掲〕; id., *Mythes, rêves et mystères*（1957）, pp. 206–53〔『神話と夢想と秘儀』国文社〕を見よ。

Albert Dieterich（*Mutter Erde,* 3e éd., Berlin, 1925）の性急な一般論への反論は、Olof Pettersson, *Mother Earth : An Analysis of the Mother Earth Concepts according to Albert Dieterich*（Lund, 1967）. また P. J. Ucko, *Anthropomorphic Figurines*（London, 1968）と Andrew Fleming,《The Myth of the Mother-Goddess》(*World Archaeology,* I, 1969, pp. 247–61）を見よ。

ギリシアと地中海沿岸の女神の処女生殖については Uberto Pestalozza, *Religione mediterranea. Vechi e nuovi studi*（Milano, 1951）, pp. 191 sq. を見よ。

世界の周期的更新については Eliade, *Le mythe de l'éternel retour*（nouvelle éd., 1969）, pp. 65 sq.〔『永遠回帰の神話』未来社〕; id., *Aspects du mythe*（1963）, pp. 54 sq.〔『神話と現実』エリアーデ著作集第7巻　前掲〕を参照。

宇宙樹のシンボリズムについては、Eliade, *Le Chamanisme*（2e éd., 1968）, pp. 49 sq., 145 sq., 163 sq., 227 sq.〔『シャーマニズム』前掲〕の資料と書誌を見よ。

循環する時間と宇宙のサイクルについては、*Le mythe de l'éternel retour,* pp. 65 sq.〔『永遠回帰の神話』前掲〕を参照。

空間の宗教的価値づけについては、*Traité,* pp. 310 sq.〔『宗教学概論③』エリアーデ著作集第3巻　前掲〕を見よ。

仰韶の新石器文化における住居のシンボリズムについては R. A. Stein,《Architecture et pensée religieuse en Extrême-Orient》, *Arts Asiatiques,* 4, 1957, pp. 177 sq. を見よ。また Eliade, *Le Chamanisme,*

pp. 213 sq.〔『シャーマニズム』前掲〕を参照。

分類上、儀礼上の二分説と対立と、二項両極性の種類については次を見よ。Eliade, *La Nostalgie des Origines* (1971), pp. 249-336〔『宗教の歴史と意味』エリアーデ著作集第8巻 前掲〕.

13 **近東の新石器時代宗教**—イェリコの考古学的資料とその解釈については、Kathleen Kenyon, *Digging up Jericho* (London, 1957); id., *Archaeology in the Holy Land* (London, 1960); J. / J. B. E. Garstang, *The Story of Jericho* (London, 1948); E. Anati, *Palestine before the Hebrews,* pp. 273 sq.; R. de Vaux, *Histoire ancienne d'Israël,* pp. 41 sq. を見よ。

シリアとパレスティナの新石器時代の宗教については、J. Cauvin, *op. cit.,* pp. 43 sq.（イェリコ、ムンハッタ、ベイダ、テル・ラマド発掘）; pp. 67 sq.（ラス・シャムラ、ビュブロスほか）; また Müller-Karpe, *Handbuch,* II, pp. 335 sq., 349 sq. を見よ。

メラートは、イェリコの先土器新石器文化（前6500—5500年）は、ハジュラール文化（前7000—6000年）から派生したと考えた。Mellaart, 《Haĉilar: A Neolithic Village Site》, *Scientific American,* vol. 205, August 1961, p. 90 参照。しかし、彼は次作、*Earliest Civilizations of the Near East* (London & New York, 1965), p. 45 では、イェリコ(B)に対する新しい放射性炭素測定法による年代、前6968—6918年をあげている。言いかえれば、両文化は同時代のものと思われる。

チャタル・ヒュユックは、近東の新石器時代最大の都市をあらわす遺跡だ。部分的発掘（1965年に地表の四分の一）ではあるが、チャタル・ヒュユックは発達した農業（数種の穀類と野菜）、家畜飼育、交易、立派に装飾された神殿などの、文化の驚くべき発達度をあきらかにした。James Mellaart, *Çatal Hüyük: A Neolithic Town of Anatolia* (New York, 1967); Walter Dostal, 《Zum Problem der Stadt-und Hochkultur im Vorderen Orient: Ethnologische Marginalien》, *Anthropos,* 63, 1968, pp. 227-60 を参照。

テル・ハラフに関する重要参考文献は、Müller-Karpe, vol. II, pp. 59

sq., 427-28 にみられる。

ウバイド文化についても前掲書 pp. 61 sq., 339, 351, 423 (発掘の報告文献), 425 sq. (白い神殿、ジグラット) を見よ。また M. E. L. Mallowan, *Early Mesopotamia and Iran* (1965), pp. 36 sq.〔『メソポタミアとイラン』創元社〕を参照。

ここで言及に価するもうひとつの神殿は、ハブール川 (ウルク北方1,000キロメートル) 流域のブラクでマロワンが発掘し、前3,000年頃と年代決定した「眼の神殿」である。出土品には一対以上の、眼を特徴とする白黒のアラバスターの、数千点もの「偶像」がある。マロワンによればそれらは都市を守る女神で、すべてをみそなわす神に供えられた奉納品である。*Early Mesopotamia,* pp. 48 sq. と fig. 38-40 を参照。この神殿は女神イナンナに献げられていた。 O. G. S. Crawford, *The Eye Goddess* (1957) は、この図像型がイギリスやアイルランドにまで伝播したと論じるが、彼のあげる例の多くは説得力に欠ける。

メソポタミア先史時代の小像やほかのオブジェの宗教的シンボリズムは、B. L. Goff, *Symbols of Prehistoric Mesopotamia* (New Haven and London, 1963) で論究されている。とくに pp. 10-48 (テル・ハラフとウバイド期) と fig. 58-234 を見よ。

14 **新石器時代の精神的構築物**―最古のヨーロッパ文明については、Marija Gimbutas,《Old Europe c. 7.000-3.500 B. C.: The earliest European Civilization before the infiltration of the Indo-European Peoples》, in: *The Journal of Indo-European Studies,* I, 1973, pp. 1-20 を見よ。

宗教思想と儀礼については、Marija Gimbutas, *The Gods and Goddesses of Old Europe, 7000-3500 B. C.: Myths, Legends, and Cult Images* (Berkeley and Los Angeles, 1974)〔改訂版の訳『古ヨーロッパの神々』言叢社〕; J. Maringer,《Priests and Priestesses in Prehistoric Europe》, HR, 17 (1977), pp. 101-20 を見よ。

カスチオアレレ神殿については、Vladimir Dumitrescu,《Édifice destiné au culte découvert dans la couche Boian-Spantov de la station-*tell* de Căscioarele》, *Dacia,* N. S., 14, 1970, pp. 5-24 を見よ。

神殿の模型については Hortensia Dumitrescu,《Un modèle de sanctuaire découvert dans la station énéolithique de Căscioarele》, *Dacia,* N. S., 12, 1968, pp. 381-94 を見よ。

15 **治金術の宗教的文脈——鉄器時代の神話** —金属の発見と冶金術の発達については、T. A. Rickard, *Man and Metals. A History of mining in relation to the development of civilization* (New York, 1932) ; R. I. Forbes, *Metallurgy in Antiquity* (Leiden, 1950) ; Charles Singer / E. Y. Holmyard / A. R. Hall, *A History of Technology,* I (Oxford, 1955) を見よ。M. Eliade, *Forgerons et Alchimistes* (Paris, 1956), pp. 186-87〔『鍛冶師と錬金術師』エリアーデ著作集第5巻 前掲〕;《The Forge and the Crucible : A Postscript》(HR, 8, 1968, pp. 74-88), p. 77 の書誌を見よ。

鉱夫と鍛冶師については、*Forgerons et Alchimistes,* pp. 57-88 ;《A Postscript》, pp. 78-80 を見よ。神聖な鍛冶師と文化英雄については *Forgerons et Alchimistes,* pp. 89-112 を参照。錬金術の「起源」については A. M. Leicester, *The Historical Background of Chemistry* (New York, 1956) ; I. R. Partington, *History of Chemistry,* vol. I (London, 1961) ; Allen G. Debus,《The Significance of the History of Early Chemistry》(*Cahiers d'histoire mondiale,* 9, 1965, pp. 39-58) ; Robert P. Multhauf, *The Origin of Chemistry* (London, 1966) を見よ。

第三章　メソポタミアの宗教

16 **「歴史はシュメールに始まる」** —シュメールの歴史、文化、宗教の概論は、A. Parrot, *Sumer* (Paris, 1952) と、とりわけS. N. クレイマーの、S. N. Kramer, *The Sumerians. Their History, Culture and Character* (Chicago, 1963) ; *From the Tablets of Sumer* (Indian Hills, 1956 ; *History Begins at Sumer,* New York, 1959, 改題改訂版) ;《Mythology of Sumer and Akkad》, in : S. N. Kramer〔Ed.〕, *Mythologies of the Ancient World* (New York, 1961), pp. 93-137 ; *Sumerian Mythology* (Philadelphia, 1944 ; 改訂増補版1961) を見よ。これらの著作すべては、シュメール語文献の、ほとんど完全な翻訳を多数収めている。また、Adam Falkenstein / W. von Soden, *Sumerische und Akkadische Hymnen u. Gebete* (Zürich, 1953) ; G. R. Castellino,

Mitologia sumerico-accadica (Torino, 1967) を参照。C. F. Jean, *La Religion sumérienne* (Paris, 1931) は今なお有益な研究書である。すぐれた総論が Raymond Jestin, 《La religion sumérienne》, in: *Histoire des Religions* (Henri-Charles Puech 監修), t. I (Paris, 1970), pp. 154-202 にみられる。また、Thorkild Jacobsen, 《Formative Tendencies in Sumerian Religion》, in Ernest Wright, ed., *The Bible and the Ancient Near East* (New York, 1961), pp. 267-78; id.,《Early Mesopotamian Religion: The Central Concerns》(*Proc. Am. Philos. Soc.,* vol. 107, 1963, pp. 473-84) も見よ。

シュメール宗教はアッカド宗教とともに、Edouard Dhorme, *Les Religions de Babylonie et d'Assyrie,* coll. 《Mana》, Paris, 1945, pp. 1-330 (充実した批判的文献解題つき) に論じられている。また、次も見よ。V. Christian, 《Die Herkunft der Sumerer》, *Sitzungsberichte der Akademie in Wien,* v. 236, 1, 1961; A. Falkenstein, 《La Cité-temple sumérienne》, *Cahiers d'histoire mondiale,* 1, 1954, pp. 784-814; F. R. Kraus, 《Le rôle des temples depuis la troisième dynastie d'Ur jusqu'à la première dynastie de Babylone》, *ibid.,* pp. 518-45; A. Sjöberg / E. Bergmann, *Sumerian Temple Hymns* (1969); [J. van Dijk, 《Les contacts ethniques dans la Mésopotamie et les syncrétismes de la religion sumérienne》, in *Syncretism,* éd. par Sven S. Hartman (Stockholm, 1969), pp. 171-206 も見よ。英訳版より].

B. Landsberger は1944年にすでに、シュメール語の文化的語彙（すなわち農業、冶金術、商業の関連語）が、川や都市の名前と同様に、シュメール以前の語源をもつことを早くも証明した。Kramer, *The Sumerians,* pp. 41 sq. を参照。

メソポタミア南部に定着する以前、シュメール人は同じ神々——なかでも、もっとも重要なのはアン、エンリル、エンキ、イナンナ——を崇めていた。しかし、のちに、各都市が守護神をもつにいたった。たとえば、エンリルはニップール、エンキはエリドゥ、イナンナがウルクというように。

ディルムンの神話は Kramer, ANET, pp. 34-41 と *From the Tablets*

of Sumer, pp. 169-75 中に、Maurice Lambert,《La naissance du monde à Sumer》(*La Naissance du Monde,* Sources Orientales, I, Paris, 1959, pp. 103 sq.) に訳出されている。最近の訳としては、Castellino, *Mitologia sumerico-accadica,* pp. 50 sq.

アンについては、Dhorme, *Religions,* pp. 22-26, 45-48 ; D. O. Edzard, 《Die Mythologie der Sumerer u. Akkader》〔Wd. M., I〕, 1, pp. 40-41 を参照。

エンキについてはDhorme, *op. cit.,* pp. 31-38, 50-51 ; J. Botéro, 《Les divinités sémitiques en Mésopotamie ancienne》, in *Studi Semitici,* I (Roma, 1958), pp. 17-63, pp. 36-38 を参照。

17 **神々のまえの人間**―人間創造神話の比較研究としては、Theodore Gaster, *Myth, Legend and Customs in the Old Testament* (New York, 1969), pp. 8 sq. を見よ。メソポタミアのテクストは、Alexander Heidel, *The Babylonian Genesis* (Chicago, 1942), pp. 62-72 に訳出されている。

ベロッスス（前3世紀）の伝えるところによれば、神々にキングの首を刎ね、その血を土と混ぜて人間を創るよう命じたのはベール（マルドゥク）である（Heidel, *op. cit.,* pp. 77-78)。この伝承が真実ならば、人間の身体は神と「悪魔」の両方の素材から創られたことになる（土はティアマトから生じたので）。

「鋤の創造」神話では、エンリルは人間が「土から生まれる」ように、天地を分離した。訳文 Castellino, *Mitologia sumerico-accadica,* pp. 55 sq. を見よ。

“me” の語義は、B. Landsberger, *Islamica,* 2, 1926, p. 369 ; Th. Jacobsen, JNES, 5, 1946, p. 139, n. 20 ; J. van Dijk, *La sagesse suméro-akkadienne* (Leiden, 1953), p. 19 ; K. Oberhuber, *Der numinose Begriff ME im Sumerischen* (Innsbruck, 1963) を見よ。

国王とイナンナの聖婚については、S. N. Kramer, *The Sacred Marriage Rite : Aspects of Faith, Myth and Ritual in Ancient Sumer* (Indiana Univ. Press, 1969)〔『聖婚』新地書店〕; id., 《Le Rite de Mariage sacré Dumuzi-Inanna》, RHR, t. 181, 1972, pp. 121-46 を見よ。

都市、神殿の天上の範型という考えについては、M. Eliade, *Le mythe de l'éternel retour* (1949, 2e éd. 1969), pp. 17 sq. を参照〔『永遠回帰の神話』前掲〕。

「王名表」の重要性は *Thorkild Jacobsen, The Sumerian King List* (Chicago, 1939) にあきらかにされている。新しい訳は Kramer, *The Sumerians,* pp. 328-31. 最初の王が天から降下した——死ぬと天に上る——という伝承はチベットに残っているが、王は魔法の綱を利用した。ほかのいくらかの事例は、M. Eliade, *Méphistophélès et l'Androgyne,* pp. 208-09〔『悪魔と両性具有』エリアーデ著作集第6巻　前掲〕を見よ。Erik Haarh, *The Yar-Lum Dynasty* (Copenhague, 1969), pp. 138 sq. も見よ。天から王 - 救世主が下降する神話は、ヘレニズム時代にたいへんひろまった。

18　**最初の洪水神話**―洪水神話の重要な書誌は Th. Gaster, *Myth, Legend and Customs,* p. 353 にある。M. Eliade, *Aspects du mythe,* pp. 71 sq.〔『神話と現実』エリアーデ著作集第7巻　前掲〕はそれを補う。シュメール語断片は Kramer, ANET, pp. 42-43 に訳出されている。

『ギルガメシュ叙事詩』のなかの洪水神話については、Alexander Heidel, *The Gilgamesh Epic and the Old Testament Parallels* (Chicago, 1946), pp. 224 sq.; A. Schott / W. von Soden, *Das Gilgamesch-Epos* (Reclam, 1958), pp. 86-99; W. G. Lambert, JSS, 5, 1960, pp. 113-23; E. Sollberger, *The Babylonian Legend of the Flood* (London, 1962); Ruth E. Simoons-Vermeer, 《The Mesopotamian flood-stories: a comparison and interpretation》, *Numen,* 21, 1974, pp. 17-34 を参照。ベロッススが伝えた伝承については P. Schnabel, *Berossus und die hellenistische Literatur* (1923), pp. 164 sq.; Heidel, *op. cit.,* pp. 116 sq. を参照。

『ギルガメシュ叙事詩』の一節（第11書板14）によれば、「大神がその心の動きに従って洪水を起こさせた」。エアのエンリルへの話（11、179以下）によると、「罪人」がいたと考えられるが、それ以上細かいことは不明である。『アトラ・ハシース叙事詩』と名づけられた作品の断章は、エンリルが「繁殖した」人間の騒ぎに怒ったと説明している。Heidel, *op. cit.,* pp. 107 et 225 sq. を参照。最近編纂されたテクストに

よれば、洪水は、神々に労働と祭祀をもって仕える「運命」に反抗した人間への神罰と考えられている。G. Pettinato, 《Die Bestrafung der Menschengeschlechts durch die Sintflut》, *Orientalia,* N. S., vol. 37, 1968, pp. 156-200 ; W. G. Lambert, *Atrahasīs. The Story of the Flood* (Oxford, 1969) を参照。

19 **冥界降り——イナンナとドゥムジ** —イナンナについては膨大な参考文献がある。その主要な著作は E. O. Edzard in W. d. M., 1, pp. 81-89 に収録されている。そのほかには、W. W. Hallo-J. van Dijk, *The Exaltation of Inanna* (New Haven-London 1968), Wolfgang Helck, *Betrachtungen zur Grossen Göttin und den ihr verbundenen Gottheiten* (München, 1971), pp. 71-89 ; S. N. Kramer, *The Sacred Marriage Rite* (1969) 〔『聖婚』前掲〕; 《Le Rite de Mariage sacré Dumuzi-Inanna》, RHR, t. 181, 1972, pp. 121-46.

両性具有神イシュタルについては、J. Bottéro, 《Les divinités sémitiques》(*Studi Semitici,* I), pp. 40 sq. を参照。軍神イシュタルについては M.-Th. Barrelet, 《Les déesses armées et ailées : Inanna-Ishtār》, *Syria,* 32, 1955, pp. 222-60 を参照。

ドゥムジ-タンムズに関しては、W. d. M., I, pp. 51-53 の参考文献表を参照。最近のもっとも重要な業績は、Louis van den Berghe, 《Réflexions critiques sur la nature de Dumuzi-Tammuz》, *La Nouvelle Clio,* VI (1954), 298-321 ; T. Jacobsen, 《Toward the Image of Tammuz》, HR, I, 1961, pp. 189-213 ; O. R. Gurney, 《Tammuz reconsidered, Some Recent Developments》, JSS, 7, 1962, pp. 147-60 である。

ドゥムジの「帰還」にゲシュティンアンナが演じた役割は、*Bibliotheca Orientalis,* 22, pp. 281 sq. 中の A. Falkenstein の論文を見よ。シュメール版とアッカド版の相異は A. Falkenstein, 《Der summerische und der akkadische Mythos von Innanas Gang zur Unterwelt》, dans *Festschrift W. Caskel* (1968), pp. 96 sq., et par Jean Bottéro, dans *l'Annuaire de l'École des Hautes Études,* IVe section, 1971-72, pp. 81-97 に分析されている。もっとも重要な相異は次のようである。シュメ

ール版は冥界を詳しく描写していない（冥界は「非常に低いところ」、すなわち「非常に高いところ」、天の対極として記述されているにすぎない。Bottéro, p. 86)。アッカド版では、イシュタルは、冥界にすぐ入れてくれなければ門を壊し、「生者をむさぼり食うであろう」死者を解放すると脅かす（*Ibid.*)。アッカド版では、「生命の水」は冥界にもある（地獄の神々の飲物を入れた「革袋」のなか、*Ibid.,* pp. 89)。さらにアッカド版では、使者に命じてタンムズに、身体を洗い浄め、香油をつけ、「晴着」を着るようにしむけたのはエレシュキガルのようにみえる。そうだとすれば、彼女がイシュタルの怒りと、ひいてはタンムズの消失に責任があることになる（*Ibid.,* pp. 91 sq.)。

Anton Moortgat は *Tammuz : Der Unsterblichkeitsglaube der altorientalischen Bildkunst* (Berlin, 1949) において、図像学的な資料にもとづいたドゥムジ-タンムズの新解釈を提案した。しかし、確実にそうだといえる図像があまりに少ない。Berghe,《Réflexions critiques》を参照。

20 **シュメールとアッカドの総合**—バビロニア宗教のすぐれた概説は J. Nougayrol, *Histoire des Religions,* I (Paris, 1970), pp. 203-24 に収められている。また、J. Bottéro, *La religion baby lonienne* (Paris, 1952) ; *ibid.,*《Les divinités sémitiques anciennes en Mésopotamie》, in S. Moscati, *Le antiche divinità semitiche* (=*Studi Semitici,* I, Roma, 1958), pp. 17-63 を見よ。G. Furlani は1928—29年に二巻本（*La religione babilonese e assira*）を刊行したが、その研究成果を、《La religione dei Babilonesi e Assiri》, in *Le civiltà dell'Oriente,* III, Roma, 1958, pp. 73-112 で概括している。また、R. Follet,《Les Aspects du divin et des dieux dans la Mésopotamie antique》, *Recherches des sciences religieuses,* 38, 1952, pp. 189-209 を見よ。A. L. Oppenheim, (《Why a 'Mesopotamian Religion' should not be written》, *Ancient Mesopotamia,* pp. 172 sq.) の懐疑主義に同調する研究者はいないようである。また、M. David, *Les dieux et le destin en Babylonie* (Paris, 1949) も見よ［Thorkild Jacobsen, *The Treasures of Darkness : A History of Mesopotamian Religion* (New Haven,

1976）は啓蒙的な総論である］。

エレシュキガルとネルガルについては、Dhorme, *Les Religions de Babylonie et d'Assyrie,* pp. 39-43, 51-52 を参照。

マルドゥクについては、Dhorme, *op. cit.,* pp. 139-50, 168-70 ; W. von Soden, in *Zeitschrift für Assyriologie,* N. F. 17, 1955, pp. 130-66. アッシュルについては G. van Driel, *The Cult of Assur* (Assen, 1969) 参照。

神殿については、Dhorme, *op. cit.,* pp. 174-97 ; H. J. Lenzen, 《Mesopotamische Tempelanlagen von der Frühzeit bis zum zweiten. Jahrtausend》, *Zeitschrift für Assyriologie,* N. F., 17, 1955, pp. 1-36 ; G. Widengren, 《Aspetti simbolici dei templi e luoghi di culto del vicino Oriente antico》, *Numen,* 7, 1960, pp. 1-25 ; A. L. Oppenheim, *Ancient Mesopotamia,* pp. 106 sq., 129 sq. を見よ。

儀礼については、G. Furlani, 《Il sacrificio nella religione dei Semiti di Babilonia e Assiria》, *Memorie della Accademia dei Lincei,* VI, 3, 1932, pp. 105-370 ; id., *Riti babilonesi e assiri* (Udine, 1940) ; F. Thureau-Dangin, *Rituels akkadiens* (Paris, 1921) を見よ。充実した文献表のついた総論が Dhorme, *op. cit.,* pp. 220-257 にある。礼拝者と神の仲介を務める神々については、*Ibid.,* pp. 249-50 を参照。祈りについては A. Falkenstein / W. von Soden, *Sumerische und akkadische Hymnen und Gebete* (Stuttgart, 1953) と Dhorme, *op. cit.,* pp. 247 sq. を見よ。

罪の告白については R. Pettazzoni, *La confesione dei peccati,* vol. II (Bologne, 1935), pp. 69-139 を見よ。

神々の放つ光については A. L. Oppenheim, 《Akkadian *pul*(*u*)*h*(*t*)*u* and *melammu*》, JAOS, 63, 1943, pp. 31-34 ; *id.,* 《The Golden Garments of the Gods》, JNES, 8, 1949, pp. 172-93. とくに Elena Cassin, *La splendeur divine* (Paris-La Haye, 1968), pp. 12 sq.（オッペンハイムの仮説批判）, pp. 26 sq.（光と混沌、神聖王権）, pp. 65 sq.（*melammu* と王権の機能）を見よ。イランのフワルナフについては、本書２巻104節を参照。

呪術については Meissner, *Babylonien u. Assyrien,* II, pp. 198 sq.; Dhorme, *op. cit.*, pp. 259 sq.; G. Contenau, *La Magie chez les Assyriens et les Babyloniens* (Paris, 1947); Erica Reiner, 《La magie babylonienne》, in *Le Monde du Sorcier* (Sources Orientales, VII, Paris, 1966), pp. 67-98; J. Nougayrol, 《La religion babylonienne》, pp. 231-34 を見よ。J. Nougayrol のこの論文の結論から数行を以下に引用する。

「バビロニアの想像力は、シュメールの『神々の話』から少々それて『悪魔の話』を楽しんでいるかに思われる。呪術師が書いた、これらの非常に数多くの長いテクストに、俗人を眩惑する部分があったという可能性はたしかに存在する(中略)。しかし、そこには底なしの不安があることも否定できない。われわれの『核戦争』についての不安が、それを理解する一助となるであろう(中略)。ほかのどの民族よりもメソポタミア人は、メソポタミアをたえず脅かし、国土侵入をくり返す「蛮族」に囲まれて、文明と『幸福な人生』ははかなく、いつも危ういものだという意識をもっていたと思われる(p. 234)」。

21 **世界創造**—『エヌマ・エリシュ』の翻訳は多いが、最近のものをあげると、R. Labat, *Le poème babylonien de la création* (Paris, 1935); *id., Les religions du Proche-Orient asiatique,* pp. 36-70; E. A. Speiser, 《The Creation Epic》, in ANET, pp. 60-72; A. Heidel, *The Babylonian Genesis* (Chicago, 1942, 改訂増補版 1951); Paul Garelli / Marcel Leibovici, 《La Naissance du Monde selon Akkad》, in: *La Naissance du Monde* (Sources Orientales, I, Paris, 1960), pp. 132-45.

Heidel の著作にはほかのバビロニアの宇宙創造神話のテクスト翻訳と、旧約聖書の創世記との比較研究が含まれている。また、W. von Soden in *Zeit. f. Assyriologie,* 47,1954, pp. i sq.; F. M. Th. de Liagre, *Opera minora* (Groningen, 1953), pp. 282 sq., 504 sq.; W. G. Lambert / P. Walcot, 《A new Babylonian Theogony and Hesiod》, *Kadmos*, 4, 1965, pp. 64-72 も見よ(本書 6 章47節参照)。

『エヌマ・エリシュ』の、メソポタミア思想の表現としての分析は、T. Jacobsen, 《The Cosmos as a State》, in: H. Frankfort et alia,

Before Philosophy. The Intellectual Adventure of Ancient Man (Chicago, 1946, Penguin Books, 1949), pp. 137 sq., とくに pp. 182-99〔『古代オリエントの神話と思想——哲学以前』第5章「国家としての宇宙」社会思想社〕にみられる。ヤコブセンは多くの論文において、シュメールの政治、ひいてはバビロニアのパンテオンの「民主的」性格をあきらかにした（実際、『エヌマ・エリシュ』にみられるように、マルドゥクは諸神の集会によって至高神に昇格させられた）。Jacobsen,《Early Political Development in Mesopotamia》, *Zeitschrift f. Assyriologie,* 52, 1957, pp. 91-140 ; id., in JNES, 2, pp. 159 sq. ;《The Battle between Marduk and Tiamat》, JAOS, 88, 1968, pp. 104-08 を参照。

古代近東の王権の神聖性は、長年にわたる論争をまき起こした。数人の学者は、神の代行者である王に、古代近東の諸宗教に特有の神話－儀礼的体系の中心を見た。「神話－儀礼学派」とか「類型主義」とか呼ばれるこの方法論的方向性は、多数の著作に影響をおよぼしたが、そのなかから S. H. Hooke 編の *Myth and Ritual* (1933) と *The Labyrinth* (1935) の二著作と、I. Engnell と G. Widengren のものをあげれば充分であろう。「類型主義」は批判されたが、その急先鋒は H. Frankfort, *The Problem of Similarity in Ancient Near-Eastern Religions* (Frazer Lecture, Oxford, 1951). このすぐれた学者は、考察される諸形態間の相異が類似性より重要だと主張した。彼は、一例として、エジプトではファラオは神とみなされていたかあるいは神となったのに対し、メソポタミアでは、王は神の代行者にすぎなかったという事実を指摘した。いずれにしても、われわれが歴史的に縁続きの文化を扱う場合に、相異と類似性が同様に重要であることはあきらかである。S. H. Hooke,《Myth and Ritual : Past and Present》, in *Myth, Ritual and Kingship,* pp. 1-21 ; S. G. F. Brandon,《The Myth and Ritual Position Critically Considered》, in *ibid.,* pp. 261-91（この論文には、1955年までの充実した批判的文献解題がついている）.

22 **メソポタミア王の神聖性** —アキートゥ祭については、H. Zimmern, *Zum babylonischen Neujahrsfest,* I-II (Leipzig, 1906, 1918) ; S. A. Pallis, *The Babylonian* akîtu *festival* (Copenhagen, 1926. その批判は

H. S. Nyburg, *Le Monde Oriental,* 23, 1929, pp. 204-11 を参照）; R. Labat, *Le Caractère religieux de la royauté assyro-babylonienne* (Paris, 1939), pp. 95 sq.; H. Frankfort, *Kingship and the Gods* (Chicago, 1948), pp. 313 sq. (=*La Royauté et les dieux,* Payot, 1951, pp. 401 sq.); W. G. Lambert in JSS, 13, pp. 106 sq. を見よ（マルドゥクの勝利は、新年祭のたびに再現された）。宇宙創造の反復としての新年祭については、A. J. Wensinck, 《The Semitic New Year and the Origin of Eschatology》, *Acta Orientalia,* I, 1923, pp. 158-99; Eliade, *Le mythe de l'éternel retour,* pp. 65-90〔『永遠回帰の神話』前掲〕.

運命祭については、Dhorme, *Les religions de Babylonie,* pp. 244 sq., 255 sq. を参照。

メソポタミアの王権のもっている神聖性については、R. Labat, *Le Caractère religieux de la royauté assyro-babylonienne*; Dhorme, *Les religions de Babylonie,* p. 20（王の神格化）; H. Frankfort, *Kingship and the Gods,* pp. 215 sq. (=*La Royauté,* pp. 289 sq.); I. Engnell, *Studies in Divine Kingship in the Ancient Near East* (Uppsala, 1943), pp. 18 sq.; G. Widengren, *The King and the Tree of Life in Ancient Near Eastern Religion* (Uppsala, 1951); Sidney Smith, 《The Practice of Kingship in early semitic Kingdoms》, in: S. H. Hooke, [ed.], *Myth, Ritual and Kingship* (Oxford, 1958), pp. 22-73; A. L. Oppenheim, *Ancient Mesopotamia,* pp. 98 sq.; J. Zandee, 《Le Messie. Conceptions de la royauté dans les religions du Proche-Orient ancien》, RHR, t. 180, 1971, pp. 3-28.

23 **不死性を探求するギルガメシュ**——われわれはG. Contenau, *L'Épopée de Gilgamesh* (Paris, 1939); Alexander Heidel, *The Gilgamesh Epic and Old Testament Parallels* (Chicago, 1946); E. A. Speiser, ANET, pp. 72-99; A. Schott / W. v. Soden, *Das Gilgamesh Epos* (Stuttgart, 1958〔改訂版1982〕) の翻訳を用いた。また Labat, *Les religions du Proche-Orient,* pp. 149-226 を見よ。

現在までに発見されているシュメール版ギルガメシュ伝説は、次の6エピソードである。(1)杉の森への遠征とフワワ退治（訳文は Kramer,

From the Tablets, pp. 204-07 ; Kramer, *The Sumerians,* pp. 192-97)。⑵ギルガメシュと天の雄牛。⑶洪水とジウスドラの不死身化。⑷ギルガメシュの死（ANET, pp. 50-52)、バビロニア版には欠けているエピソード。⑸ギルガメシュとアッガ（訳文 *Tablets,* pp. 29-30 ; *The Sumerians,* pp. 197-200)〔『古代オリエント集』筑摩世界文学大系 1〕。シュメールのもっとも短い叙事詩のテクストのうちのひとつ（115行)、バビロニア版にはその跡すら見あたらない（しかし、このエピソードは歴史的基盤をもっているので、神話的テクストに入れるべきではないといく人かの研究者は主張する)。⑹ギルガメシュ、エンキドゥと他界（訳文 *Tablets,* pp. 224-25 ; *The Sumerians,* pp. 197-205)。

この最後のエピソードは『ギルガメシュ叙事詩』の第12書板の内容を構成する（chap. 3, p. 92, n. 50 を見よ)。ギルガメシュは巨木を切り倒し、その幹をイナンナ＝イシュタルに、玉座とベッドを作るために与える。その根と頂から、彼は pukku と mekku という呪物を作るが、この二つの語の解釈はいまだに議論されている。それらは、おそらく楽器（太鼓とばち？）であろう。儀礼において過ちを犯したために、それらの呪物は地下界に落ちる。主人の悲嘆に心を動かされ、エンキドゥはそれらを探しに行くことを申しでる。しかし、エンキドゥは、神霊を刺激しないようにというギルガメシュが教えた指示に従わなかったので、地上界にもどれない。ギルガメシュは悲しんで神々に懇願すると、地下界の主ネルガルは、エンキドゥの霊が地上にしばらくもどることを許可する。ギルガメシュは彼に、死者の運命についてたずねる。彼の朋友はためらう、「もしあなたに、私の知る地下界の法をお話しすれば、あなたは坐って泣かれるでしょう」（第 4 欄、1—5)。しかし、ギルガメシュがどうしてもというので、彼は手短かに述べてギルガメシュを落胆させた。「これはすべて塵のなかに埋もれており……」

S. N. Kramer, *Gilgamesh and the Haluppu-Tree* (Assyriological Study, nr. 8, Oriental Institute of Chicago) ;《Gilgamesh : Some New Sumerian Data》, in P. Garelli, éd., *Gilgamesh et sa lĕgende* (Paris, 1960), pp. 59-68 ;《The Epic of Gilgamesh and its Sumerian Sources》, JAOS, 64, 1944, pp. 7-22 ;《Sumerian Epic Literature》 in

La Poesia Epica e la sua formazione (Accad. Naz. dei Lincei, 1970), pp. 825-37 ; また A. Schaffer, *Sumerian Sources of Tablet XII of the Epic Gilgamesh* (Dissertation, Department of Oriental Studies, University of Pennsylvania, Philadelphia, 1962) を見よ。A. Falkenstein によれば、英雄の名前はシュメール語でビルガメシュ (Bilgameš と発音された。*Reallexikon der Assyriologie* (Berlin-Leipzig, 1932 sq.), vol. III (1968), pp. 357 sq. 参照。

『ギルガメシュ叙事詩』に関しては膨大な参考文献がある（この作品に P. Jensen は世界文学の主要な源泉を見た。*Das Gilgamesh-Epos in der Weltliteratur,* I, Strasbourg, 1906 参照)。もっとも重要な業績は Contenau, Heidel, Kramer, A. Schott-W. v. Soden の翻訳中にあげられている。また、P. Garelli, *Gilgamesh et sa légende* (pp. 7-30, bibliographie) に集められている論文も見よ。また、A. Falkenstein, ほか in *Reallexikon der Assyriologie,* III (1968), pp. 357-75 ; W. v. Soden in *Zeitschrift der Assyr.,* 53, pp. 209 sq. ; J. Nougayrol,《L'Epopée Babylonienne》, in *La poesia epica e la sua formazione,* pp. 839-58 の論文を見よ。最近 Kurt Jaritz は、いくつかのエピソード（太鼓、夢、杉の森など）が、シャーマニズムの思想と実践を説明するものだと解釈した。《Schamanistisches im Gilgameš-Epos》, *Beiträge zu Geschichte, Kultur und Religion des alten Orients* (Baden-Baden, 1971), pp. 75-87 を参照。類似した解釈が E. A. S. Butterworth, *The Tree at the Navel of the Earth* (Berlin, 1970), pp. 138 sq. によって提示されている。

アダパ神話は永遠の生命を求めて失敗したもうひとつの例であるが、この場合、その責任は英雄に帰せられない。アダパはエアによって、聡明だが死ぬべき者として創られた。あるとき、南風が舟を覆えしたので、アダパは南風の翼を折る。これは宇宙の秩序の侵害であったので、アヌは彼を裁判に召喚する。出発に先立ち、エアは彼に天界での行動について詳しい指示を与え、とくに「死のパン」と「死の水」がすすめられても口にしないようにと戒めた。アダパは仕返しをするために、南風の翼を折った事実をかくさなかった。彼が誠実なのに感心したアヌは、彼に

「生命のパン」と「生命の水」をすすめるが、彼は断ってしまい、こうして不死性を得る機会を失った。理由はわからないが、この神話的エピソードは間接的に、アヌとエアのあいだにある緊張関係を反映していると思われる．註釈つきの新しい翻訳、Labat, *Les religions du Proche-Orient asiatique,* pp. 290–94〔『古代オリエント集』前掲〕を見よ。

死と死後に関する概念については、B. Meissner, *Babylonien und Assyrien,* II, pp. 143 sq.; A. Heidel, *The Gilgamesh Epic,* pp. 137 sq.; J. M. Aynard,《Le jugement des morts chez les Assyro-babyloniens》, in *Le Jugement des Morts* (Sources Orientales, 4, Paris, 1961), pp. 81–102 を参照。

24 **運命と神々**—知恵文学については、筆者は Robert H. Pfeiffer in ANET, pp. 343–440 の翻訳に従った。ほかの翻訳は W. G. Lambert, *Babylonian Wisdom Literature* (Oxford, 1960), pp. 21–62 sq.; G. R. Castellino, *Sapienza babilonese* (Torino, 1962); R. Labat, *Les religions du Proche-Orient,* pp. 320 sq. また、J. J. A. van Dijk, *La sagesse suméro-akkadienne* (Leiden, 1953); J. Nougayrol,《Une version ancienne du 'Juste Souffrant'》, RB 59 (1952): pp. 239–50; O. Eissfeldt, *The Old Testament: An Introduction* (1963), p. 83, n. 3 に収められた最近の参考文献を参照。

バビロニアの占いについてはA. L. Oppenheim, *Ancient Mesopotamia,* pp. 206–27; *La divination en Mésopotamie et dans les régions voisines* (Travaux du Centre d'Études supérieures spécialisé d'Histoire des Religions de Strasbourg, 1966) を見よ。後書中でとくに注目すべき論文としては、A. Falkenstein (《'Wahrsagung' in der Sumerischen Überlieferung》), A. Finet (《La place du devin dans la société de Mari》), J. Nougayrol (《Trente ans de recherches sur la divination babylonienne, 1935–1963》), A. L. Oppenheim (《Perspectives on Mesopotamian Divination.》), Jean Nougayrol《La divination babylonienne》in *La Divination,* éd. André Caquot / Marcel Leibovici, vol. I (Paris, 1968), pp. 25–81. これらの諸論文は、参考文献を充分にあげている〔『占いと神託』第6章「バビロニア人とヒッタイト人」海鳴社〕。

バビロニアの夢占いについてはA. L. Oppenheim, *The Interpretation of Dreams in the Ancient Near East, with a Translation of an Assyrian Dream Book* (Philadelphia, 1956) ; Marcel Leibovici, 《Les songes et leur interprétation à Babylone》 in : *Les songes et leur interprétation* (Sources Orientales, 2, Paris, 1959), pp. 65-85 を見よ。

ホロスコープについては、A. Sachs, 《Babylonian Horoscopes》, *Journal of Cuneiform Studies* 6, 1952, pp. 49-75 を参照。占星術については、Nougayrol, 《La divination babylonienne》, pp. 45-51（参考文献 p. 78）; A. L. Oppenheim, *Ancient Mesopotamia,* pp. 308 sq. を参照。

科学的発見については、O. Neugebauer, *The Exact Sciences in Antiquity* (2 e éd., Providence, 1957) ; id., 《The Survival of Babylonian Methods in the Exact Science of Antiquity and the Middle Ages》, *Proceedings of American Philosophical Society,* v., 107, 1963, pp. 528-35 ; A. L. Oppenheim, *Ancient Mesopotamia,* pp. 288-310 を参照〔『バビロニアの科学』白水社〕。

メソポタミア思想の影響については、Oppenheim の前掲書 pp. 67 sq. (bibliographie, p. 356, n. 26) を見よ。旧約聖書に認められる影響についてはW. H. Ph. Römer, *Historia Religionum,* I (Leiden, 1969), pp. 181-82 の参考文献を参照。

第四章　古代エジプトの宗教思想と政治的危機

25　**忘れられない奇跡――「最初の時」**―エジプト史概説については E. Drioton / J. Vandier, *L'Égypte* (2e éd., Paris, 1946) ; John A. Wilson, *The Culture of Ancient Egypt* (= *The Burden of Egypt,* Chicago, 1951 ; 5e éd., 1958) ; William C. Hayes, *The Sceptre of Egypt. I. From the Earliest Times to the End of the Middle Kingdom* (New York, 1953) ; Joachim Spiegel, *Das Werden der altägyptischen Hochkultur* (Heidelberg, 1953) ; F. Daumas, *La civilisation de l'Égypte pharaonique* (Paris, 1965) を見よ。J. R. Harris 監修の *The Legacy of Egypt* (Oxford, 1971) にはすぐれた解説が収められている。

エジプト先史時代文化については、E. I. Baumgartel, *The Cultures of Prehistoric Egypt* (London, 1955) ; H. Frankfort, *The Birth of*

Civilization in the Near East (London, 1951), pp. 41 sq., 100 sq.; Wilson, *The Culture...*, pp. 18 sq.; W. B. Emery, *Archaic Egypt* (Pelican Book, Harmondsworth, 1963) を見よ。

エジプトに農耕がどのように伝えられたかはいまだにわからない。新石器文化（前4500年頃）の遺跡が、デルタ地帯の近くのメリムデで発掘されたから、農耕はおそらくパレスティナから伝えられたのであろう。死者は居住地内に埋葬されるが、副葬品はともなわない。バダーリ文化（遺跡の地名に因む）とよばれる上エジプト文化は、農耕、牧畜以外に、赤色黒縁土器も知っていた。死者は屈葬、家畜も布に包んで埋葬された。テル・ハラフやワルカに比べ、エジプトの新石器文化は貧弱で、副次的だと思われる。

アムラー文化（先王朝時代前期）の出現とときを同じくして、ナイル川流域の自然灌漑を利用しようとする最初の試みがみられる。石や銅が加工されたが、土器はバダーリ期のものより粗末である（おそらく石製容器の加工が始まっていただろうから。Grahame Clark, *World Prehistory,* p. 104 参照）。墓には、食物の供物と土製小像が見いだされる。冶金術は先王朝時代後期（ナカダ II 文化）にいたってようやく導入されたが、これは、中東での冶金術の飛躍的発展より1,000年遅れていた。多くのほかの文化的要素はアジアからとり入れられたが、かなり遅れてであった。メソポタミアで早くから用いられていた戦車は、エジプトでは新王国時代（前1570年頃）にはじめて導入された。エジプト文明の偉大さは、上下エジプトの両国統一をまって認められるようになる。都市文明の発生（これは比較研究にとって非常に興味深い問題なのだが）に関しては、その考古学的痕跡は、ナイル川の川底の泥のなかに埋まっている。バダール文化とアムラー文化については、Müller-Karpe, *Handbuch der Vorgeschichte,* vol. II, pp. 28–55, 339–45, 353–61 を見よ。

1948年までの参考文献は、Jacques Vandier, *La religion égyptienne* (2e éd., Paris, 1949), pp. 3–10 に見られる。また同 pp. 24–29 には、エジプト原始宗教に関する K. Sethe（*Urgeschichte u. älteste Religion der Ägypter,* Leipzig, 1930), H. Kees（*Der Götterglaube im alten Ägypten,* Leipzig, 1941; 2e éd., Berlin, 1956）の批判的解説を見よ。R.

Weill, 《Notes sur l'histoire primitive des grandes religions égyptiennes》(*Bulletin de l'Institut Français d'Archéologie Orientale,* 47, 1948, pp. 59-150) を参照。

エジプト宗教概説書のなかでは、以下のものをあげておこう。Adolf Erman, *Die Religion der Ägypter* (Berlin et Leipzig, 1934; 仏訳 1937); Herman Junker, *Pyramidenzeit: Das Werden der altägyptischen Religion* (Einsiedeln, 1949); J. Garnot Sainte-Fare, *Religions de l'Égypte* (Paris, 1951); S. Donadoni, *La religione dell'Egitto antico* (Milano, 1955); H. Frankfort, *Ancient Egyptian Religion* (New York, 1948); id., *La Royauté et les Dieux* (仏訳 Payot, 1951; 原著 Chicago, 1948); R. T. Rundle Clark, *Myth and Symbol in Ancient Egypt* (London, 1959). S. Morenz, *La religion égyptienne* (仏訳 Payot, 1962) は、ひとつの解明であるとともに一般宗教史の観点からなされたみごとな総論でもある。また、C. J. Bleeker, 《The Religion of Ancient Egypt》(*Historia Religionum,* I, Leiden, 1969, pp. 40-114); id., *Hathor and Thoth: Two Key Figures of the Ancient Egyptian Religion* (Leiden, 1973), pp. 10 sq., 158 sq.; P. Derchain, 《La religion égyptienne》, *Histoire des Religions* (H. Ch. Puech 監修), I (1970), pp. 63-140 も見よ。

豊富な資料と参考文献があるので欠かせないのは、Hans Bonnet, *Reallexikon der ägyptischen Religionsgeschichte* (Berlin, 1952). Günther Roeder は最近、すばらしい図解入りの、充実したテクスト集成を刊行した。*Die ägyptische Religion in Text und Bild;* I. *Die ägyptische Götterwelt;* II. *Mythen u. Legenden um ägyptisch Gott-heiten u. Pharaonen;* III. *Kulte, Orakel u. Naturverehrung im alten Aegypten;* IV. *Der Ausklang der ägyptische Religion, mit Reformation Zauberei u. Jenseitsglaube* (Zurich, 1959-61).

歴史的文書は J. H. Breasted, *Ancient Records of Egypt,* I-V (Chicago, 1906-07) に訳出されている。『ピラミッド・テクスト』はたびたび訳された(独訳が Sethe によって、仏訳が Speleers によって、英訳が Mercer によって)。われわれは R. O. Faulkner, *The Ancient*

Egyptian Pyramid Texts (Oxford, 1969) によったが、Breasted, Weill, Clark, Sauneron et Yoyotte によって訳出された断片も利用した。

宗教用語については、C. J. Bleeker,《Einige Bemerkungen zur religiösen Terminologie der alten Aegypten》, in: *Travels in the World of the Old Testament Studies presented to Professor M. A. Beek* (Assen, 1974), pp. 12-26 を見よ。

26 **神々の系譜と宇宙創造神話** ―エジプトの宇宙創造神話の体系的論述(テクストの注釈つき翻訳を含んでいる)は、S. Sauneron / J. Yoyotte,《La naissance du monde selon l'Égypte ancienne》(in: *La Naissance du Monde,* Paris, 1959, pp. 19-91) にみられる。J. Wilson, ANET, pp. 3-10 の訳も見よ。

さまざまな宇宙創造説は Vandier, *La religion égyptienne,* pp. 57 sq. に論じられている。Clark, *op. cit.,* pp. 35 sq. における分析と、とくに Morenz, *Rel. égyptienne,* pp. 211 sq. を見よ。ヘルモポリスの宇宙創造神話については、S. Morenz / J. Schubert, *Der Gott auf der Blume, eine ägyptische Kosmogonie und ihre weltweite Bildwirkung* (Ascona, 1954) を見よ。言葉の創造的価値については、J. Zandee,《Das Schöpferwort im alten Aegypten》(*Verbum, Studia Theologica Rheno-Traiectina,* VI, 1964, pp. 33 sq.) を見よ［また、R. B. Finnestad,《Ptah, Creator of the Gods》, *Numen* 23 (1976): 81-113 を見よ。英訳版より］。

三千年紀末以来テーバイが台頭すると、その祭神アメン(ラー神と時宜を得て結びつけられた) は至高神へと高められた。しかし、アメンによる宇宙創造の神話は、ヘリオポリス、ヘルモポリス、メンフィスの神話体系から借用されたものである。Wilson, ANET, pp. 8-10; Sauneron / Yoyotte, pp. 67 sq. の注釈つき翻訳を見よ。

原初の丘と聖空間のシンボリズムについては、Hellmut Brunner,《Zum Raumbegriff der Aegypter》, *Studium Generale,* 10, 1957, pp. 610 sq.; A. Saleh,《The So-called 'Primeval Hill' and other related Elevations in Ancient Egyptian Mythology》, *Mitt. d. Deutschen Arch. Instituts* (Abt. Kairo), 25, 1969, pp. 110-20; I. E. S. Edwards,

The Pyramids of Egypt (Pelican Books, Harmondsworth, 1961); J. Leclant, 《Espace et temps, ordre et chaos dans l'Égypte pharaonique》, *Revue de Synthèse,* 90, 1969; Othmar Keel, *Die Welt der altorientalischen Bildsymbolik und das Alte Testament* (Zurich-Neukirchen, 1972), pp. 100 sq.（みごとな図解入りの比較研究）を見よ。

人間の起源神話はいくつかの伝承があるが、一書によれば、プタハ神が車輪を回して、粘土で身体を作ったと伝えられる。Bonnet, *Reallexikon,* p. 617 を参照。上エジプトでは、造物主はクヌムであった（Bonnet, *ibid.,* p. 137)。死の起源神話は知られていない。ただし、「死が存在する以前」の神話時代についてわずかな言及がみられる(『ピラミッド・テクスト』§1466)〔「古代オリエント集」前掲〕。

人間の絶滅に関する神話はきわめて古くからみられる。Vandier, *Rel. égypt.,* p. 53 にあげられた文献参照。Alexandre Piankoff, *The Shrines of Tut-Ankh-Amon* (New York, 1955), p. 27 に訳出された『天の雌牛の書』を見よ。ラーは、ハトホルが人類を絶滅しようとするのを悟り、夜のあいだに血の色をしたビールをまき散らかせた。ハトホルは翌朝、殺害を行なう手筈を整えたあと、ビールを〔それと知らず〕飲みすぎて酔いつぶれた。

ラーが高齢に達したので、人間は反乱を起こす決心をした。事実、前述の事件後、ラーは世界の主権を放棄することに決めていた。諸神を前にして、ラーは自分の身体が原初のときと同様に衰弱していることを認め、娘のヌートに、彼を天に運び上げるように命じた（Piankoff, *Shrines,* p. 29 に訳出された『天の雌牛の書』)。彼の後継者はシューかゲブである。ラーの高齢と無力と、とりわけ天への引退は、多くの例が認められるある神話的テーマの諸要素である。その神話的テーマとは、創造神で宇宙支配者である天空神が、ひまな神に変身するというテーマである。エジプト伝承ではひまな神になるのが太陽神だという事実は、神学者の再解釈と一致しない。

27 **受肉した神の責任**—王の神性については、A. Moret, *Du caractère religieux de la royauté pharaonique* (Paris, 1902, 大部分は時代遅れ)；H. Jacobsohn, *Die dogmatische Stellung des Königs in der Theologie*

der alten Ägypter (Glückstadt, 1939); H. Frankfort, *La Royauté et les Dieux* (仏訳, Payot, 1951), pp. 37-288 [*Kingship and the Gods,* pp. 15-215]; G. Posener, *De la divinité du pharaon* (Paris, 1960); H. Goedicke, *Die Stellung des Königs im Alten Reich* (Wiesbaden, 1960); H. Brunner, *Die Geburt des Gottkönigs* (Wiesbaden, 1964) を見よ。

エジプト統一王国の創始者「メネス」についてはFrankfort, pp. 42 sq. [英語版pp. 17 sq.] を見よ。王制はすでに先王朝時代末にあらわれた。フランクフォートは「二つの王権」(すなわち上下両エジプトの主権) のイデオロギーの起源を強調する。この政治的定式は、「世界を安定した平衡状態にある一連の対立物として、二元論的用語で理解する」エジプト人の精神的傾向を表現した (*La Royauté,* p. 44)。「エジプト王権の二元論的形態は、ある歴史的事件の結果ではなかった。それらは、統一は対比的な二つの部分を含むという、エジプト独特の思想を具現したものである」(*ibid.,* p. 45)。

フランクフォートは、このエジプトの「二元論」的イデオロギーの起源を説明すると思われるアフリカの類例をあげている (pp. 38 sq.)。両原理性や両極性のほかの例は、のちに触れる機会があるだろう。さしあたっては、Eliade, *La nostalgie des origines* (Paris, 1971), pp. 249 sq. (《Remarques sur le dualisme religieux》) 〔『宗教の歴史と意味』エリアーデ著作集第8巻、第8章　前掲〕を参照。

マアトの語義については、Bonnet, *Reallexikon,* pp. 430-34; Frankfort, *Ancient Egypt. Rel.,* pp. 53 sq., 62 sq.; Posener, *Littérature et politique dans l'Égypte de la XII*e *Dynastie* (Paris, 1956); Morenz, *La rel. égypt.,* pp. 156-74 (参考文献つき) を見よ。

非個性化の傾向については、A. de Buck, *Het Typische en het Individueele by de Egyptenaren* (Leiden, 1929); Ludlow Bull, 《Ancient Egypt》, in: *The Idea of History in the Ancient Near East,* éd., Robert C. Dentan (Yale University Press, 1955), pp. 1-34 を見よ。

祭祀と祭礼については、Vandier, *La rel. égypt.,* pp. 165-203; Morenz, *Rel. égypt.,* pp. 115-52 (最新文献を付したすぐれた比較論) を見

よ。Moret, *Le rituel du culte divin journalier en Égypte* (Paris, 1902) はいまだに有用である。H. Kees, *Das Priestertum im ägyptischen Staat vom NR bis zur Spätzeit* (Leiden, 1953) ; J. Garnot Sainte-Fare, *L'hommage aux dieux dans l'ancien Empire égyptien d'après les textes des Pyramides* (Paris, 1954) ; S. Sauneron, *Les prêtres de l'ancienne Égypte* (Paris, 1967) も見よ。

セド祭については、その骨格が Vandier, pp. 200-02 に記述されている。文献・図像資料を用いたすぐれた分析、Frankfort, *Royauté,* pp. 122-36 を見よ。

ミン祭については、H. Gauthier, *Les fêtes du dieu Min* (Le Caire, 1931) ; Vandier, *op. cit.,* pp. 202-03 ; Frankfort, *Royauté,* pp. 259-62 を参照。

28 **ファラオの天への上昇**—『ピラミッド・テクスト』におけるファラオの天への上昇は、J. H. Breasted, *Development of Religion and Thought in Ancient Egypt* (New York, 1912), pp. 70-141 ; R. Weill, *Le champ des roseaux et le champ des offrandes dans la religion funéraire et la religion générale* (Paris, 1936) に見いだされる。「中王国以来、すべての死者の名のあとにつけられた」maâ-kherou (「声が公正な」) という修飾語は、「至福の、祝福された」と訳すべきかどうか確言できない。それは、むしろ、「死者がオシリス儀礼の恩恵を得たとする考え」をあらわしている。J. Yoyotte, 《Le jugement des morts dans l'Égypte ancienne》, p. 37 (参考文献に関する情報は33節を見よ).

29 **殺害された神オシリス**—オシリス関係の文献は膨大なので、重要な業績のみをあげよう。Bonnet, *Reallexikon,* pp. 568-76 ; Vandier, *La Rel. égypt.,* pp. 58 sq., 81 sq., 134 sq., etc. ; Frankfort, *Royauté,* pp. 251 sq. ; Rundle Clark, *Myth and Symbol,* pp. 97 sq. ; E. Otto-M. Hirner, *Osiris und Amun* (München, 1960) ; A. Scharff, *Die Ausbreitung des Osiriskulte in der Frühzeit und während des Alten Reiches* (Munich, 1948) ; J. G. Griffiths, *The Origins of Osiris,* Münchener Aegyptologische Studien no. 9 (Berlin, 1966) ; E. A. Wallis Budge の

著作, *Osiris : The Egyptian Religion of Ressurection* (2 vols., London, 1911 ; 再版, New York, 1961) は、文献資料、図像、アフリカにおける類似例に関して今なお有益である。フレイザーが火つけ役となって始まったオシリス解釈ブームでは、オシリスは農耕神としてのみ考えられた。この解釈は、フランスではA. Moretが擁護したが、反対派のなかでは、とりわけÉmile Chassinatによって批判された。彼の遺著 *Le Mystère d'Osiris au mois de Khoiac,* I (Le Caire, 1966), pp. 30 sq. を参照のこと。たしかなのは、宇宙神にして葬送神であり、王権ばかりでなく世界の豊饒も表わし、また死者の審判者であり、のちには「密儀」の神となったオシリスの複合的な性格である。

中王国と新王国におけるオシリス神話は、Vandier, *op. cit.,* pp. 48-51 に要約されている。

『石棺文』はA. de Buck, *The Egyptian Coffin Texts,* I-VI (Chicago, 1935-1950) 中に編集されており、その注釈版R. O. Faulkner, *The Ancient Egyptian Coffin Texts,* vol. I (Warminster, 1974) が現在刊行中である。

オシリス祭祀については、Chassinat, *Le Mystère d'Osiris au mois de Khoiac,* 2 vols ; Rundle Clark, pp. 132 sq. (この神の背骨のシンボルである柱 djed の建立), pp. 157 sq. ; Frankfort, *Royauté,* pp. 251 sq. を見よ。

ホルスとセトについては、Bonnet, *Reallexikon,* pp. 307-18, 702-15 を見よ。ここには重要な文献があげられている。また、H. de Velde, *Seth, god of confusion* (1967) もつけ加えておく。

30 **シンコペーション――混乱《アナーキー》、絶望、そして死後の生の「民主化」**―第一中間期については、H. Stock, *Die erste Zwischenzeit Aegyptens* (Rome, 1949) ; Wilson, *The Culture of Ancient Egypt,* pp. 104-24 ; Drioton / Vandier, *L'Égypte,* pp. 213 sq. を見よ。

本文中で論じた文学作品は、Adolf Erman, *The Literature of the Ancient Egyptians* (英訳者 A. M. Blackman, London, 1927) に訳出されている。これは *The Ancient Egyptians* (Harper Torchbooks, New York, 1966) と改題され、W. K. Simpson の重要な序文をつけて再版

された（『メリカラー王への教訓』pp. 75 sq.,『預言者イプエルの訓戒』92 sq.,『ハープ弾きの歌』132 sq.,『生活に疲れた者の魂との対話』86 sq. に訳出されている〔『古代オリエント集』前掲〕）。われわれはおもに Wilson, ANET, pp. 405 sq., 441 sq., 467 の訳文に従った。R. O. Faulkner は『生活に疲れた者……』の新訳を *Journal of Egyptian Archaeology,* 42, 1950, pp. 21-40（《The man who was tired of life》）に発表している。R. J. Williams は、この同じ作品に関する最近の研究文献を、*ibid.,* 48, 1962, pp. 49-56 で吟味している。『預言者イプエルの訓戒』については、多くの業績が刊行されている。文献表は Erman の再版（Harper Torchbooks）に付された W. K. Simpson の序文を見よ（pp. XXIX-XXX.）。『メリカラー王への教訓』に関する最近の諸研究についての分析は、上掲書（p. XXVIII）を見よ。このテクストはとても長く、理解に苦しむ箇所もあることを明言しておこう。

第12王朝の中間期文学については、G. Posener, *Littérature et politique dans l'Égypte de la XII*ᵉ *dynastie*（Paris, 1956）を見よ。

31 **「太陽神化」の神学と政治**—中王国については、H. E. Winlock, *The Rise and Fall of the Middle Kingdom in Thebes*（New York, 1947）; Wilson, *The Culture of Ancient Egypt,* pp. 124-53 ; Drioton / Vandier, pp. 234 sq. を見よ。ファラオは相当な規模の事業を行なった（彼らはファイユーム付近に27,000エーカー分の耕地を増やした、ほか）。エジプトは征服政策をとらなかったが、地中海、エーゲ海、近東では仰がれ畏れられていた。

ヒクソスについては、Robert M. Engberg, *The Hyksos Reconsidered*（Chicago, 1939）; Winlock, *op. cit.*（最後の二章）; Wilson, pp. 154-65 ; T. Säve-Söderbergh,《The Hyksos Rule in Egypt》, *Journal of Egyptian Archaeology,* 37, 1951, pp. 53-72 ; Theodore Burton-Brown, *Early Mediterranean Migrations*（Manchester, 1959）, pp. 63 sq. を見よ。エジプト人の排外主義に関しては、彼らが長年、外国人の「人間性」を認めなかったという事実に留意しなければならない。このために、外国人は生贄にされたのである。Wilson, pp. 139 sq. を参照。この問題については、F. Jesi,《Rapport sur les recherches relatives à quel-

ques figurations du sacrifice humain dans l'Égypte pharaonique》, JNES, 17, 1958, pp. 194-203 も見よ。第一中間期には、「アジア人」はとるに足らぬ数であったが、無秩序をもたらしたとして責められた (Wilson, pp. 110 sq. を参照)。「アジア人」がデルタ地方に集団で移住したのは、ヒクソス侵入後のことである。

アメンの大祭司の役割については、G. Lefebvre, *Histoire des Grands Prêtres d'Amon de Karnak jusqu'à la XXI*[e] *Dynastie* (Paris, 1929) ; Vandier, *op. cit.,* pp. 170 sq. ; Wilson, *Culture,* pp. 169 sq. を見よ。

アメン-ラー神大讃歌は何度も翻訳されている。Wilson, ANET, pp. 365-67 ; Erman / Blackman, pp. 283-87 を参照。この讃歌はメンフィス神学に影響されているが (Erman, *Religion,* p. 119)、このことは、伝統的教説にたちもどり、再解釈するというエジプト宗教の傾向をあらわしている。これと同様に重要なのは、「普遍主義的な太陽讃歌」とよばれるもので、A. Varille, 《un Hymne universaliste au Soleil》, *Bulletin de l'Institut français d'archéologie orientale* (Le Caire), 41, 1942, pp. 25-30 に刊行、訳出されている。Wilson, ANET, pp. 367-69 の訳も見よ〔『古代オリエント集』前掲〕。

32 **アク-エン-アテンの改革の挫折** ―「アマルナ改革」については、J. D. S. Pendlebury, *Tell-el-Amarna* (London, 1935) ; Drioton / Vandier, *L'Égypte,* pp. 86 sq., 334 sq. ; Wilson, *op. cit.,* pp. 212 sq. ; Rudolph Anthes, *Die Maat des Echnaton von Amarna* (Suppl. JAOS, No. 14, 1952) ; Cyril Aldred, *New Kingdom Art in Ancient Egypt during the Eighteenth Dynasty* (London, 1951), spéc. pp. 22 sq. を見よ。

アテン神大讃歌は Erman / Blackman, *op. cit.,* pp. 288-91 ; Breasted, *The Dawn of Conscience* (New York, 1953), pp. 281-86 ; Wilson, ANET, pp. 369-71 に訳出されている。

アメン―アテンのつながりについては、Alexandre Piankoff, *The Shrines of Tut-Ankh-Amon* (New York, 1955), pp. 4 sq. を見よ。

33 **最後の総合――ラーとオシリスの結合** ― Édouard Naville が

「太陽《ラー》神連禱」と名づけたものは、新王国のもっとも重要なテクストのひとつである。われわれはPiankoff, *The Litany of Re*（New York, 1964), pp. 22-43の訳に従った。同著者が *The Tomb of Ramesses VI*（New York, 1954）に訳出したテクストも見よ。
『死者の書』の翻訳もいくつかあるが、われわれはもっとも新しい訳であるT. C. Allen, *The Book of the Dead or Going forth by Day*（Chicago, 1974）によった。ほかの葬送儀礼関係書（『他界の書』、『門の書』、『夜の書』）については、Vandier, pp. 107 sq., 128-29を見よ。『二つの道の書』については、Piankoff, *The Wandering of the Soul*（Princeton, 1974), pp. 12-37の翻訳を利用した。また、S. Morenz, *Altägyptischer Jenseitsführer. Papyrus Berlin 3127*（Frankfurt a. Main, 1966）を見よ。

地下の死者の国duatは、すでに『ピラミッド・テクスト』に見いだされる。Breasted, *Development,* p. 144, n. 2に引用されている例を見よ。冥界観については、Erik Hornung, *Altägyptische Höllenvorstellungen*（Berlin, 1968）を見よ。E. A. Wallis Budge, *The Egyptian Heaven and Hell,* I-III（再版、一巻本、London, 1925）にその描写とテクストの翻訳がある。人間の最大の敵と考えられる死の「否定的」要素は、J. Zandee, *Death as an Enemy according to Ancient Egyptian Conceptions*（Leiden, 1960), pp. 5-31（概論), 45-111（全面的消滅、腐敗、監獄など死の諸相をあらわす語彙）に綿密に分析されている。H. Kees, *Totenglauben und Jenseitsvorstellungen der alten Aegypter*（1926；2e éd. Berlin, 1956）は、あまりにひとりよがりな解釈があるにもかかわらず、今日でも最善の総合的研究書である。死者儀礼の肝要な部分（ミイラ化、葬儀、墓、マスタバ〔墓〕、ピラミッド、地下埋葬室）は、Vandier, *op. cit.,* pp. 111-30（膨大な参考文献つき）に解説されている。

エジプト人にとっては、ほかの古代諸民族（インド、中国、ギリシアなど）にとってと同様に、死は肉体と霊魂の分離をもたらしたばかりではない。三つの霊的原理、akh, ba, kaの区別をも示した。アクは「本来、神力、超自然的な力をあらわす」（Vandier, p. 131)。その語がもつ

「輝く、栄光の」という意味は、死者の天界性を示す（事実、死者がアクと呼ばれる場合は、天に住む超自然的存在として考えられている；Frankfort, *Royauté,* p. 104を参照)。バーは、アク同様、鳥の姿であらわされるが、いわゆる「魂」のことである。「バーはその同一性を保持するために、死体か、すくなくとも死者の像を必要とした。それは野や森を徘徊したあと、墓の中の死体にもどってくると考えられた」(Frankfort, *Royauté,* p. 103；*Ancient Egyptian Religion,* pp. 96 sq. を参照)。バーは、ある局面から見た死者そのものである。これに反し、カーはけっしてかたどられることなく、個別化されない。その語は「生命力」と訳すことができる。カーは個人に、その生存のあいだ所属するが、他界にもついて行く (Frankfort, *Royauté,* p. 104)。王に所属するカーだけが記念碑にあらわれる。「カーは王の双子の兄弟として生まれ、在世中は王に守護神としてつきそい、死後も王の分身として、守護者としてふるまう」(*ibid.,* p. 110)。

古王国のテクストが、ファラオのバーのみについて語っていることは注目に価する。「いいかえれば、古王国時代のエジプト人〔一般〕は、バーをもっていなかった」(Morenz, *La Religion égyptienne,* p. 266)。第一中間期以後にはじめて、バーをもつことが一般化した。あきらかに、これは文献上の状況であり、歴史的事実はわからない。とはいえ、この場合においても、ファラオの「手本」が、範型として特権をもたぬ人々によってしだいに模倣されるようになったことは意義深い。L. Greven *Der Ka in Theologie und Königskult der Ägypter des Alten Reiches* (Glückstadt, 1952)；Louis Zabkar, *A Study of the Ba Concept in Ancient Egyptian Texts* (Chicago, 1968) も見よ。

裁判についてはE. Drioton, *Le jugement des âmes dans l'ancienne Égypte* (Le Caire, 1949)；Vandier, *op. cit.,* pp. 134 sq.；J. Spiegel, *Die Idee vom Totengericht in der aegyptischen Religion* (Glückstadt, 1935)；J. Yoyotte,《Le jugement des morts dans l'Égypte ancienne》, in: *Le jugement des morts,* Sources Orientales 4, Paris, 1961, pp. 16–80. テクストの注釈つき翻訳と書誌を見よ。また、M. Guilmot,《L'espoir en l'immortalité dans l'Égypte ancienne du Moyen Empire

à la basse époque》(RHR, 166, 1964, pp. 1-20) を見よ。

潔白の供述については、E. Drioton, 《Contribution à l'étude du chapitre cxxv du Livre des Morts. Les confessions négatives》(*Recueil d'Études égyptiennes dédiées à la mémoire de J. F. Champolion,* Paris, 1922, pp. 545-64) を見よ。125章の観念と信仰は非常に古くからみられる。それらは「すくなくともピラミッド時代に遡る。125章に含まれた否定的、肯定的な“倫理規範”は、第5、第6王朝までその跡を辿れる」(Yoyotte, *op. cit.,* p. 63)。否定形の告白の民族誌的類例が R. Pettazzoni, *La confessione dei peccati,* II (Bologna, 1935), pp. 21, 56-57 にあげられている。

『天の雌牛の書』という葬儀書は、その内容の呪術的価値を主張している。このテクストを知る者は「法廷において頭を下げる必要はないであろう……そして、彼が地上で犯した略奪行為はすべて算えられぬであろう」と書かれている(訳、Yoyotte, p. 66;『天の雌牛の書』。全訳は Piankoff, *The Shrines of Tut-Ankh-Amon,* pp. 27-34 を見よ)。道徳より「知恵」を高しとするのは、ブラーフマナ、ウパニシャッドからタントリズムにいたるインド思想の中心主題である。

第五章 巨石・神殿・祭祀センター――ヨーロッパ、地中海地域、インダス川流域

34 **石とバナナ**—巨石文化に関しては膨大な文献がある。近く刊行される筆者の論文《Megaliths and History of Religions》にそのもっとも重要な業績が論評されている。

Glyn Daniel, *The Megalith Builders of Western Europe* (London, 1958)〔『メガリス』学生社〕はすぐれた概論である。その再版 (Pelican Books, 1962) には、「炭素14」年代決定法にもとづいて作られた新しい年表が付録 (pp. 143-146) としてついている。この年表は、著者の所論の大部分の弱点をはっきりさせた。36節を見よ。また、Fernand Niel, *La civilisation des mégalithes* (Paris, 1970) と、Glyn Daniel と J. D. Evans が *Cambridge Ancient Hisory*, vol. 2 : *The Western Mediterranean* (1967), chap. 37, pp. 63-72 に付した文献表も見よ。

スペイン、ポルトガルの巨石は、あますところなく Georg / Vera

Leisner, *Die Megalithgräber der Iberischen Halbinsel : Der Süden* (Berlin, 1943), and *Der Western*, I-III (Berlin, 1956, 1959, 1960) で研究されている。また、L. Pericot, éd., *Corpus de sepulcros megaliticos*, fascs. 1 and 2 (Barcelona, 1961) ; fasc. 3 (Gerona, 1964) ; L. Pericot, *Los sepulcros megaliticos Catalanes y la cultura pirinaica* (2e éd., Barcelona, 1951) も見よ。

フランスの巨石については、Z. Le Rouzic, *Carnac* (Rennes, 1909) ; id., *Les monuments mégalithiques de Carnac et de Locmariaquer* (Carnac, 1907-1953) ; Glyn Daniel, *The Prehistoric Chamber Tombs of France* (London, 1960) ; id., *The Megalith Builders*, pp. 95-111〔『メガリス』前掲〕; E. Octobon, 《Statues-menhirs, stèles gravées, dalles sculptées》 (*Revue Anthropologique,* 1931, pp. 291-579) ; M. et J. Péquart / Z. Le Rouzic, *Corpus des signes gravés des monuments mégalithiques du Morbihan* (Paris, 1927) を見よ。ブリテン島の巨石文化については G. Daniel, *The Prehistoric Chamber Tombs of England and Wales* (1950) ; *The Megalith Builders*, pp. 112-27 を、また35節の文献解題を見よ。

Sibylle von Cles-Reden は *The Realm of the Great Goddess. The story of the megalith builders* (London, 1961 ; *Die Spur der Zyklopen*, 1960 の英訳) 中で、多数のすばらしい写真を挿入して一般向けに解説している。

Dominik Wölfel, 《Die Religionen des vorindogermanischen Europa》 (in : *Christus und die Religionen der Erde,* I, pp. 161-537) はその論述の大部分を、巨石を築いた人々の宗数にあてている (pp. 163-253 その他)。参照するにあたっては注意を要するもの。J. Maringer, *The Gods of Prehistoric Man*, pp. 227-55 (=*L'homme préhistorique et ses dieux*, pp. 237-61) には簡潔な叙述がみられるが、炭素14による分析以前に書かれたものである。

メンヒルについては、該博な知識を示す次の著作がある。Horst Kirchner, 《Die Menhire in Mitteleuropa und der Menhirgedanke》, *Abhandlungen der Akademie in Mainz, Geistes- und Sozialwissens-*

chaftlichen Klasse (1955), pp. 609–816.

35　**祭祀センターと巨石構築物**―ストーンヘンジに関する膨大な研究文献のなかから最近出版されたものをいくつかあげよう。R. J. C. Atkinson, *Stonehenge* (Penguin, Harmondsworth, 1960) ; A. Thom, *Megalithic Sites in Britain* (Oxford, 1967) ; G. S. Hawkins, *Stonehenge* Decoded (London, 1966 ; しかし、R. I. C. Atkinson, *Nature*, 210, 1966, pp. 1320 sq. 批判を見よ) ; Colin Renfrew, *Before Civilization* (London et New York, 1973), pp. 120 sq., 214 sq. 〔『文明の誕生』〈岩波現代選書32〉岩波書店〕

南フランスでは非常に多くの巨石墳墓（3000も）の存在が確認されていることに注目せよ。アヴェロン県だけでも600以上ある。これは、イングランドとウェールズにあるものの2倍にあたる。Daniel / Evans, *The Western Mediterranean*, p. 38 を参照せよ。エロー県のドルメンは、J. Arnal (*Préhistoire*, vol. XV, 1963) において徹底的に研究されている。これまでに発見された立石-メンヒルはどれも、南フランスにある。

マルタの先史時代については J. D. Evans, *Malta* (London, 1959) ; id., *Prehistoric Antiquities of the Maltese Islands* (London, 1971) ; Günther Zuntz, *Persephone. Three Essays on Religion and Thought in Magna Graecia* (Oxford, 1971), pp. 3–58 ; Collin Renfrew, *Before Civilization*, pp. 147 sq. を見よ。

Zuntz (*op. cit*., pp. 25 sq.) は、マルタ島の神殿装飾にみられる渦巻き模様のシンボリズムの重要さをあきらかにし、ドナウ川流域の影響（チルナの女神像）をそこに認めた。

36　**「巨石の謎」**―ゴードン・チャイルドは最近の著作 *The Prehistory of European Society* (Pelican Books, 1958), pp. 124–34 ;《Missionaries of the Megalithic Religion》のなかで、巨石文化の伝播についての彼の見解を要約している。

グリン・ダニエルによれば、巨石型建造の発端は地中海中部・西部にミノス人、エーゲ海人が到着したことと直接関連する（*The Megalith Builders of Western Europe*, p. 135)〔『メガリス』前掲〕。これは通商上、植民上の移動であるが、その植民地化は、力強い宗教的信念とかなり複雑な葬儀慣習をもった民族によって行なわれた。ダニエルは、巨石建造者が

鉱山を採掘し、おもに金属貿易に携わっていたにもかかわらず、その建造物に金属製品がほとんどみられないのはなぜかと自問する。そして彼は、移民たちは金属器を故意に埋葬せず、その代わりに石の模造品を埋めたと考えた（p. 137)。

コリン・レンフルーの著書 *Before Civilization*〔『文明の誕生』前掲〕の副題 *The Radiocarbon Revolution and Prehistoric Europe*「放射性炭素革命と先史時代ヨーロッパ」は意義深い。同著者の《Wessex without Mycenae》(*Annual of the British School of Archaeology at Athens*, 63, 1968, pp. 277-85)；《Malta and the calibrated radiocarbon chronology》(*Antiquity*, 46, 1972, pp. 141-45)；《New Configurations in Old World Chronology》(*World Archaeology*, 2, 1970, pp. 199-211)の論文も見よ。

37 **民族誌と先史**―何人かの研究者は、G・エリオット・スミスやW・J・ペリーの行きすぎが引き起こした自己抑制に反撥して、原歴史時代の巨石文化全体を検討した。たとえば、A. Serner, *On*《*Dyss*》*burial and beliefs about the dead during the Stone Age with special regard to South Scandinavia* (Lund, 1938)；H. G. Bandi,《La répartition des tombes mégalithiques》(*Archives Suisses d'Anthropologie Générale*, 12, 1946, pp. 39-51)；V. Gordon Childe,《Megaliths》(*Ancient India*, No. 4, 1947/48, pp. 4-13)を見よ。メンヒル研究に限定されているが、R・ハイネ－ゲルデルン以外に、巨石文化の先史時代グループと民族誌グループの双方を総合的に研究した研究者は Joseph Röder だけである。われわれは、Joseph Röder, *Pfahl und Menhir : Eine vergleichend vorgeschichtliche volks- und völkerkundliche Studie* (=*Studien zur westeuropäischen Altertumskunde*, I；Neuwied am Rhein, 1949) に言及しよう。

ハイネ－ゲルデルンの業績中、もっとも重要なものをあげると、《Die Megalithen Südostasiens und ihre Bedeutung für die Klärung der Megalithenfrage in Europa und Polynesien》(*Anthropos*, 13, 1928, pp. 276-315)；《Prehistoric Research in the Netherlands Indies》(in : *Science and Scientists in the Netherlands Indies*, Ed . P. Honig /

F. Verdoorn, Cambridge, Mass., 1945, pp. 129-67)；《Zwei alte Weltan-schauungen und ihre Kulturgeschichtliche Bedeutung》(*Anzeiger der phil.-hist. Klasse der Oesterreichischen Akademie der Wissenschaften*, Bd. 94, 1957, pp. 251-62)；《Das Megalithproblem》(in *Beiträge Oesterreichs zur Erforschung der Vergangenheit und Kulturgeschichte der Menschheit—Symposion* 1958, 1959年刊, pp. 162-82) である。ハイネ-ゲルデルンの著作目録は、H. H. E. Loofs, *Elements of the Megalithic Complex in Southeast Asia : An Annotated Bibliography* (Canberra, 1967), pp. 3-4, 14-15, 41-42, 48, 94 に収められ、論評されている。

ハイネ-ゲルデルンの仮説と批判者に対する彼の反論は、われわれの《Megaliths and History of Religions》で論じられている。

38 **インドの最初の都市**—ハラッパーとモヘンジョ・ダロに関する概括的参考文献は、Eliade, *Le Yoga* (新版、1975), p. 417〔『ヨーガ②』エリアーデ著作集第10巻前掲〕に見よ。ジョン・マーシャル〔John Marshall〕卿の *Mohenjo-daro and the Indus Culture*, I-III (London, 1931)〔『インダス文明の謎』山喜房仏書林〕は今なお重要であるが、1930年以後に行なわれた発掘の結果を伝える、最近の研究で補わなければならない。E. J. Mackay, *The Indus Civilization* (London, 1935)；id., *Further Excavations at Mohenjo-daro* (Delhi, 1938)；id., *Chanhudaro Excavations 1935-36* (New Haven, 1943)；M. S. Vats, *Excavations at Harappa* (Delhi, 1940)；S. Piggott, *Prehistoric India* (Pelican Books, Harmondsworth, 1950)；J. M. Casal, *La civilisation de l'Indus et ses énigmes* (Paris, 1969)；Maurizio Tosi, *East and West*, 21, 1971, pp. 407 sq.；Bridget / Raymond Allchin, *The Birth of Indian Civilization* (Pelican Books, 1968. 充実した批判的文献解題つき)；Sir Mortimer Wheeler, *The Indus Civilization* (3e éd., Cambridge, 1968)（これは1953年版を全面的に改訂した版）〔『インダス文明』みすず書房〕；Walter A. Fairservis, *The Roots of Ancient India : The Archaeology of Early Indian Civilization* (New York, 1971. この総合的労作において、フェアサーヴィスは、西パキスタン、とりわけクエッタ地方、ゾーブ地方、ローラーライ地方、セイスタン盆地における彼の発

掘の成果をもまとめている）を見よ〔また、D. H. Gordon, *The Prehistoric Background of Indian Culture* (Bombay, 1960)〔『先史時代のインド文化』紀伊國屋書店〕; Ahmad Hasan Dani, *Prehistory and Protohistory of Eastern India* (Calcutta, 1960); Robert H. Brunswig, 《Radiocarbon Dating and Indus Civilization: Calibration and Chronology》, *East and West* 25 (1975): pp. 111-45 も見よ〕。

ポール・ウィートリは、重要な著作 *The Pivot of the Four Quarters: A Preliminary Inquiry into the Origins and Character of the Ancient Chinese City* (Chicago, 1971) で、ハラッパーの祭祀センターをも研究している (pp. 230 sq.)。

「世界の中心」のシンボリズムについては Eliade, *Le mythe de l'éternel retour*（新版, Paris, 1969), pp. 13 sq.〔『永遠回帰の神話』前掲〕; id., 《*Centre du Monde, Temple, Maison*》, *in: Le Symbolisme cosmique des monuments religieux*, Rome, 1957, pp. 57-82.〔「世界の中心・寺院・家」『宗教学と芸術』前掲〕参照。

伝統的な都市の宇宙論的シンボリズムについては Werner Müller, *Die heilige Stadt: Roma quadrata, himmlisches Jerusalem und der Mythe vom Weltnabel* (Stuttgart, 1961) 参照。

39 **原歴史的宗教概念とヒンドゥー教におけるその対応物**―インドの宗教については、Eliade, *Le Yoga*, pp. 348 sq.〔『ヨーガ②』エリアーデ著作集第10巻 前掲〕; Sir John Marshall, *Mohenjo-daro*, vol. I, pp. 50 sq.; Piggott, *Prehistoric India*, pp. 200 sq.; Wheeler, *The Indus Civilization*, pp. 108 sq.; Allchin, *The Birth of Indian Civilization*, pp. 311 sq.; Fairservis, *The Roots of Ancient India*, pp. 292 sq. を見よ。これらの著者は皆、ハラッパー宗教のヒンドゥー教的性格を認め、原歴史時代から今日までの祭具、シンボル、神像などの連続性を強調している。この意見の一致は、これらの考古学者がインドで発掘を指揮している点で意義深い。いいかえれば、好都合なことに、かれらの分析能力は、インドを直接知ることによって補われている。

「連続性」は Mario Cappieri, 《Ist die Indus-Kultur und ihre Bevölkerung wirklich verschwunden?》(*Anthropos*, 60, 1965, pp. 719-62)

の研究によっても確認されている。W・コッパーズは、インド中央部で行なわれているある豊饒儀礼とハラッパーの図像との正確な類似性に注目した。《Zentralindische Fruchtbarkeitsriten und ihre Beziehungen zur Induskultur》(*Geographica Helvetica,* 1, 1946, pp. 165-77) 参照。J・ヘッケルはグジャラートのいくつかの村で、「アドニスの園」と関連する祭祀を調査した。このオーストリア人研究者は、とくに地中海的なこの儀礼がそこに存在することを、インダス文明の創始者はイランから移住した先アーリア人耕作者であったという事実で説明する。その結果、彼らは中東と地中海の原歴史的文明にあずかっていたのである。彼の論文《'Adonisgärtchen' im Zeremonialwesen der Rathwa in Gujerat Zentralindien). Vergleich und Problematik》(*Ethnologishe Zeitschrift Zürich,* 1, 1972, pp. 167-75) を参照。

連続性を否認しているものとしては、なかんずく、H. P. Sullivan, 《A Reexamination of the Religion of the Indus Civilization》(HR, 4, 1964, pp. 115-25) ; J. Gonda, *Change and Continuity in Indian Religion* (La Haye, 1965), pp. 19-37 である。

R. L. Raikes は、モヘンジョ・ダロの崩壊における地震や洪水の決定的役割を強調している。《The Mohenjo-daro Floods》, *Antiquity,* 39, 1965, pp. 196-203 ;《The End of the Ancient Cities of the Indus Civilization》, *American Anthropologist,* 65, 1963, pp. 655-59, and 66, 1964, pp. 284-99 ; とくに *Water, Weather and Archaeology* (London, 1967) を参照。モヘンジョ・ダロの末期段階において、経済的文化的レベルが低下したのは争われぬ事実である。くり返し洪水にみまわれた結果生じた道徳的退廃は、これに追い打ちをかけた。しかし、最後の一撃を加えたのは、おそらくアーリア系言語を話す移民である、東からの侵入者が、死の打撃を加えたことによるように思われる。発掘によって、終局的な大虐殺の跡が明るみに出たが、モヘンジョ・ダロの文明はこのあとなくなってしまう。Wheeler, *Indus Civilization,* pp. 129 sq. と本書2巻64節にあげられている参考文献を見よ。

40 **クレタ島——聖なる洞窟、迷路、女神** —クレタの先史-原歴史時代に関する基本的著作は、今でも Sir Arthur Evans, *The Palace of*

Minos, I-V, London, 1921-1950 である。A. J. Evans / J. L. Myres, *Scripta Minoa*, II, 1952 ; P. Demargne, *La Crête dédalique,* Paris, 1947 ; L. Cottrell, *The Bull of Minos*, 1956 ; L. R. Palmer, *Mycenaeans and Minoans,* London, 1961 ; R. W. Hutchinson, *Prehisioric Crete,* Baltimore, 1962（豊富な参考文献は、pp. 355-68）; J. W. Graham, *The Palaces of Crete,* Princeton, 1962 も見よ。

クレタ宗教については、とくに Charles Picard, *Les religions préhelléniques : Crête et Mycênes* (Paris, 1948. すぐれた参考文献がついている）; M. P. Nilsson, *The Minoan-Mycenaean Religion and its Survival in Greek Religion* (2e éd., Lund, 1950) を見よ。また、次も参照のこと。A. W. Persson, *Religion of Greece in Prehistoric Times* (Berkeley, 1950) ; M. Ventris / J. Chadwick, *Documents in Mycenaean Greek* (Cambridge, 1956)〔「ミケーネ文書が教えるもの——『ミケーネ時代ギリシア語記録文書』V章——」『西洋古代史論集』東京大学出版会〕; L. A. Stella, 《La religione greca nei testi micenei》, *Numen*, 5, 1958, pp. 18-57 ; S. Luria, 《Vorgriechische Kulte》, *Minos*, 5, 1957, pp. 41-52 ; M. Lejeune, 《Prêtres et prêtresses dans les documents mycêniens》, *Hommages à Georges Dumêzil* (Brussels, 1960, pp. 129-39) ; R. F. Willetts, *Cretan Cults and Festivals* (New York, 1962) ; H. van Effenterre, 《Politique et religion dans la Crète minoenne》, *Revue historique*, 229, 1963, pp. 1-18 を参照。

聖なる洞窟については、原注42と P. Faure, 《Spéléologie crétoise et humanisme》, *Bulletin de l'Association Guillaume Budé*, 1958, pp. 27-50 を見よ。イニシエーションの場としてのスコティノ洞窟については、同著者の *Fonction des cavernes crêtoises* (Paris, 1964), pp. 162 sq. を見よ。

迷宮とそのイニシエーション的機能については、W. A. Matthews, *Mazes and Labyrinths : A General Account of their History and Development* (London, 1922) ; W. F. Jackson Knight, *Cumaean Gates : A Reference of the Sixth Aeneid to the Initiation Pattern* (Oxford, 1936) ; K. Kerényi, *Labyrinth-Studien* (Zurich, 1950)〔『迷宮と神話』弘文堂〕; Oswald F. A. Menghin, 《Labyrinthe, Vulvenbilder und

Figurenrapporte in der Alten und Neuen Welt : Beiträge zur Interpretation prähistorisches Felsgraphik》(in *Beiträge zur Alten Geschichte und deren Nachleben : Festschrift Franz Altheim,* Berlin, 1969, 1, pp. 1-13 ; Philippe Borgeaud, 《The Open Entrance to the Closed Palace of the King : The Greek Labyrinth in Context》, HR, 14, 1974, pp. 1-27 を見よ。

後代の古典時代の神殿に似た建物がまったく存在しないことは、注目に価する。公共の聖所の唯一の例はグルニアのものだが、これも、ニルソンによれば、家庭祭祀から生じたものである。農耕儀礼でさえも、宮殿の中庭でとり行なわれた。

41 **ミノス宗教の特色** —裸の女神については、Picard, *Rel. Prêhel.,* pp. 48 sq., 111 sq. ; Nilsson, *op. cit.,* pp. 397 sq. を見よ。

植物儀礼については Persson, *Religion of Greece,* pp. 25 sq ; Picard, *op. cit.,* pp. 191 sq. を参照のこと。

雄牛と神聖な闘牛の宗教的役割については、Persson, pp. 93 sq. と Picard, p. 199 の批判的文献解題を参照のこと。J. W. Graham, *The Palaces of Crete,* pp. 73 sq. も加えておこう。

両刃の斧については、Picard, pp. 200-01 ; Hutchinson, *Prehistoric Crete,* pp. 225 sq. を参照せよ。

クノッソスの神官 - 王の墳墓については、C. F. Lehman-Haupt, 《Das Tempel-Grab des Priesterkönigs zu Knossos》, *Klio,* 25, 1932, pp. 175-76 ; Picard, *op. cit.*, p. 173 を参照せよ。

ハギア・トゥリアダの石棺については、R. Paribeni, 《Il sarcofagio dipinto di Haghia Triada》(*Monumenti Antichi publicati per cura della reale Accademia dei Lincei,* 19, pp. 5-86, pls. I-III) と J. Harrison, *Themis* (Cambridge, 1912 ; 2e éd., 1927), pp. 159, 161-77, figs. 31-38 sq. への転載 ; F. von Duhn, 《Der Sarkophage aus H. Triada》, ARW, 12, 1909, pp. 161-85 ; Nilsson, *Minoan-Mycenaean Religion,* pp. 426-43 , Picard, *op. cit.,* pp. 107 sq., 168 sq. を見よ。

42 **先ギリシア宗教構造の連続性** —先ギリシア的構造の継続については、Charles Picard, *op. cit.,* pp. 201 sq., 221 sq. ; Nilsson, *op. cit.,* pp. 447

sq.; Hutchinson, *op. cit.*, pp. 199 sq. を見よ。

「一般には、ミノスの神々およびミュケナイ時代に先立つ超自然的存在の世界が、多かれすくなかれ、保守的に継承されているのがみられる」(Picard, p. 252)。このすぐれた考古学者は、「密儀」神殿の設備が先ギリシア時代のクレタに見いだされる構築物から発展したものであることをあきらかにした。「そこには障壁、つまり近づくことを禁じられた部分、*abata, adyta* がある。クノッソスの『神殿収納庫』にある、地面にいまだに埋めこまれた祭具箱《キスタイ》は、エレウシスの祭具箱の前駆であった。祭具箱は持ち運びできるようになった聖櫃で、ときに二柱の女神がその上に一緒に腰かけている。マリアでは、供進用の杯状部がついている大きな円形壺《ケルノス》が宮殿の一室の敷石の中に据えつけられ、土と直接触れている。このような設備が、マリアの王侯の墓地の設備と類似していることが指摘されてきたが、これは正しい。そこには、農耕にも葬送にも関わる、祭祀の重要な祭具が納められている。この祭具は、生者と死者の双方を守護する地母神を讃えて行なわれる、おそらく密儀的な祭祀の、神聖な道具なのである」(p. 142) 97—99節を参照。

P.フォールは、ブリトマルティスをスコティノの守護女神と考える。それゆえに、「聖金曜日祭のような現代的事実を含めて、祭祀に関して、そこで確認される諸事実が報告されているのである」(《Spéléologie crétoise et humanisme》, p. 40)。ブリトマルティスについては Willetts, *Cretan Cults and Festivals,* pp. 179 sq. も見よ。

エジプトの影響(心霊術、死体の部分的ミイラ化、黄金面の採用など)については、Picard, pp. 228 sq., 279 sq. を見よ。黄金面は死者を、神像のように朽ちることのない容貌をもつ、超自然的存在に変容させるために使われる(*ibid.*, p. 262)。

第六章　ヒッタイト人とカナン人の宗教

43　**アナトリアの文化共存とヒッタイト人のシンクレティズム**　—ヒッタイト人の歴史と文化については、A. Goetze, *Klein-asien* (2e éd. 1957); O. R. Gurney, *The Hittites* (Harmondsworth, 1952; 2e éd. 1954; 最新版 1972) 参照。

フリ人については、E. A. Speiser, 《The Hurrian participation in

the civilisation of Mesopotamia, Syria and Palestine》(*Cahiers d'Histoire Mondiale,* I, 1953, pp. 311-27) ; Fl. Imparati, *I Hurriti* (Firenze, 1964) ; R. de Vaux, 《Les Hurrites de l'histoire et les Horites de la Bible》(*Revue Biblique,* 74, pp. 481-503) 参照。

1958年までに公刊されたヒッタイト人の楔形文字テクストと翻訳は E. Laroche, 《Catalogue des textes hittites》, *Revue Hittite et Asianique,* XIV, 1956, pp. 33-38, 69-116 ; XV, 1957, pp. 30-89 ; XVI, 1958, pp. 18-64 を見よ。

もっとも重要なテクストは、A. Goetze, in ANET, pp. 120-28, 201, 211, 346-64, 393-404, および Gurney, *The Hittites*, p. 224〔1981年版で226-7頁〕の文献表にあげられた H. Güterbock, E. Laroche, H. Otten, M. Vieyra その他の訳業に見られる〔『古代オリエント集』筑摩世界文学大系1 前掲〕。もっとも新しいフランス語訳は Maurice Vieyra によるもので、*Les religions du Proche-Orient,* éd. R. Labat (Paris, 1970), pp. 525-66 にみられる。

ヒッタイト宗教の概説については、とくに R. Dussaud, 《*La religion des Hittites et des Hourites*》, in E. Dhorme et R. Dussaud, *La religion de Babylonie,* etc., pp. 333-53 ; H. Güterbock, 《Hittite Religion》, in *Forgotten Religions,* éd., V. Ferm (New York, 1950), pp. 81-109 ; id., 《Hittite Mythology》, in *Mythologies of the Ancient World,* éd. S. N. Kramer (1961), pp. 141-79 ; H. Otten, 《Die Religionen des Alten Kleinasien》, in *Handbuch der Orientalistik,* Bd. VIII, 1964, pp. 92-116 ; Maurice Vieyra, 《La religion de l'Anatolie antique》, in *Histoire des Religions,* I, pp. 258-306 をあげる。Giuseppe Furlani, *La Religione degli Hittiti* (Bologna, 1936) は今なお有益であるが、この著作を執筆したときには、ごく少数のヒッタイト語テクストの翻訳しか利用できなかったとの評が Güterbock (《Hitt. Rel.》, p. 109) に見られる［充実した書誌のついた O. R. Gurney, *Some Aspects of Hittite Religion,* 1976, Schweich Lectures of the British Academy (Oxford, 1976) を見よ。英訳版より］。

また E. Laroche, *Recherches sur les noms des dieux hittites* (Paris, 1947) ; id., 《Teššub, Hebat et leur cour》, *Journal of Cuneiform*

Studies, II, 1948, pp. 113-36 ; id.,《Le Panthéon de Yazilikaya》, *ibid.,* VI, 1952, pp. 115-23 を見よ。

ヒッタイトの神々と神話の簡潔な叙述は Einar von Schuler, W. d. M., I, pp. 172-76（男女神）, 196-201（太陽神）, 208-13（嵐神）を見よ。

王の宗教的役割については、*Myth, Ritual and Kingship,* éd. S. H. Hooke（Oxford, 1958）中の O. R. Gurney,《Hittite Kingship》, pp. 105-21 を見よ。

儀礼については B. Schwartz,《The Hittite and Luwian ritual of Zarpiya of Kizzuwatna》, JAOS, 58, 1938, pp. 334-53 ; M. Vieyra,《Rites de purification hittites》, RHR, 119, 1939, pp. 121-53 ; H. Otten, *Hethitische Totenrituale* (Berlin, 1958) を見よ。新年祭プルリについては、Volkert Haas, *Der Kult von Nerik : Ein Beitrag zur hethiti schen Religionsgeschichte* (Roma, 1970), pp. 43 sq. を見よ。

敗北したあとの軍隊が行なう浄めの儀礼には原初性が著しく、人間、山羊、小犬、子豚の犠牲をともなう。これらの犠牲は二つに切断され、軍隊は二分された犠牲の間を通り抜ける。O. Masson,《A propos d'un rituel hittite pour la lustration d'une armée》, RHR, 137, 1950, pp. 5-25 ; Gurney, *The Hittites,* p.151 を参照。ヤハウェがアブラハムと契約を結んだ際に命じた、犠牲（「創世記」15：9—18）との類似性が指摘されてきた。二分された犠牲の間を通り抜ける儀礼は、多くの民族にみられる。Frazer, *Folklore in the Old Testament* (London, 1919), I, pp. 393-425〔『旧約聖書のフォークロア』太陽社〕を見よ。また、その文献表を補うためのものとして Th. Gaster, *Myth, Legend and Custom in the Old Testament* (New York, 1969), pp. 363 sq. も参照。また、J. Henninger,《Was bedeutet die rituelle Teilung eines Tieres in zwei Hälften ?》, *Biblica* 34, 1953, pp. 344-53 ; Ad. E. Jensen,《Beziehungen zwischen dem Alten Testament und der nilotischen Kultur in Afrika》, *Culture in History,* éd. S. Diamond (New York, 1960), pp. 449-66 をつけ加えておこう。祈りについては、O. R. Gurney, *Hittite Prayers* (1940) を、その詳細な説明は E. Laroche,《La prière hittite : vocabulaire et typologie》(*Annuaire, École Pratique des Hautes Études, V*ᵉ *Section,*

t. LXXII, 1964-65, pp. 3-29）を見よ。

44 **「姿を隠す神」**―テリピヌ神話のさまざまな異本の分析はH. Otten, *Die Ueberlieferungen des Telepinu-Mythus*（*Mitt. d. Vorderasiatisch-aegyptischen Gesellschaft,* 46, I, Leipzig, 1943）を見よ。比較神話学的注釈は Th. Gaster, *Thespis*（再改訂版、New York, 1961）, pp. 295 sq. にみられる。また，Güterbock,《Gedanken über das Werden des Gottes Telipinu》, *Festschrift Johannes Friedrich*（Heidelberg, 1959）, pp. 207-11 ; id.,《Hittite Mythology》, [in Samuel N. Kramer, éd., *Mythologies of the Ancient World,* Garden City, N. Y., 1961], pp. 144-48 の分析も見よ。

嵐神が主人公になっている版によれば、大太陽神は「数千の神々」を饗宴に招くが、神々は飲んだり食べたりしても飢えや渇きをいやすことができない。最初に遣わされた使者が失敗したあと、嵐神の父はその父を探しに赴き、だれが罪を犯したために「種子が消え、万物が干上がる」のかとたずねる。祖神は彼に、「だれの罪でもない、そなたでなければ！」と答える（Güterbock,《Hittite Mythology》, pp. 145-46）。

ギャスターはテリピヌの神話的・儀礼的シナリオと豊饒の神々のシナリオに共通するいくつかの要素を取りだして見せた。Gaster, *Thespis,* pp. 304 sq. を参照。

45 **竜退治**―イルルヤンカシュについては最低限、次の著作を参照せよ。A. Goetze, *Klein-asien,* pp. 139 sq. ; E. v. Schuler, W. d. M., I, pp. 177-78。

その神話を伝えるテクストの前に、次のような指示書きがついている。「ネリク（市）の聖油を塗られた者（＝神官）、ケルラスの言葉は次のようである。以下は、天の嵐神のプルリ（新年祭）において朗読すべきことである。『国に発展と繁栄あれ、国に安全あれ。国が発展、繁栄すれば、新年祭はとり行なわれよう』という詞を発すべきときが来ると（すなわち祭りがとり行なわれるべきときに）、以下の物語が朗読される」。（訳文は）M. Vieyra,《Les religion de l'Anatolie antique》, p. 288 による。Goetze, ANET, p. 125 を参照〔『古代オリエント集』筑摩世界文学大系1　前掲〕。

Gaster, *Thespis,* pp. 256 sq. に比較論的注釈がみられる。

46 **クマルビと主権**―クマルビについては、H. G. Güterbock,《The Hittite version of the Hurrian Kumarbi Myths: Oriental Forerunners of Hesiod》, *American Journal of Archaeology,* 52, 1948, pp. 123-24; id.,《Hittite Mythology》, pp. 155-72; H. Otten, *Mythen vom Gotte Kumarbi* (Berlin, 1950); P. Meriggi,《I miti di Kumarbi, il Kronos Hurrico》, *Athenaeum,* N. S., 31 (Pavia, 1953), pp. 101-15; C. Scott Littleton,《The 'Kingship in Heaven' Theme》(Jaan Puhvel, éd., *Myth and Law among the Indo-Europeans,* University of California Press, 1970, pp. 83-121), pp. 93-100 を見よ。

ウルリクムミについては、H. G. Güterbock, *The Song of Ullikummi* (New Haven, 1952) を見よ。

H. Baumann は、充実しているが主旨不明瞭のその著書 *Das doppelte Geschlecht* (Berlin, 1955) のなかで、巨石文化と両性具有思想と、天地分離という宇宙創造神話のテーマとの関係を正しく捉えている。

大地から生まれた人間の神話については、Eliade, *Traité d'histoire des Religions,* p. 205〔『宗教学概論②』前掲〕の参考文献を見よ。このテーマは、とくにコーカサス地方で豊富に認められる。A. von Löwis of Menar,《Nordkaukasische Steingeburtsagen》, ARW, XIII, 1901, pp. 509-24 を参照。母石 petra genetrix (=大地母神=母胎 matrix mundi) からの神々の誕生を伝える神話については、R. Eisler, *Weltmantel und Himmelszeit* (München, 1910), II, pp. 411, 727 sq.; M. Eliade, *Forgerons et alchimistes,* pp. 44 sq., 191〔新版 1977 pp. 35 sq., p. 164〕参照〔『鍛冶師と錬金術師』前掲〕。

47 **神々の世代間の争い**―ビュブロスのフィロンの『フェニキア史』の宗教関係の断片は、Carl Clemen, *Die phönikische Religion nach Philo von Byblos* (Leipzig, 1939) に翻訳され，注釈されている。W. G. Lambert が公刊、翻訳した楔形文字テクストは、五世代の神々の血なまぐさい系譜を描く。息子たちは父母を殺し、母や姉妹と婚し、つぎつぎに主権を簒奪してゆく。ヘシオドスの『神統記』〔『神統記』岩波文庫〕との、若干の類似点が注目されている。W. G. Lambert / P. Walcot,《A new Babylonian Theogony and Hesiod》, *Kadmos,* 4, 1965, pp. 64-72 を参

照。また、C. Scott Littleton, *op. cit.*, pp. 112-14 も見よ。

S. ヴィカンダーは、ヒッタイトとギリシアの神々の世代に関する神話に類似・対応するイランの神話をあきらかにしている。その資料は新しい（976 A. D. 頃に Firdausi によって書かれた叙事詩、*Shahnameh*）が、その主人公たち――Jamshid, Zohak, Feridun――は、ある意味で、Yima, Aži Dahāka, Thraētaona という神話的人物の「歴史化された」形をあらわしている。そこで、「神の王権」神話は印欧伝承の一部と考えられる（Stig Wikander,《Histoire des Ouranides》, *Cahiers du Sud,* 36, 1952, pp. 8-17 参照）。しかし、この神話は、印欧語を話すほかの諸民族のあいだには跡づけられない。C. Scott Littleton はバビロニア伝承（『エヌマ・エリシュ』と Lambert によって訳された断片）中に、神の諸世代の神話の究極的源泉を見ようとする。《The 'Kingship in Heaven' Theme》, pp. 109 sq. を参照。

48 **カナン人の神々――ウガリット**―初期青銅器時代後のパレスティナの歴史については、P. Garelli, *Le Proche-Orient Asiatique des origines aux invasions des Peuples de la Mer*, Paris, 1969, pp. 45 sq.; B. Mazar,《The Middle Bronze Age in Palestine》(in : *Israel Exploration Journal* [Jerusalem], 18, 1968, pp. 65-97) ; R. de Vaux, *Histoire ancienne d' Israël, des origines à l'installation en Canaan,* Paris, 1971, pp. 61-121〔『イスラエル古代史――起源からカナン定着まで』日本基督教団出版局〕(すぐれた参考文献が付されている）を見よ。

アモリ人については、S. Moscati, *I Predecessori d'Israele. Studi sulle più antiche genti semitiche in Siria e Palestina* (Roma, 1956) ; I. J. Gelb,《The Early History of the West Semitic Peoples》, *Journal of Cuneiform Studies*, 15, 1961, pp. 27-47 ; K. M. Kenyon, *Amorites and Canaanites,* London, 1966 ; R. de Vaux, *op. cit.*, pp. 64 sq.〔『イスラエル古代史』前掲〕を見よ。

古代マリ王国のテル・ハリリ発掘は、アッカド語の「古代バビロニア」方言で書かれた数千の粘土板を明るみに出した。それらには、おもにアナト、ダガーン、アッドゥをはじめとする、相当数の神の名が用いられている。しかし、神話のテクストがないので、その基本的宗教概念

や信仰はわからない。

アモリ人の名《な》祖《おや》の神アムッルは、「(地を耕すために) 膝を曲げることを知らず、生肉を食し、生涯家をもたず、死後葬られない人間である」。R. de Vaux, p. 64 に引用されたテクスト。これに類似した定型句が、以後3世紀にわたってローマ帝国から中国にいたるまでの偉大な都市文明を危機に陥れた「野蛮人」(ゲルマン、アヴァル、フン、モンゴル、タタール人) についても用いられることになる。

これらのアモリ人は、聖書中で言及されるアモリ人と無関係であることを理解しなければならない。「聖書はイスラエル以前のパレスティナ人の一部に、アムッルの名を用いた」(de Vaux, p. 68)〔『イスラエル古代史』前掲〕。

カナンの神話と宗教については、J. Gray, *The Canaanites,* London, 1964 ; id., *The Legacy of Canaan* (2e éd., Leiden, 1965) ; Margaret S. Drower, *Ugarit* (=*Cambridge Ancient History,* vol. II, ch. XXI, b ; 1968 ; 文献表がすぐれている) ; R. de Vaux, *op. cit.,* pp. 123 sq. 〔『イスラエル古代史』前掲〕; Marvin H. Pope / Wolfgang Rölling, 《Die Mythologie der Ugariter und Phönizier》, in W. d. M., I, pp. 219-312 ; O. Eissfeldt, 《Kanaanäisch-ugaritische Religion》, in : *Handbuch der Orientalistik,* I, Abt., VIII, I, Leiden, 1964, pp. 76-91 ; A. Jirku, *Der Mythus der Kanaanäer,* Bonn, 1966 ; J. C. De Moor, 《The Semitic Pantheon of Ugarit》 (in : *Ugarit-Forschungen,* II, 1970, pp. 187-228) ; H. Gese, in : H. Gese, Maria Höfner, K. Rudolph, *Die Religion Altsyriens, Altarabiens und der Mandäer,* Stuttgart, 1970, pp. 1-232 ; F. M. Cross, *Canaanite Myth and Hebrew Epic* (Cambridge, Mass., 1973) を見よ。

1965年までに校訂されたウガリット・テクストは、C. H. Gordon *Ugaritic Text-book,* Rome, 1965 に転写、刊行された。また、同著者の *Ugaritic Literature. A Comprehensive Translation of the Poems and Prose Texts,* Rome, 1949 ; id., 《Canaanite Mythology》, in *Mythologies of the Ancient World,* éd., S. N. Kramer, pp. 183-215 〔『ウガリット文学と古代世界』日本基督教団出版局〕参照。ほかに参考にした翻訳は H. L. Ginsberg, 《Ugaritic Myths, Epics and Legends》, ANET, pp. 129-55 ; G. R. Driver,

Canaanite Myths and Legends, Edinburgh, 1956 ; A. Jirku, *Kanaanäische Mythen und Epen aus Ras Schamra-Ugarit,* Güttersloh, 1962 ; A. Caquot / M. Sznycer, 《Textes Ougaritiques》 (in : *Les Religions du Proche-Orient. Textes et traditions sacrés babyloniens, ougaritiques, hittites,* éd., R. Labat, Paris, 1970, pp. 350-458 〔『古代オリエント集』前掲〕.

ウガリット宗教と神話に関する文献はたくさんある。基本的参考文献はM. H. Pope / W. Rölling, *op. cit.* ; H. H. Rowley, *Worship in Ancient Israel. Its Forms and Meaning,* London, 1967, pp. 11 sq. ; George Fohrer, *History of Israelite Religion* (1968, 英訳、New York, 1972), pp. 42-43 ; R. de Vaux, *op. cit.,* pp. 136 sq. 〔『古代イスラエル史』前掲〕に収められている（また、L. R. Fischer, éd., *Ras Shamra Parallels : The Texts from Ugarit and the Bible,* Rome, 1975, vol. 2 を見よ）。

エルとパンテオンにおけるその役割についてはO. Eissfeldt, *El im ugaritischen Pantheon,* Leipzig, 1951 ; M. Pope, *El in the Ugaritic Texts,* Leiden, 1955 ; Ulf Oldenburg, *The Conflict between El and Ba'al in Canaanite Religion,* Leiden, 1969（とくに pp. 15-45, 101-20, 164-70）. また F. M. Cross, *Canaanite Myth and Hebrew Epic,* pp. 20 sq. を見よ（Oldenburg の主張に対する批判は n. 51）。

Cl. F. A. Schaeffer, *The Cuneiform Texts of Ras-Shamra-Ugarit,* London, 1939, pp. 60 sq. ; id., 《Nouveaux têmoignages du culte de El et de Baal â Ras-Shamra-Ugarit et ailleurs en Syrie-Palestine》 (*Syria,* 43, 1966, pp. 1-19) もまた参照。エルの標章としての雄牛の小像が発掘された。神の名としてのイル（エル）については J. J. M. Roberts, *The Earliest Semitic Pantheon* (Baltimore et London, 1972), pp. 31 sq. を見よ。「そこで、イルという古アッカド語の名前が描きだすのは、人間の幸福に関心を抱き、とくに子授けに積極的な、高遠だが恵み深い神の肖像である。この特徴は、ほかのセム語世界ではエルとして知られているものにほぼ一致する」（前掲書 p. 34）。

ダガーンについてはEd. Dhorme, 《Les avatars du dieu Dagon》, RHR, t. 138, 1950, pp. 129-44 ; Ulf Oldenburg, *The Conflict...,* pp. 47-

57を見よ。

49 **バアルの主権掌握と竜征伐** ―バアルについては次を見よ。Arvid S. Kapelrud, *Baal in the Ras Shamra Texts,* Copenhagen, 1952 ; Hassan S. Haddad, *Baal-Hadad : A Study of the Syrian Storm-God*（未公刊の学位論文, Univ. de Chicago, 1960）; U. Cassuto,《Baal and Môt in the Ugaritic Texts》, *Israel Exploration Journal,* 12, 1962, pp. 77-86 ; W. Schmidt,《Baals Tod und Auferstehung》, ZRGG, 15, 1963, pp. 1-13 ; Ulf Oldenburg, *The Conflict...,* pp. 57-100, 122-42, 176-77 ; M. Pope / W. Rölling dans W. d. M., I, pp. 253-69（おもな翻訳と解釈のリストがついている, pp. 268-69）; J. C. de Moor, *The Seasonal Pattern in the Ugaritic Myth of Ba'lu*（=Alter Orient und Altes Testament, 16）, Neukirchen-Vluyn, 1971 ; とくにF. M. Cross, *Canaanite Myth and Hebrew Epic,* pp. 112 sq.（バアルとアナト）, 147 sq.（バアルとヤハウェの神の顕現）.

バアルがアシェラを奪った結果、最初の対偶神が別れたことは、次の場面によって示されていると思われる。バアルがアシェラをエルのもとに遣わし、神殿のことを頼むとエルは「小踊りして喜び」、「神々の母なる女神がなぜ来られたのか？……エルへの愛がそなたを悩ましたのか？」とたずねる。ところが、アシェラは見下げるように答える、「わが君はアリヤン・バアル、審判者にして、その上に立つ者なし」と（*Ugaritic Manual,* no. 51 ; trad. Oldenburg, p. 118）。バアルがアシェラの77人の息子を皆殺しにすると（*Ugaritic Manual,* no. 75 ; Oldenburg, p. 119）, 女神がエルに近づき、復讐をすすめるのはそれからほどなくしてである〔『ウガリット文学と古代世界』前掲〕。

ヤムは蛇形竜（タンニン）ロータン、旧約聖書のレヴィアタンと同じである。「詩篇」（74・14）（「あなたはレビヤタンの頭を打ち砕き……」）を参照。「ヨハネの黙示録」（12・3以下）は、「七つの頭をもった巨大な赤い竜」に言及する。ヤムについては、とくに Gray, *The Legacy of Canaan,* pp. 26 sq., 86 sq. ; Oldenburg, The *Conflict...,* pp. 32-34, 134-37 と T. Gaster, *Thespis,* pp. 114 sq. の比較論的研究を見よ。

コシァル・ワ・ハシスについては Gaster, *op. cit.,* pp. 161 sq. の注釈

を見よ。

50　**バアルの宮殿**―女神アナトについては、バアル研究以外に Arvid S. Kapelrud, *The Violent Goddess Anat in the Ras Shamra Texts,* Oslo, 1969 ; M. Pope, W. d. M., I, pp. 235-41 ; Wolfgang Helck, *Betrachtungen zur grossen Göttin und den ihr verbundenen Gottheiten* (München et Vienne, 1971), pp. 151 sq., 200 sq. を見よ。

アナトとドゥルガーの類比については、Walter Dostal, 《Ein Beitrag zur Frage des religiösen Weltbildes des frühesten Bodenbauer Vorderasiens》(*Archiv für Völkerkunde,* XII, 1957, pp. 54-109), pp. 74 sq. を参照。

アナトの「カニバリズム」(バアルの屍体を食べる) については、Charles Virolleaud, 《Un nouvel épisode du mythe ugaritique de Baal》(*Comptes-rendus de l'Académie des Inscriptions et Belles-Lettres,* 1960, pp. 180-86) ; それから Michael C. Astour, 《Un texte d'Ugarit récemment découvert et ses rapports avec l'origine des cultes bacchiques grecs》, RHR, t. 154, 1963, pp. 1-15 の観察 ; id., *Hellenosemitica* (Leiden, 1964 ; 改訂版、訂正ならびに補注つき, 1967), pp. 170 sq. ; W. F. Albright, *Yahweh and the Gods of Canaan* (New York, 1968), pp. 131 sq. 〔『古代パレスティナの宗教――ヤハウェとカナンの神々』日本基督教団出版局〕を見よ。

アナトとアシュタルトの関係については J. J. M. Roberts, *The Earliest Semitic Pantheon,* pp. 37 sq. ; Wolfgang Helck, *Betrachtungen,* pp. 155 sq. を見よ。女神アシュタルトはアナトの分身かと思われ、ほとんど何の役割も演じていない。「新しい神話のテクストがアシュタルトの重要性を回復し、その好戦的性格と、公正と権利の擁護者としての役割とを強調する」(R. de Vaux は *Histoire ancienne d'Israël*, p. 145 〔『イスラエル古代史』前掲〕において、Charles Virolleaud, *Le Palais Royal d'Ugarit,* vol. V に刊行されたテクストと、W. Herrmann, 《Aštart》, *Mitt. für Orientforschung,* 15, 1969, pp. 6-55 の注釈を参照しながらこう述べている)。

宮殿 - 神殿の宇宙論的シンボリズムについては、M. Eliade, *Le mythe de l'éternel retour* (新版 1969), pp. 17 sq.〔『永遠回帰の神話』前掲〕; id.,

《Centre du Monde, Temple, Maison》(dans : *Le symbolisme cosmique des monuments religieux,* Serie Orientale Roma, XIV, Rome, 1957, pp. 57-82)〔『宗教学と芸術』前掲〕; Ananda Coomaraswamy, 《The Symbolism of the Dome》, *Indian Historical Quarterly,* 14, 1938, pp. 1-56 ; Loren R. Fisher, 《Creation at Ugarit and in the Old Testament》, *Vetus Testamentum,* XV, 1965, pp. 313-24 を見よ。また、U. Cassuto, 《II palazzo di Ba'al nella tavola II AB di Ras Shamra》, *Orientalia,* N. S., 7, 1938, pp. 265-90 ; A. S. Kapelrud, 《Temple Building, a Task for Gods and Kings》, *Orientalia,* 32 (1963), pp. 56-62 をも参照。

51 **バアルとモートの対決——死と再生** —モートについては、最近のところでは Oldenburg, *op. cit.,* pp. 35-39 ; M. Pope, in W. d. M., I, pp. 300-02 ; Cross, *op. cit.,* pp. 116 sq. を見よ。また U. Cassuto, 《Baal and Môt in the Ugaritic Texts》, *Israel Exploration Journal,* 12, 1962, pp. 77-86 も参照。

アタルについては、J. Gray, 《The Desert God *'Attr* in the Literature and Religion of Canaan》, JNES, 8, 1949, pp. 72-83 ; A. Caquot, 《Le dieu 'Athtar et les textes de Ras Shamra》, *Syria,* 35, 1958, pp. 45-60 ; Oldenburg, *op. cit.,* pp. 39-45 を参照。

52 **カナンの宗教的ヴィジョン** —ウガリットのバアル祭祀については、Kapelrud, *Baal in the Ras Shamra Texts,* pp. 18 sq. ; id., *The Ras Shamra Discoveries and the Old Testament* (Norman, 1963) ; J. Gray, 《Sacral Kingship in Ugarit》, *Ugaritica* VI (Paris, 1969), pp. 289-302 を見よ。豊饒儀礼に固有な、アルカイックな要素は豊富である——男根石、裸の女神の像、バアルの雄牛姿の像、そして動物の仮面と角を身につけている神官 (Schaeffer, *op. cit.,* p. 64, pl. X, fig. 2 を参照)。

告白した罪を償うために男たちと女たち (と王と王妃) によって捧げられる公的供犠については、A. Caquot, 《Un sacrifice expiatoire à Ras Shamra》, RHPR, 42, 1962, pp. 201-11 を見よ。

R. de Vaux (*op. cit.,* p. 146)〔『イスラエル古代史』前掲〕が述べているように、カナンの供犠とイスラエルの供犠は「共通の規則をもっていた。たとえば、

バアルの預言者の燔祭とカルメル山頂でのエリヤの燔祭は、同じ方法で準備された」(列王紀　上・18)。

カナンの祭祀については、最近のところではFohrer, *History of Israelite Religion,* pp. 57 sq. を見よ。これには、最近の文献についての指示がある。

ヤハウェとバアルの争いについては、後段、60節にあげられた参考文献を見よ。

ケレトとアカト・ダニル〔アクハト－ダネル〕の叙事詩、およびギリシアにおけるその相当物〔イーリアス〕については、Cyrus H. Gordon, *The Common Background of Greek and Hebrew Civilizations* (New York, 1965), pp. 128 sq. を見よ（この著者はケレトの詩に、「トロイのヘレン」のモティーフの、知られる限りで最古の例を認める。このモティーフはインド・ヨーロッパ起源のもので、インドやギリシアでは確認されるが、メソポタミアやエジプトでは見いだされない。Gordon, pp. 132 sq.)〔『古代オリエント集』前掲〕。この問題についてはMichael C. Astour, *Hellenosemitica* (2e éd., 1967) も見よ。彼は、シリア・パレスティナ世界とギリシア世界のあいだの相互借用や類似を、それらの地理的状況と政治的特異性によって説明する。「両者は中心軸がなくて分裂した、地理的に分断された領土である。これゆえに、似たような国家形成と国内秩序が生まれた……ギリシアと西セム人世界は、どこかほかの帝国にでも征服されなければ統一も中央集権化も不可能な、小国共同集団を構成していたのである(pp. 358-59)」。

第七章　「イスラエルが幼き頃……」

53　**「創世記」の最初の二章** ―イスラエル古代史関係でわれわれはとくにM. Noth, *Geschichte Israels* (Göttingen, 1950, 2e éd. 改訂版, 1954〔『イスラエル史』日本基督教団出版局〕; J. Bright, *A History of Israel* (Philadelphia, 1959)〔『イスラエル史』聖文舎〕; R. de Vaux, *Histoire ancienne d'Israël. Des Origines à l'installation en Canaan* (Paris, 1971)〔『イスラエル古代史』前掲〕（すぐれた批判つき書誌がある）を参考にした。また、W. F. Albright, *Archaeology and the Religion of Israel* (2e éd., Baltimore, 1946)〔『考古学とイスラエルの宗教』日本基督教団出版局〕; id., *The Biblical Period from Abraham to Ezra* (New York,

1963)〔『旧約聖書の時代』新教出版社〕; R. de Vaux, *Les institutions de l'Ancien Testament,* I-II (2e éd., Paris, 1961, 1967); Otto Eissfeldt, *The Old Testament. An Introduction* (New York, 1965, 1964 ドイツ語第三版の訳。増補文献表あり、pp. 722-85); J. Pedersen, *Israel. Its Life and Culture,* I-IV (Copenhague, 1926, 1940); G. von Rad, *Old Testament Theology,* I (New York, 1962; ドイツ語原本は、1957); M. Noth, *Die Ursprünge des alten Israel im Lichte neuer Quellen* (Köln-Opladen, 1961); *The Bible and the Ancient Near East. Essays in Honor of W. F. Albright,* éd., C. Ernest Wright (New York, 1968), pp. 85-139 (パレスティナ考古学について、E. Wright による), 265-99 (年代誌的問題) を見よ。

イスラエル宗教史関係の著作はかなり数多い。最近10—12年の間に刊行された著書中、もっとも有用なのは、Y. Kaufmann, *The Religion of Israel* (M. Greenberg によるヘブライ語からの翻訳と要約、Chicago, 1960); H. Ringgren, *La religion d'Israël* (Paris, Payot, 1966; 独語版 1963)〔『イスラエル宗教史』教文館〕; W. Eichrodt, *Religionsgeschichte Israels* (1969); G. Fohrer, *History of Israelite Religion* (Nashville, 1972; 独語版 1968).

宇宙創造神話のテクストは、Jean Bottéro, 《La naissance du monde selon Israël》, *Sources Orientales,* I (=*La naissance du monde,* Paris, 1959), pp. 187-234 に訳出、注解されている。聖書の宇宙論については H. Gunkel, *Schöpfung und Chaos in Urzeit und Endzeit* (2e éd., Göttingen, 1921), とくに pp. 29 sq.; V. Maag, 《Jahwäs Begegnung mit der Kanaanäische Kosmologie》, *Asiatische Studien / Études Asiatiques,* 18-19, 1965, pp. 252-69 を見よ。

「創世記」の最近の注釈つき翻訳のなかで非専門家にもっともわかりやすいのは、E. A. Speiser, *Genesis* (New York, 1964) のそれである。

人間創造神話については、すでに17節であげた文献を参照。

54 **失われた楽園 カインとアベル** —エデンと楽園神話については、P. Humbert, *Études sur le récit du Paradis et de la chute dans la Genèse* (1940); W. Andrae, 《Der kultische Garten》 (*Die Welt des Orients,*

6, 1952, pp. 485-94); G. Widengren, *The King and the Tree of Life in Ancient Near Eastern Religion* (1951); A. Dammron, *La mythologie sumérienne et les premiers chapitres de la Genèse* (1959); Theodor H. Gaster, *Myth, Legend and Custom in the Old Testament* (1969), pp. 24-37, 332-34 (参考文献); F. F. Hvidberg, "The Canaanite Background of Genesis I-III", *Vetus Testamentum,* 10, 1960, pp. 285 sq.; J. Coppens, *La connaissance du bien et du mal et le péché du Paradis* (Analecta Lovanesis Biblica et Orientalia, 1958) を参照。

生命の木と知恵の木については、Eliade, *Traité,* pp. 246 sq. 〔『宗教学概論②』前掲〕; Gaster, *op. cit.,* pp. 337-38 を見よ。

カインとアベルについては、Gaster, pp. 51-55, 341-42 (書誌) を見よ。冶金に関わる儀礼とシンボリズムについては M. Eliade, *Forgerons et Alchimistes* (Paris, 1956), pp. 57 sq. 〔『鍛冶師と錬金術師』前掲〕を見よ。鍛冶師の社会組織と呪力については、同上 pp. 81 sq. を参照。

「カインのしるし」(「創世記」4:15) については、Gaster, *op. cit.,* pp. 55-65, 344-45 (参考文献) 中で Frazer を Gaster が比較しつつ引用している資料を参照。

55 **洪水の前後** —「神の息子」と「人の娘」の結婚については、C. E. Closen, *Die Sünde der 'Söhne Gottes'* (「創世記」6:1—4), Roma, 1939; Gaster, *op. cit.,* pp. 351-52 (参考文献); B. S. Childs, *Myth and Reality in the Old Testament* (Naperville, 1960), pp. 49 sq.; G. A. Cooke, 《The Sons of (the) God(s)》, *Zeitschrift für die Alttestamentliche Wissenschaft,* 76, 1964, pp. 22-47 を参照。

洪水については、18節の注と Gaster, *op. cit.,* p. 352 (書誌); A. Parrot, *Déluge et Arche de Noé* (1952); C. Lambert, 《Il n'y aura jamais de déluge (Genèse IX: 11)》, *Nouvelle Revue Théologique,* 77, 1955, pp. 581-601, 693-724 を参照。

バベルの塔については、Gaster, *op. cit.,* pp. 360-61 (書誌); A. Parrot, *La Tour de Babel* (1953) を見よ。ジグラットのシンボリズムについては、Eliade, *Le mythe de l'éternel retour* (新版 1969), pp. 25 sq.

〔『永遠回帰の神話』前掲〕; G. Widengren, 《Aspetti simbolici dei templi e luoghi di culto del vicino Oriente antico》, *Numen,* VII, 1960, pp. 1-25 を参照。

天に昇る神話については、Eliade, *Religions Australiennes* (Payot, 1972) と《Notes on the Symbolism of the Arrow》pp. 468 sq. 〔「矢のシンボリズム」『宗教学と芸術』前掲〕を参照。

A. Borst, *Der Turmbau von Babel ; Geschichte der Meinungen über Ursprung und Vielfalt der Sprache und Völker,* I-VI, Stuttgart, 1957-1963 は西洋史にみられる系譜伝説のまことに該博な百科事典的著作である。

56 **族長たちの宗教** ―二千年紀のセム諸族遊牧民については、Joseph Henninger, 《Zum Frühsemitischen Nomadentum》, in *Viehwirtschaft und Hirtenkultur. Ethnographische Studien* (Budapest, 1969, pp. 33-68), とくに pp. 44-50 (族長)、50-53 (マリ文書中の遊牧民) を見よ。

ハビル人、および彼らのヘブライ人との関係については、R. de Vaux, *Histoire ancienne d'Israël,* pp. 202-08 〔『イスラエル古代史』前掲〕に収められた研究要約と最近の参考文献を見よ (「ハビル/アピルは、'アモリ人' ないし '原アラム人' の西セム族集団の一派に与えられた民族名であった。われわれは族長をこの諸集団に関係づけた」 p. 208)。また、Albright, *From the Stone Age...,* pp. 238 sq. ; id., *Yahweh and the Gods of Canaan,* pp. 75 sq. 〔『古代パレスティナの宗教――ヤハウェとカナンの神々』前掲〕; Fohrer, *History of Israelite Religion,* p. 30 (注 8 -10、参考文献) も見よ。

族長の年代については、R. de Vaux, *Histoire,* pp. 245-53 〔『イスラエル古代史』前掲〕を見よ。

「父の神」については、Albrecht Alt, *Der Gott der Väter* (1929 ; = *Kleine Schriften zur Geschichte des Volkes Israel,* I, 1953, pp. 1-78) ; (英訳もある) *Essays on Old Testament History and Religion,* tr. R. A. Wilson, New York, 1968, pp. 1-100 を見よ。

アルトの主張は、Fohrer, pp. 36 sq. ; de Vaux, pp. 256 sq. 〔『イスラエル古代史』前掲〕; Ringgren, *La religion d'Israël,* pp. 29 sq. 〔『イスラエル宗教史』前掲〕でも論じられている。「父の神」とエル、エルとヤハウェの関係は最近、新しい観点から、F. M. Cross, *Canaanite Myth and Hebrew Epic* (Cambrid-

ge, Mass., 1973), pp. 1-76 に解明されている。

エル・シャッダイ〔El Shaddaī〕という名の解釈は、いまだに定説がない。それがアッカド語で「山」を意味する、ša dū と関連する語から派生したという説がある。その場合、この語句は「山のエル」という意味になるであろう。Ringgren, pp. 34-35〔『イスラエル宗教史』前掲〕を参照。しかし、北西部のセム語に語源をもとめる方が望ましいと思われるので、シャッダイは最近ヘブライ語 ṡa day /ṡa dèh に由来するという説が唱えられた。そうだとすれば、「平原／野原／草原のエル」という意味になる（de Vaux, p. 264〔『イスラエル古代史』前掲〕参考文献を伴う）。

族長物語には、エルはあらわれてもバアルが言及されないということは注目すべきである。これは、ヒクソスの時代以前にカナンに入ったイスラエル人の先祖が、カナンでバアル信仰に出会わなかったことを示している。バアル信仰は二千年紀の中頃に盛んになる。ウガリットでは、おそらくそれよりすこし早い。de Vaux, p. 266〔『イスラエル古代史』前掲〕を見よ。しかし、すでに述べたように（本書 6 章注26参照）、バアルが導入されたあと、名前を忘れられた嵐と豊饒を司る地域神がいたのであろう。

族長には「偶像」崇拝の跡はみられない。しかし、ラケルは父ラバンの家を出ようとするとき、彼女はラバンが「私の神」（「創世記」31：30）と呼んでいる、テラピムという家神像を盗みだす（31：19）。テラピムの意味については A. R. Johnson, *The Cultic Prophet in Ancient Israel* (2e éd., 1962), pp. 32 sq.; Rowley, *Worship in Ancient Israel,* pp. 19 sq. を見よ。いずれにしても、ラケルの行為は、ヤコブの宗教への帰依を示すものではありえない。Ringgren, pp. 38-39〔『イスラエル宗教史』前掲〕も見よ。

割礼については、族長時代におそらく行なわれていただろう。その起源はわからない。R. de Vaux, *Les Institutions de l'Ancien Testament* (Paris, 2e éd., 1961), pp. 78-82〔英訳、pp. 46-48〕; E. Isaac, 《Circumcision as a Covenant Rite》, *Anthropos,* 59, 1964, pp. 444-56 を参照。割礼はエジプト人からとり入れた習慣だと主張されてきたが、エジプトで一般的であったわけではない。一方、この慣習は三千年紀初頭から、シリア北部でその証拠が見つかっている。したがって、その場合、

イスラエル人の先祖たちは、カナン到着以前にそれを知っていた可能性がある。「『創世記』34：14-17においてもなおそうであったように、当時、それは部族の結婚と共同生活へのイニシエーションというその原初的意味をもっていた。それが神とその民のあいだの契約となったのは、ずっとあとになってからである。それを『創世記』第17章を書いた祭司資料の記者が、遡ってアブラハム時代からそうであったように叙述したのである」。(de Vaux, *Histoire ancienne d'Israël,* I, p. 273〔『イスラエル古代史』前掲〕; 最新の参考文献は注94、96にあげられている)。アルカイックな社会におけるイニシエーション儀礼としての割礼については、Eliade, *Naissances mystiques* (Paris, 1959), pp. 54 sq.〔『生と再生』東京大学出版会〕を参照。

57　**アブラハム、「信仰の父」**—血を流すタイプの供犠については、R. de Vaux, *Les sacrifices de l'Ancien Testament* (Paris, 1964), pp. 7-27; id., *Histoire ancienne d'Israël,* pp. 270 sq. を見よ。中央アラビアの諸慣習については、J. Henninger,《La religion bédouine préislamique》(dans: *L'antica società beduina,* éd. F. Gabrieli, Roma, 1959), pp. 135-36; id.,《Les fêtes de printemps chez les Arabes et leurs implications historiques》(*Revista do Museu Paulista,* Saõ Paulo, n. s. 4, 1950, pp. 389-432) を見よ［また、彼の近著 *Les fêtes de printemps chez les Sémites et la Pâque israélite* (Paris, 1975) には充実した書誌がついている。英訳版より］。

58　**モーセとエジプト脱出**—モーセ像については、最近かなり独創的な解釈がいくつか発表されている。E. Auerbach, *Moses* (Amsterdam, 1953); H. Cazelles, *Moïse, l'homme de l'Alliance* (1955); H. H. Rowley, *From Joseph to Joshua* (Oxford, 1950); id.,《Moses and the Decalogue》, BJRL, 34, 1951, pp. 81-118 を見よ。また、R. Smend, *Das Mosebild von Heinrich Ewald bis Martin Noth* を参照。モーセの使命については、R. de Vaux, *Histoire ancienne,* pp. 305 sq.〔『イスラエル古代史』前掲〕を見よ。エジプト脱出と過越祭に関する多様な伝承については、Fohrer, *Hist. of Isr. Rel.,* pp. 68 sq.; R. de Vaux, *Institutions,* II, pp. 383-94 (文献つき, pp. 467-68); id., *Les sacrifices de l'Ancien Testament,* pp. 7 sq. を参照。

「出エジプト記」1-15に記された伝承に過越祭がおよぼした影響は、とくに J. Pedersen, *Israel. Its Life and Culture,* III-IV (1940), pp. 384-415, 728-37 によって強調された。この説は G. von Rad と S. Mowinckel によって批判、修正された。Fohrer, pp. 68 sq. を参照。

すでに述べたように（p. 250）、過越祭は元来、遊牧民の春の祭りであったが、エジプト脱出を祝う儀礼として解釈された。いいかえれば、宇宙的宗教性の表現である周期的儀礼が、ついに「歴史化される」にいたったのである。他方、エジプト脱出の奇跡的できごと、すなわち葦の海横断とエジプト軍壊滅は、ときが経つにつれて二つの異なる解釈を受けるようになる。より古い証言（「出エジプト記」15：1-10）では、ファラオの軍勢はヤハウェの吐く息で起こされた波の下に沈んだ。海が分かれたというのは、後代の「詩篇」中に述べられている。「〔神は〕海を開いて彼らを渡らせるあいだ、水をせきとめておかれた」（「詩篇」78：13；「詩篇」77：17-20を参照）。

この場合、葦の海の「奇跡」は天地創造、すなわちヤハウェが海の怪物ラハブとレヴィアタンに打ち勝つことと関係づけられている。「ラハブを切り裂き、竜を貫いたのはあなたではなかったか。海を、大いなる淵の水を干上がらせ、深い海の底に道を開いて、あがなわれた人々をとおらせたのは、あなたではなかったか」（「イザヤ書」51：9-10）。カナン征服（そして、のちには、ここに引用した第二イザヤ書に宣言されている、バビロン捕囚の民のエルサレム帰還）と同様に、エジプト脱出は、宇宙創造の業の一種の反復である（Cross, *Canaanite Myth and Hebrew Epic,* pp. 100 sq. を参照）。しかし、つまるところ、二つの観点——「歴史的」観点と「宇宙論的」観点——は、相補い合うものである。すぐれて「歴史的」できごとである、カナン征服も神の業である。というのも、イスラエル人に勝利を約するのがヤハウェであるからである。

59 **「わたしはあるという者である」**—C. E. Mendenhall はその著 *Law and Covenant in Israel and the Ancient Near East* (Pittsburgh, 1955) において、契約の法典を、ヒッタイトの王たちが小アジアの封臣と交わした条約と比較している。そのような条約は、前文（王の名と称号を述べ、当事者間にその時点まであった関係を要約）のあと、封臣に

課される規約、条約文書の神殿への保存、それを定期的に厳粛に朗読するための指示、その証となった神々のリストが続き、最後に呪いと祝福の定句がくる。この主張を容認するオルブライトは、ほとんどがキャラヴァンを組んでいた原始ヘブライ人にとって、条約や契約が必要であったことを強調する。彼の *Yahweh and the Gods of Canaan,* pp. 107 sq.(参考文献表あり)〔『古代パレスティナの宗教』前掲〕を参照。メンデンホールの主張に対する諸批判は、R. de Vaux, *Histoire,* p. 410, n. 141〔『イスラエル古代史』前掲〕で述べられている。ドゥ・ヴォーはモーセに率いられた半遊牧民集団が、ヒッタイト王の契約をどのようにして知ったのかと問う。それに、二つの文書の構造的相異もある。たとえば、契約の法典には、最後の呪いと祝福の定句が見あたらない。さらに、条項は通常、条件文であらわされる——「もし……ということが起きたならば……」——が、契約の法は断定的ないい回しを用いる。ドゥ・ヴォーは、ヒッタイト王が半未開の小部族と結んだ条約は封臣との条約と違い、古典的公式に従っていないことを指摘する。したがって、「契約形式」にはいくつかの型がある(R. de Vaux, p. 413)。

ヤハウェ資料の構成における Kadesh Barnéa のオアシスの役割りについては、T. J. Meek, *Hebrew Origins* (New York, 1936; 再版, 1960), pp. 119 sq,; R. de Vaux, *Les Institutions de l'Ancien Testament,* II, pp. 228 sq.; Ringgren, *op. cit.*, pp. 49 sq.〔『イスラエル宗教史』前掲〕を見よ。シナイ山におけるヤハウェの出現の火山的要素は、J. Koenig, 《Le Sinaï, montagne de feu》, RHR, 167, 1964, pp. 129-55; id.,《Aux origines des théophanies iahvistes》, RHR, 169, 1966, pp. 1-36 に検討されている。しかし、クロスは、「シナイ山の啓示」は「嵐を通じた神の顕現」で、バアルのそれに比べられることをあきらかにした。Cross, *Canaanite Myth and Hebrew Epic,* pp. 147 sq. を参照。また、C. E. Mendenhall, *The Tenth Generation: The Origins of the Biblical Traditions* (Baltimore, 1973), pp. 56 sq. を見よ。バアル・ペオルのできごとについては同 p. 105 を見よ。

60 **士師時代の宗教——シンクレティズムの最初の段階** —イスラエル人のカナン定着に関する最近の学説のいくつか(とくに Y. Kaufmann, A.

Alt, M. Noth, W. F. Albright, C. E. Mendenhall の学説）は、R. de Vaux, *Histoire ancienne,* pp. 444-54〔『イスラエル古代史』前掲〕に検討されている。R. Smend, *Jahvekrieg und Stämmebund* (Göttingen, 1963) も見よ。

ヤハウェ信仰とカナン宗教の葛藤については、R. Hillmann, *Wasser und Berg : Kosmische Verbindungslinien zwischen dem Kanaanäischen Wettergott und Jahve* (学位論文, Halle, 1965) ; J. Maier, 《Die Gottesvorstellung Altisraels und die Kanaanäische Religion》, in *Bibel und Zeitgemässer Glaube,* I, 1965, pp. 135-58 ; T. Worden, 《The Literary Influence of the Ugaritic Fertility Myth on the Old Testament》, VT, 3, 1953, pp. 273-97 ; Fohrer, *op. cit.,* pp. 103 sq. ; R. de Vaux, *Histoire,* p. 147 (n. 99. 参考文献) を見よ。シンクレティズムについてはG. W. Ahlström, *Aspects of Syncretism in Israelite Religion* (Lund, 1963) を見よ。

R. Dussaud, *Les Origines cananéennes du sacrifice israélite* (1921, 2e éd. ; 改訂版, 1941) は、今なおきわめて有益である。Rowley, *Worship in Ancient Israel,* pp. 61 sq. と p. 65, n. 1 の参考文献も見よ。人身供犠はイスラエル人に容認されたことはけっしてなかった。7世紀に見られる子供の供犠は外部の影響である。Rowley, p. 65, n. 1 に要約されている de Vaux と Eissfeldt の見解を参照せよ。

古代近東とイスラエル人における予言についての、A. Haldar, *Association of Cult Prophets among the Ancient Semites* (Uppsala, 1945) ; J. Lindblom, *Prophecy in Ancient Israel* (Philadelphia, 1965 ; Oxford, 1962) を見よ。これらの著書は豊富な参考文献をあげている。また J. Pedersen, 《The Role Played by Inspired Persons among the Israelites and the Arabs》 (*Studies in Old Testament Prophecy* = Robinson Festschrift, 1950, pp. 127-42) ; A. Lods, 《Une tablette inédite de Mari, intéressante pour l'histoire ancienne du prophétisme sémitique》, *ibid.,* pp. 103-10 ; A. Malamat, 《Prophetic Revelation in New Documents from Mari and the Bible》, *Vetus Testamentum, Suppl.,* XV, 1966, pp. 207-27 ; G. Fohrer, *Studien zur alttestamentlichen Prophetie, 1949-1965* (1967) を見よ。

本書は、『世界宗教史　1』（一九九一年六月二〇日、筑摩書房刊）の前半部である。

無量寿経　阿満利麿注解
なぜ阿弥陀仏の名を称えるだけで救われるのか。法然や親鸞がその理解に心血を注いだ経典の本質を、懇切丁寧に説き明かす。文庫オリジナル。

道元禅師の『典座教訓』を読む　秋月龍珉
「食」における禅の心とはなにか。道元が禅寺の食事係である典座の心構えを説いた一書を現代人の日常の視点で読み解き、禅の核心に迫る。（竹村牧男）

原典訳 アヴェスター　伊藤義教訳
ゾロアスター教の聖典『アヴェスター』から最重要部分を精選。原典から訳出した唯一の邦訳である。比較思想に欠かせない必携書。（前田耕作）

書き換えられた聖書　バート・D・アーマン　松田和也訳
キリスト教の正典、新約聖書。聖書研究の大家がそこに含まれる数々の改竄・誤謬を指摘し、書き換えられた背景とその原初の姿に迫る。（筒井賢治）

カトリックの信仰　岩下壮一
神の知恵への人間の参与とは何か。近代日本カトリシズムの指導者・岩下壮一が公教要理を詳説し、キリスト教の精髄を明かした名著。（稲垣良典）

十牛図　上田閑照　柳田聖山
禅の古典「十牛図」を手引きに、自己と他、自然と人間、自身への関わりを通し、真の自己への道を探る。現代語訳と詳注を併録。（西村惠信）

原典訳 ウパニシャッド　岩本裕編訳
インド思想の根幹であり後の思想の源ともなったウパニシャッド。本書では主要篇を抜粋、梵我一如、輪廻・業・解脱の思想を浮き彫りにする。（立川武蔵）

世界宗教史（全8巻）　ミルチア・エリアーデ
宗教現象の史的展開を膨大な資料を博捜し著された人類の壮大な精神史。エリアーデの遺志にそって共同執筆された諸地域の宗教の巻を含む。

世界宗教史1　ミルチア・エリアーデ　中村恭子訳
人類の原初の宗教的営みに始まり、メソポタミア、古代エジプト、インダス川流域、ヒッタイト、地中海地域、初期イスラエルの諸宗教を収める。

世界宗教史2

ミルチア・エリアーデ
松村一男訳

20世紀最大の宗教学者のライフワーク。本巻はヴェーダの宗教、ゼウスとオリュンポスの神々、ディオニュソス信仰等を収める。（荒木美智雄）

世界宗教史3

ミルチア・エリアーデ
島田裕巳訳

仰韶、竜山文化から孔子、老子までの古代中国の宗教と、バラモン、ヒンドゥー、仏陀とその時代、オルフェウスの神話、ヘレニズム文化などを考察。

世界宗教史4

ミルチア・エリアーデ
柴田史子訳

ナーガールジュナまでの仏教の歴史とジャイナ教から、ヒンドゥー教の総合、ユダヤ教の試練、キリスト教の誕生などを収録。（島田裕巳）

世界宗教史5

ミルチア・エリアーデ
鶴岡賀雄訳

古代ユーラシア大陸の宗教、八—九世紀までのキリスト教、ムハンマドとイスラーム、イスラームと神秘主義、ハシディズムまでのユダヤ教など。

世界宗教史6

ミルチア・エリアーデ
鶴岡賀雄訳

中世後期から宗教改革前夜までのヨーロッパの宗教運動、宗教改革前後における宗教、魔術、ヘルメス主義の伝統、チベットの諸宗教を収録。

世界宗教史7

ミルチア・エリアーデ
奥山倫明／木塚隆志／深澤英隆訳

エリアーデ没後、同僚や弟子たちによって完成された最終巻の前半部。メソアメリカ、インドネシア、オセアニア、オーストラリアなどの宗教。

世界宗教史8

ミルチア・エリアーデ
奥山倫明／木塚隆志／深澤英隆訳

西・中央アフリカ、南・北アメリカの宗教、日本の神道と民俗宗教。啓蒙期以降ヨーロッパの宗教的創造性と世俗化などを収録。全8巻完結。

回教概論

大川周明

最高水準の知性を持つと言われたアジア主義者の力作。イスラム教の成立経緯や、経典などの要旨が的確に記された第一級の概論。（中村廣治郎）

神社の古代史

岡田精司

古代日本ではどのような神々が祀られていたのか。《祭祀の原像》を求めて、伊勢、宗像、住吉、鹿島など主要な神社の成り立ちや特徴を解説する。

空海入門　竹内信夫

空海が生涯をかけて探求したものとは何か——。稀有な個性への深い共感を基に、著作の入念な解釈と現地調査によってその真実へ迫った画期的入門書。

釈尊の生涯　高楠順次郎

世界的仏教学者による釈迦の伝記。パーリ語経典や漢訳仏伝等に依拠し、人間としての釈迦の姿を生き生きと描き出す。貴重な図版多数収録。（石上和敬）

原始仏典　中村元

釈尊の教えを最も忠実に伝える原始仏教の諸経典の数々。そこから、最重要な教えを選りすぐり、極めて平明な注釈で解く。（宮元啓一）

原典訳 原始仏典（上）　中村元編

原パーリ文の主要な聖典を読みやすい現代語訳で。上巻には「偉大なる死」（大パリニッバーナ経）「本生経」「長老の詩」などを抄録。

原典訳 原始仏典（下）　中村元編

下巻には「長老尼の詩」「アヴァダーナ」「百五十讃」「ナーガーナンダ」などを収める。ブッダのことばに触れることのできる最良のアンソロジー。

ほとけの姿　西村公朝

ほとけとは何か。どんな姿で何処にいるのか。千体を超す国宝仏の修復、仏像彫刻家、僧侶として活躍した著者ならではの絵解き仏教入門。（大成栄子）

選択本願念仏集　法然 石上善應訳・注・解説

全ての衆生を救わんと発願した法然は、ついに、念仏すれば必ず成仏できるという専修念仏を創造し、本書を著した。菩薩魂に貫かれた珠玉の書。

一百四十五箇条問答　法然 石上善應訳・解説

人々の信仰をめぐる百四十五の疑問に、法然が分かりやすい言葉で答えた問答集を、現代語訳して文庫化。これを読めば念仏と浄土仏教の要点がわかる。

龍樹の仏教　細川巌

第二の釈迦と讃えられながら自力での成仏を断念した龍樹は、誰もが仏になれる道の探求に打ち込んでいく。法然・親鸞を導いた究極の書。（柴田泰山）

阿含経典1 増谷文雄編訳

ブッダ生前の声を伝える最古層の経典の集成。第1巻は、ブッダの悟りの内容を示す経典群、人間の肉体と精神を吟味した経典群を収録。（立川武蔵）

阿含経典2 増谷文雄編訳

第2巻は、人間の認識（六処）の分析と、ブッダ最初の説法の記録である実践に関する経典群、祇園精舎を訪れた人々との問答などを収録。（佐々木閑）

阿含経典3 増谷文雄編訳

第3巻は、仏教の根本思想を伝える初期仏伝資料と、ブッダ最後の伝道の旅、沙羅双樹のもとでの〈大いなる死〉の模様の記録などを収録。（下田正弘）

バガヴァッド・ギーターの世界 上村勝彦

宗派を超えて愛誦されてきたヒンドゥー教の最高経典が、仏教や日本の宗教文化、日本人の思考に与えた影響を明らかにする。（前川輝光）

邪教・立川流 真鍋俊照

女犯の教義と髑髏本尊の秘法のゆえに、徹底的に弾圧、邪教法門とされた真言立川流の原像を復元し、異貌のエソテリズムを考察する。貴重図版多数。

増補 チベット密教 ツルティム・ケサン 正木晃

インド仏教に連なる歴史、正統派・諸派の教義、個性的な指導者、性的ヨーガを含む修行法。真実の姿を正確に分かり易く解説。（上田紀行）

密教 正木晃

謎めいたイメージが先行し、正しく捉えづらい密教。その歴史・思想から、修行や秘儀、チベットの性的ヨーガまでを、明快かつ端的に解説する。

増補 性と呪殺の密教 正木晃

性行為を用いた修行や呪いの術など、チベット密教に色濃く存在する闇の領域。知られざるその秘密に分け入り、宗教と性・暴力の関係を抉り出す。

大嘗祭 真弓常忠

天皇の即位儀礼である大嘗祭は、秘儀であるがゆえ多くの謎が存在し、様々な解釈がなされてきた。歴史的由来や式次第を辿り、その深奥に迫る。

正法眼蔵随聞記　水野弥穂子訳

日本仏教の最高峰・道元の人と思想を理解するうえで最良の入門書。厳密で詳細な注、わかりやすく正確な訳を付した決定版。（増谷文雄）

空　海　宮坂宥勝

現代社会における思想・文化のさまざまな分野から注目をあつめている空海の雄大な密教体系！　空海密教研究の第一人者による最良の入門書。

一休・正三・白隠　水上勉

乱世に風狂一代を貫いた一休。武士道を加味した禅をとなえた鈴木正三。諸国を行脚し教化につくした白隠。伝説の禅僧の本格評伝。（柳田聖山）

治癒神イエスの誕生　山形孝夫

「病気」に負わされた「罪」のメタファから人々を解放すべく闘ったイエス。古代世界から連なる治癒神の系譜をもとに、イエスの実像に迫る。

読む聖書事典　山形孝夫

聖書を知るにはまずこの一冊！　重要な人名、地名、エピソードをとりあげ、キーワードで物語の流れや深層がわかるように解説した、入門書の決定版。

近現代仏教の歴史　吉田久一

幕藩体制下からオウム真理教まで。社会史・政治史を絡めながら思想史的側面を重視し、主要な問題を網羅した画期的な仏教総合史。（末木文美士）

沙門空海　渡辺照宏　宮坂宥勝

日本仏教史・文化史に偉大な足跡を残す巨人・弘法大師空海にまつわる神話・伝説を洗いおとし、真の生涯に迫る空海伝の定本。（竹内信夫）

自己愛人間　小此木啓吾

思い込みや幻想を生きる力とし、自己像に執着しつづける現代人の心のありようを明快に論じた精神分析学者の代表的論考。（柳田邦男）

戦争における「人殺し」の心理学　デーヴ・グロスマン　安原和見訳

本来、人間には、人を殺すことに強烈な抵抗がある。それを兵士として殺戮の場＝戦争に送りだすにはどうするか。元米軍将校による戦慄の研究書。

ちくま学芸文庫

世界宗教史《せかいしゅうきょうし》 1

二〇〇〇年三月 八 日 第一刷発行
二〇二〇年四月十五日 第九刷発行

著 者 ミルチア・エリアーデ
訳 者 中村恭子（なかむら・きょうこ）
発行者 喜入冬子
発行所 株式会社 筑摩書房
東京都台東区蔵前二―五―三 〒一一一―八七五五
電話番号 〇三―五六八七―二六〇一（代表）
装幀者 安野光雅
印刷所 明和印刷株式会社
製本所 株式会社積信堂

Printed in Japan
ISBN978-4-480-08561-0 C0122